Nacht-Frcüle.

Brennende-Liebe.

Wilhelm Tell u. Walter deßen Sohn

Pensée.

Mohn.

Herzog von Alba

Windling.

Kaiser-Krone.

Indianischer-Iasmin.

Guter-Saffran.

Hecken-Rose.

Ein Page aus dem Krönungszuge

Tulpe.

Rodogüne

Lilie.

Betonic.

Franz Endler

Wien
im Biedermeier

Franz Endler

Wien
im Biedermeier

Ueberreuter

ISBN 3-8000-3150-7
J 1086/1
Alle Rechte vorbehalten
Umschlag, Einband und Layout von Herbert Schiefer
© 1978 by Verlag Carl Ueberreuter, Wien – Heidelberg
Gesamtherstellung: Salzer – Ueberreuter, Wien
Printed in Austria

Inhalt

Für meine Frau

Vorwort

Dieses Buch erzählt von einer Periode Wiens, die man einmal die »gute alte Zeit« genannt hat. Spätere Generationen von Wienern haben dann jeweils unter »guter alter Zeit« die Zeit ihrer Urgroßeltern und Großeltern verstanden, und heute datiert man sie in die Jahrhundertwende. Die echte »gute alte Zeit« aber war die, von der wir hier reden: die Zeit nach dem Wiener Kongreß, die man je nach Betrachtungsweise Biedermeier oder Vormärz nennt.

Die beiden Begriffe bedürfen einer Erläuterung. Der Vormärz endet eindeutig mit den Märztagen des Jahres 1848, als Wien gegen Metternichs »System« revoltierte: er ist die Zeit »vor« dem März und steht für die geistige Situation Wiens in den Jahren vor der Revolution, für die Jahre der Zensur, der wirtschaftlichen Schwierigkeiten, der Nöte der Bevölkerung, die zum Ausbruch der Revolution 1848 führten. Biedermeier hingegen bezeichnet eine Lebenseinstellung, vor allem die des Mittelstandes, wobei unter »bieder« nicht das in seinem Bedeutungsgehalt abgewirtschaftete Wort der heutigen Umgangssprache gemeint ist, sondern das sogar vom Kaiser huldvoll und anerkennend gebrauchte, wenn er von seinen »biederen Bürgern« Wiens redete. Biedermeier bedeutet vor allem aber auch einen ganz bestimmten Stil in der Malerei, im Kunsthandwerk, im Interieur, in der Mode. Und das Biedermeier endete natürlich nicht mit der Revolution: das Wien des Biedermeier existierte weiter, die bestimmte Geisteshaltung des Bürgertums schien nach der Einkehr der alten Ordnung gesichert.

Victor von Scheffel erdachte sich für die »Fliegenden Blätter« zwei Figuren, die er Biedermann und Bummelmeier nannte. Und 1850 erschien in derselben Zeitschrift die »Auserlesene Geschichte weiland Gottlieb Biedermeiers«, und diese Kunstfigur hatten Ludwig Eichrodt und Adolf Kußmaul erfunden. Sie nannten ihre Erfindung einen »verstorbenen biederen Sänger« und »harmlosen ländlichen Barden« und hatten an dieser Irreführung des Publikums viel Spaß. In den neunziger Jahren erschienen die Schriften des Gottlieb Biedermeier dann auch in Buchform und machten den Namen Biedermeier erst so richtig populär. Der Herr Biedermeier wurde, wie es einprägsam heißt, »eine Symbolfigur für das Spießertum und seine behagliche Beschränktheit der Zeit zwischen 1815 und 1848«.

Die großen Namen, die die Zeit beherrschen, sind rasch aufgezählt und kommen naturgemäß nicht nur in dem einen oder anderen, sondern in allen Kapiteln vor. Die beiden Kaiser, die ins Bild gehören, sind Franz I. und Ferdinand der Gütige. Der erstere, Enkel Maria Theresias, war ein guter Familienvater und ein Mann von strengen Grundsätzen, die er als Chef des Kaiserhauses auch auf seine ganze Familie ausgedehnt wissen wollte. Er sah sich als guten Vater seiner Untertanen und wollte ihnen nach den europäischen Kriegen, die mit dem Wiener Kongreß beendet sein sollten, Wohlstand und Frieden garantieren – allerdings unter dem Verzicht auf so seltsame Ideale wie Freiheit, Gleichheit oder allzuviel Bildung.

Sein Nachfolger Ferdinand war sehr viel mehr Gefangener des Staatsrates, Vollstrecker der Ideen Metternichs. Die Revolution, die in Europa unaufhaltsam sich ausbreitete und in Wien mit einiger Verspätung ausbrach, richtete sich nicht gegen ihn. Sie meinte Metternich.

Doch auch diese beherrschende Persönlichkeit ist nicht nach einer Schablone zu zeichnen. Der Staatsmann war keineswegs nur ein Tyrann, sondern unzweifelhaft auch ein Mann von Geschmack und vielseitigen Interessen, ein Förderer der Kunst und des Gewerbes und, in gewissen Grenzen, ein Befürworter des Fortschritts. Die von seinem Polizeiminister Sedlnitzky so streng gehandhabte Zensur ist nicht als Beweis für seinen Starrsinn anzusehen.

Metternichs Dilemma scheint wohl gewesen zu sein, daß er einen Ausgleich zwischen Konservativismus und Revolution, wenn nicht, wie etwa in England, besondere historische Voraussetzungen vorlagen, für unmöglich hielt. In der liberalen

Idee sah er daher ein widerspruchsvolles, auf die Dauer unhaltbares Kompromiß. Und so erfährt die Prinzipienwelt des Staatskanzlers ihre positivste Bewertung auf außenpolitischem Gebiet. Österreich blieb rund ein Menschenalter lang ohne größere Konflikte mit anderen Staaten. Je mehr Metternichs Einfluß nach außen abbröckelte, um so reaktionärer wurde sein System.

Überblickt man die Biedermeier-Vormärz-Periode aus politischer Sicht, so ist sie als ein einziger Versuch Metternichs zu sehen, das beim Wiener Kongreß erdachte Befriedungssystem Europas zu sichern. Man wollte den Frieden garantieren. Nicht die Wünsche der Völker, sondern die Idee der Fürstenherrschaft war Leitprinzip. Nationale Fragen wurden nicht gelöst, sondern Bündnisse geschlossen, mit dem Zweck, revolutionäre Bewegungen in Europa durch gemeinsame Aktionen der Signatarstaaten zu bekämpfen.

Um schließlich eine Unterstützung wenigstens von seiten des Bürgertums zu haben, hätte sich Metternich zu Reformen durchringen müssen, die auch in Form von Zugeständnissen vernünftigen Ausmaßes ihren Zweck erfüllt haben würden. Was die liberalen Gegner des Regimes wollten, war sehr viel weniger als das, was dann 1848 gewährt werden mußte. Zudem hatte jede Gruppe ihre eigene Vorstellung von der angestrebten Veränderung. Diese Vorstellungen waren nicht artikuliert – die entsprechenden Flugschriften und Broschüren erschienen in Deutschland und mußten durch die Zensur geschmuggelt werden.

Die härteste Charakterisierung der Zustände erschien erst im Revolutionsjahr selbst, und zwar in Hamburg. Autor war der Hauptmann Karl Möring. In dessen »Sibyllinischen Büchern aus Österreich« findet sich eine Bestandsaufnahme alles dessen, was zur Revolution führte, und als besonders gut charakterisierendes Bild der Satz:

»Der österreichische Staat kommt uns vor wie eine Uhr . . . Die Welt glaubt, die Uhr gehe fort, weil man sie manchmal schlagen hört. Das ist aber der Wecker der Zeit – der schlägt daran. Österreich geht aber auch nicht . . . es steht!!!«

Am Ende der Periode also, die wir Biedermeier genannt haben und jetzt Vormärz nennen müssen, steht die Revolution. Der zeitweise von Wien nach Innsbruck retirierte Kaiser hat Metternich und das System, jedoch nicht den Konservativismus aufgegeben. Für ihn kämpft außer Radetzky auch Alfred Fürst Windischgrätz in Böhmen und in Ungarn – im Oktober dann auch gegen Wien, wo sich die Bevölkerung dagegen aufgelehnt hat, daß man Truppen in den Kampf gegen die Magyaren entsenden wollte. Windischgrätz beschießt Wien und stürmt am 31. Oktober die Stadt.

Am 2. Dezember hatte man in Olmütz, wohin der Hof sich begeben hatte, Kaiser Ferdinand I. soweit: Er dankte ab. Der achtzehnjährige Erzherzog Franz Joseph, Sohn des Erzherzogs Franz Karl und der wittelsbachischen Prinzessin Sophie, bestieg den Thron. Er wurde, was man einen Bewahrer der konservativen Ideen nennen darf. Sein Vorgänger zog sich nach Prag zurück und beobachtete die Schwierigkeiten des neuen Kaisers aus der Ferne. Daß er nach dem unglücklichen Ausgang der Schlacht von Königgrätz gesagt haben soll: »Also, das hätt' ich auch zustand' gebracht«, erinnert uns daran, daß er Monarch eines Landes war, in dem die Landesväter immer so reden, wie Raimund und Nestroy es karikierend niedergeschrieben haben.

Kaiser Franz Josephs Plan, die Basteien niederzureißen und der Stadt Wien ein anderes Gesicht zu geben, kündigte den Beginn einer neuen Epoche an. Die »gute alte Zeit« ging zu Ende; die Gründer, die sie später gerührt besangen, traten auf den Plan.

Eine Stadt und vierunddreißig Vorstädte

Das Wien der Biedermeier-Zeit ließe sich unschwer erforschen, indem man Ludwig van Beethoven auf seinen aufregenden Wegen durch die Stadt und die Vorstädte folgte – ein ewig Getriebener zog da als Zimmerherr und Untermieter von einer zur anderen Wohnung, nicht nur der Jahreszeit entsprechend ins Grüne, wenn es dort angenehmer war, und zurück in die Stadt, wenn er seinen Gönnern nahe sein wollte, sondern auch gegen alle begreifbaren Regeln ungezählte Male hierhin und dorthin.

Falsch, es waren nicht *ungezählte* Male, die Fährten des Genies sind von Wissenschaftlern erforscht, ein eigenes Werk ist erschienen, das alle seine Wiener Adressen angibt und in die gegenwärtigen Orts- und Straßenbezeichnungen übersetzt. Nur der Ordnung halber sei angemerkt, daß in der Liste von Beethovens »Domizilen« neben 15 Wohnungen in der Stadt auch die Vorstädte Alservorstadt, Laimgrube, Landstraße, Josephstadt, Alt-Lerchenfeld und Windmühle angeführt werden, daß eine weitere Liste Beethovens Wohnstätten in der näheren Umgebung nennt und 20 Adressen weiß, die in Heiligenstadt, Nußdorf, Döbling, Baden bei Wien, Jedlesee, Mödling, Hetzendorf, Penzing und Gneixendorf (Krems) aufzusuchen wären – auch der an anderer Stelle erwähnte Sauerhof Kornhäusels in Baden ist darunter.

Beethoven hatte es darauf ganz gewiß nicht angelegt, doch ein gewissenhafter Musikfreund könnte mit diesem Adreßbuch in der Hand das Wien jener Zeit beinahe vollständig kennenlernen.

Das Biedermeier-Wien, das sich in Gestalt und Aussehen über die Revolution hinaus erhielt und, abgesehen von den notwendigen Adaptionen, bis zu dem entscheidenden Augenblick bestand, da Franz Joseph I. die Basteien schleifen ließ, ist uns in sehr vielen Schilderungen überliefert, einem

Leser der Gegenwart jedoch nur schwer begreiflich zu machen. Handelt es sich doch keineswegs nur darum, zu zeigen, daß es eine Innere Stadt gab und ringsum Vorstädte, die einerseits zu Wien gehörten, andererseits erst langsam und unter großen finanziellen und anderen Mühen eingemeindet werden mußten. Dazu würden Aufzählungen aus zeitgenössischen Berichten genügen. Es handelt sich vielmehr um die anschauliche Schilderung des Bildes der Stadt Wien, wie sie sich zum Beispiel dem Freiherrn von Eichendorff darbot, als dieser, lange bevor er den »Taugenichts« schrieb, Wien besuchte; oder des Eindrucks, den die berühmte George Sand bei ihrem Wien-Aufenthalt gehabt haben muß, bei dem es sehr viel weibliche List brauchte, um sie mit Karoline Pichler, der in Wien ansässigen Schriftstellerin und Patronin eines eigenen »Salons«, zusammenzubringen. Oder auch um die Darstellung jener »Großstadt« von einst, aus der Franz Schubert mit seinen Freunden immer wieder zu Landpartien aufbrach, weil die Natur ringsum auch damals schon ihre romantische Anziehungskraft auf alle Stadtbewohner ausübte. Und schließlich um die Aufzeigung der Vielgesichtigkeit jener Stadt, in der in Armeleutvierteln im Zentrum die Menschen unter unvorstellbaren Bedingungen leben mußten, daneben prachtvolle Paläste und stattliche Bürgerhäuser standen, durch deren Räume sich jedoch bei bestimmten Windverhältnissen der Geruch von Stallmist zog, der aus den gleich nebenan oder gegenüber befindlichen Landwirtschaften herüberwehte.

Und wenn man dieses Bild gezeichnet hat, müssen auch die Bewohner, also die Wiener des Biedermeier, hineingepinselt werden. Die Lebenslustigen, die Biederen, die von der Zensur Unterdrückten, die dem Kaiserhaus Treuen und selbstverständlich auch diejenigen, die man auch heute noch einfach als »Strizzis« bezeichnet.

Man kann es einem zeitgenössischen Lageplan entnehmen: Die Stadt war klein, eng und verwinkelt. Die Wälle und Basteien schnitten sie von den Vorstädten ab, waren aber nicht mehr Befestigungsanlagen, sondern, vor allem die überaus breiten Mauern, herrliche Gelegenheiten zum Spazierengehen und Flanieren. Die Vorstädte hatten halb dörflichen, halb städtischen Charakter und waren durch die Umgebung dominierender Adelspalais oder alles andere überragender Fa-

briksgebäude weithin kenntlich. Daß ein Wiener in seiner engeren Umgebung bleibe, »am Grund«, wie das heißt, ist keine bloße Legende. Noch in unserem Jahrhundert konnte man Leute antreffen, die sich rühmten, jahrzehntelang in dem Haus gelebt zu haben, in dem sie geboren wurden.

Was die Basteien anlangt, so muß man sagen, daß sie zu Napoleons Zeiten zwar ihre ursprüngliche Bestimmung als Stadtwälle zu erfüllen hatten und danach noch einmal, als Windischgrätz 1848 die revoltierende Stadt belagerte. In den geruhsamen Zeiten dazwischen aber gab es Kaffeehäuser und Esplanaden auf den Basteien, und am Abend fanden sich die Liebespaare dort ein. Im übrigen waren die Basteien das sichtbare Zeichen dafür, daß Stadt und Land voneinander getrennte Gebiete waren. Die Stadtgemeinde hatte gerade deshalb große Probleme zu bewältigen. Immer wieder scheiterten Versuche, Hungersnot oder sich ausbreitende Krankheiten in den Griff zu bekommen, daran, daß außerhalb der Stadtmau-

ern die Grundrechte in der Hand verschiedener Gemeinden waren und die Stadtverwaltung erst in langwierigen Verhandlungen und um viel Geld die Hoheit über die Vorstädte an sich ziehen konnte.

Die leidvolle Seite jener Epoche erklärt sich gerade aus der Tatsache, daß der Magistrat und an seiner Spitze die Bürgermeister Wiens in dieser Zeit einerseits die Obsorge über eine große Stadt hatten, andererseits wegen des »Systems« nur wenig Rechte ausüben konnten. Die Vorstädte

Oben: Aus einer Serie von Lithographien von Franz Wolf ist dieses Blatt »Von der Schottenbastei auf Rossau und Alsergrund« ein hübsches Beispiel dafür, daß in der Biedermeierzeit die Mauern um die Stadt nicht mehr als Befestigungswerke, sondern den Stadtbewohnern als Promenaden und Ruheplätze dienten. Im Revolutionsjahr allerdings wurden sie noch einmal »gebraucht« und erst 1858 wirklich geschliffen.

11

Links: Rudolf v. Alt gilt uns als detailfreudiger Maler der Biedermeierzeit, war außerdem bis zur Jahrhundertwende im Wiener Kunstleben aktiv – und erster Ehrenpräsident der Secession. Sein Aquarell vom Stock-im-Eisen-Platz stammt aus dem Jahr 1843 und erinnert uns, daß der Dom einmal viel mehr in das »Häusermeer« der Innenstadt eingezwängt war, als er es gegenwärtig ist.

Unten: »Blick auf Maria am Gestade«, ein Ölbild von N. Moreau aus dem Jahr 1830, zeigt uns einerseits ein typisches Interieur einer Bürgerwohnung, anderseits die verwinkelte Innenstadt samt einem Stück der Bastei.

Praterharfenist ist der junge Mann links im Bild, der eine Volksunterhaltung – mit kostümierten Volkssängern – begleitet. Ferdinand Raimund hat in der »Gefesselten Phantasie« diesen Harfenisten ein Denkmal gesetzt. Die Volkssängertruppen im Prater hatten bis ins einsetzende 20. Jahrhundert ihr dankbares Publikum.

wurden in diesen Jahrzehnten langsam und teuer »eingekauft«, die Pflichten gingen an Wien über, die Instrumentarien aber, die zur Erfüllung dieser Pflichten vonnöten gewesen wären, gab man Wien nicht.

Das Polizeiwesen zum Beispiel war weiterhin Sache der einzelnen Vorstädte, und kein Wiener Bürgermeister des Vormärz, der versuchte, hier eine einheitliche Ordnung zu schaffen, fand die Billigung des Herrscherhauses und seiner Ministerien. Das »System«, das Spitzel liebte und unter Ordnung Sorge für allgemeine Ruhe verstand, wollte die Polizei nicht gewählten Vertretern der Wiener Bürger, sondern dem Kaiser selbst unterstellt wissen. Und gab auch alle anderen Rechte, die ein Bürgermeister hätte haben müssen – etwa um die Preise von Lebens-

mitteln regulieren und die Instandhaltung von Armenhäusern und Spitälern garantieren zu können –, nicht aus der Hand.

Will ein Wiener der Gegenwart versuchen, die Lage seines jetzigen Wohnbezirks in bezug auf das damalige Wien festzustellen, so ist ihm unter anderen ein 1847 erschienenes Buch anzubieten, in dem die Stadt durch Zahlen und Fakten beschrieben wird:

»Wien, die Hauptstadt des Kaiserthums Österreich und seit Maximilian des Ersten Zeit die beständige Residenz der erlauchten Herrscher dieses Staates in Österreich unter der Enns, gleich Rom auf sieben kleinen Anhöhen an dem südlichen Ufer der Donau, in 34 Grad 2 Minuten 16 Secunden östlicher Länge und 48 G. 12 M. 32 Sec. nördlicher Breite, 87,78 Wr. Klafter über der Fläche des adriatischen Meeres gelegen, besteht gegenwärtig aus der eigentlichen Stadt und 34 Vorstädten (1. Leopoldstadt, 2. Jägerzeile, 3. Weißgärber, 4. Landstraße, 5. Erdberg, 6. Wieden, 7. Schaumburgergrund, 8. Hungelbrunn, 9. Laurenzergrund, 10. Nicolsdorf, 11. Matzleinsdorf, 12. Hundsthurm, 13. Reinprechtsdorf, 14. Margarethen, 15. Laimgrube, 16. Windmühle, 17. Magdalenagrund, 18. Mariahilf, 19. Gumpendorf, 20. Schottenfeld, 21. Neubau und Neustift, 22. St. Ulrich, 23. Spitlberg, 24. Altlerchenfeld, 25. Strozzengrund, 26. Josephstadt, 27. Alservorstadt, 28. Breitenfeld, 29. Michaelbaiern, 30. Himmelpfortgrund, 31. Thury, 32. Liechtenthal, 33. Althan und 34. Rossau), die wie in einem Zirkel um die Stadt gelagert und von aussen durch den Linienwall eingeschlossen sind, der im Umkreise 7080 Klafter beträgt. Die Thore desselben sind folgende: I. Das Taborer-, II. St. Marxer-, III. Belvedere-, IV. Favoriten-, V. Matzleinsdorfer-, VI. Schönbrunner-, VII. Gumpendorfer-, VIII. Mariahilfer-, IX. Lerchenfelder-, X. Hernalser-, XI. Währinger- und XII. Nußdorfer-Linien-Thor.«

Die Leopoldstadt wird hier zwar noch nicht als die Gegend beschrieben, in der sich die ärmere jüdische Bevölkerung sammelte, doch gibt es Indizien dafür, daß sich in einem Teil dieses Stadtteiles damals schon ansiedelte, wer aus dem Osten nach Wien kam.

Was in der Beschreibung dieser Gegend nicht unerwähnt bleiben durfte, das war der Prater, der in den Bereich der Leopoldstadt gehörte und

»Wirths- und Caffeehäuser, Ringelspiele, Vogelschießen, Schaukeln, Kegelbahnen, Hanswursttheater etc.« anbot sowie seit 1777 auch den berühmten Kunstfeuerwerker Stuwer, der das Privileg hatte, »auf einem eigens angewiesenen Platze jährlich mehrere Feuerwerke zum Vergnügen des Publikums abzubrennen«. Stuwers Feuerwerke hatten allerdings durch viele Jahre die fatale Neigung, immer gleichzeitig mit aufkommendem Gewitter stattzufinden, was dem berühmten Manne, der auch mit Johann Strauß Vater gemeinsam Veranstaltungen durchführte, außer Ruhm auch viel Spott in Wien eintrug. Wann immer er ein Feuerwerk ankündigen ließ, meinte man, das Wetter werde also nicht mehr halten. Und hatte damit sehr oft recht.

Erstaunlich wenig Beschreibenswertes bot, wenigstens in dieser Schilderung, die Jägerzeile den Beschreibern. Nur ein Satz über Prachtgebäude, die sich von Jahr zu Jahr mehrten, deutet an, daß hier eine Straße im Entstehen war, die dann in der zweiten Hälfte des neunzehnten Jahrhunderts eine der prächtigsten Ausfallsstraßen Wiens war – zur Weltausstellung 1873 und in den noblen Prater mußte man durch die Jägerzeile.

Wenig prächtige Gebäude »Unter den Weißgärbern«, dafür im altehrwürdigen Bezirk Erdberg Park und Schloß Rasumofsky, wo Ludwig van Beethoven musizierte und musizieren ließ.

Und schon sind wir auf der »Landstraße«, einem größeren Gebiet, in dem sich das Invalidenhaus, Spitäler, St. Marx, aber auch das Belvedere, der Palast und Garten des Fürsten Schwarzenberg und viele andere treffliche Gebäude befanden. Man darf sich vorstellen, daß dies die jeweils dominierenden Bauwerke waren, um die sich ringsum Bauern- und Bürgerhäuser drängten. Buckelige Straßen, betriebsamer Lärm aus zahlreichen Werkstätten, Tierlaute aus Ställen, viel Grün in den kleinen Gärten, die jeder hinter seinem Haus haben wollte, so mancher kleine, zierliche Kunstgarten: das alles war charakteristisch für diese Stadtlandschaft.

Die Wieden gilt als der älteste Wiener Bezirk außerhalb der Inneren Stadt. Das Theresianum ebenso wie das auf Kaiser Franz zurückgehende Polytechnische Institut existieren heute noch. Besonders angeführt wird das Starhembergsche Freihaus, welches sechs Höfe und über dreihundert Wohnungen umfaßte und eine Art Stadt für

Gaismädchen ist ein zweiter Stahlstich aus einem in Pest 1841 bis 1844 erschienenen Sammelwerk, an dessen Herausgabe Adalbert Stifter maßgeblich beteiligt war. »Wien und die Wiener« ist der vielen Beiträge Stifters wegen immer noch lesenswert. Die Stahlstiche sind von Wilhelm Böhm und Carl Mahlknecht.

sich darstellte. »Mühlfeld« oder »Schleifmühle« hieß dort eine Gegend – eine Gasse erinnert noch daran –, deren Name sich von einem Hans Göbel herleitet, der um 1582 am Ufer der Wien die erste österreichische Waffenschleif- und Polier-Mühle errichtete.

Die weiteren oben angeführten kleinen Vororte haben, wenigstens in alten Beschreibungen, etwas weniger »Charakter« anzubieten; erst bei Gumpendorf bleibt der Autor unseres Werkes wieder in Hochachtung vor dem hohen Alter dieser Siedlungen einen Augenblick mit gezogenem Hute stehen: »Gumpendorf war schon zu Zeiten der Römer erbaut« heißt es da, und seine Geschichte wird herauf bis zum neunzehnten Jahrhundert mit Urkunden belegt.

Und die Beschreibung der Bezirke ließe sich

fortsetzen, bis man den ganzen Kreis um die Innere Stadt ausgeschritten hat. Das Theater an der Wien auf der »Laimgrube«, den kaiserlichen Marstall am »Spittelberg« gibt es bis heute. Zudem hat sich der Charakter gerade dieser beiden Vorstädte, die jetzt längst zur Stadt gehören, zum Teil erhalten. Man sollte auch erwähnen, daß auf dem Spittelberg sich zweifelhafte Frauenzimmer ansiedelten und daß die ausländischen Besucher nur »durchs Tor« mußten und schon von der Freude in Empfang genommen wurden, über die sie allerdings in ihren zumeist enthusiastischen Berichten aus Wien nur selten schrieben. Und hat man das einmal erwähnt, so sollte man ergänzend sagen, daß lange nach dem Zweiten Weltkrieg, als man daran ging, das ziemlich abgelebte Viertel zu revitalisieren, in einigen niederen Häusern die ältesten und ehrwürdigsten Damen der Zunft ausgekauft wurden. Sie praktizierten selbstverständlich nicht mehr, doch sie lebten in dieser Gegend, in der seit undenklichen Zeiten ihr Gewerbe zu Hause gewesen war. Die wesentlichen Gebäude der Josephstadt waren selbstverständlich die Piaristenkirche und das Theater. Kornhäusel besorgte 1822 einen Umbau des letzteren, und im hier als Quelle benützten Werk wird es als Mittelpunkt des kulturellen Geschehens angesehen. Der Alservorstadt gab bereits damals der Gebäudekomplex des heute einfach als »Allgemeines« bezeichneten Krankenhauses das Gepräge. Die Aufzählung aus dem Jahre 1847 lautet so: »Die heil. Dreifaltigkeits-Kirche, die Waisenhauskirche sammt dem Waisenhause, das k. k. allgemeine Krankenhaus sammt der k. k. Irren = Heilanstalt, dem k. k. Gebärhaus und Findelhaus 1784 gegründet, die Infanterie Caserne, das Josephinum, das Militärspital, das Criminal-Gerichtshaus sind die Merkwürdigkeiten dieser Vorstadt.« Es hat sich, besieht man's genauer, daran nichts geändert.

Das Criminal-Gerichtshaus ist übrigens eine Gründung jener Zeit und heute als Graues Haus jedem Wiener bekannt.

Erwähnenswert ist der auf dem heutigen Albertplatz befindliche Isisbrunnen, den der Kaiser persönlich im Jahre 1834 eröffnete. Er löste ein akutes Wasserproblem jener Gegend, die Bewohner waren von nun an nicht mehr von den Wasserbringern abhängig. Der Isisbrunnen ist der einzige gußeiserne Brunnen jener Zeit; er wurde bereits fabriksmäßig hergestellt.

Liechtenthal wird noch nicht als die Gegend beschrieben, in der Franz Schubert geboren wurde; Althan ist eine Vorstadt, von der nur noch der Name übriggeblieben ist. Der Platz vor dem Franz-Josephs-Bahnhof hieß in späteren Zeiten immer dann, wenn er nicht aus politischen Gründen gerade einem zu ehrenden Mann gewidmet war, Althanplatz. Einen einstmals als Zinskaserne gebauten Simon-Denk-Hof gab es, er wurde 1810 »zerstückelt« und hatte danach 21 Häuser. Die Simon-Denk-Gasse existiert noch heute, sie führt geradewegs auf den Liechtensteinpark zu.

Bleibt die Rossau, die das Palais Liechtenstein mit der 1816 gegründeten Bildergalerie zum natürlichen Mittelpunkt hatte. Diese Galerie bestand immerhin bis 1945 und war allgemein bekannt. Erst nach dem Kriegsende wanderten die letzten wesentlichen Exponate aus Wien ab nach dem Fürstentum Liechtenstein, das Palais wurde teilweise der Öffentlichkeit zugänglich gemacht und für Exhibitionen ganz anderer Art genutzt.

Die Beschreibung läßt in ihrer Nüchternheit dennoch durchblicken, daß dieses Wien mit seinen Vorstädten Produkt einer langen Entwicklung ist, das, was wir heute als »gewachsene Stadt« bezeichnen. Inzwischen sind die Vorstädte zu einem einzigen Häusermeer geworden, in dem die meisten der oben genannten Palais noch vorzufinden sind. Nur Feuilletonisten können noch behaupten, es gäbe merkbare Unterschiede zwischen Gumpendorf und Mariahilf.

Wien unter Einschluß all der aufgezählten Vorstädte war eine wahrhaft imperiale Stadt: »Wien zählt gegenwärtig 410,947 Einwohner, worunter 201,890 männlichen und 209,057 weiblichen Geschlechts. Die Garnison jedoch mit 15,340 Mann ist nicht dazu gerechnet. Darunter befinden sich 720 Geistliche, 3242 Adelige, 6023 Beamte und Honoratioren, dann 16,421 Ge-

werbsinhaber, Künstler und Akademiker, ferner 166,507 Fremde, und zwar 129,494 aus den conscribierten, 18,227 aus den nicht conscribierten Ländern, und 18,786 Ausländer. Hinsichtlich der Preise der Lebensmittel ist es in Wien noch immer wohlfeiler zu leben als selbst in Hauptstädten zweiten und dritten Ranges; aber die Wohnungen sind seit mehreren Jahren schon außerordentlich im Preise gestiegen, und nicht minder kostspielig ist die Heitzung.«

Wenn in einem offiziellen Werk so über teure Wohnungen geklagt wird, kann man sich unschwer vorstellen, daß es sich da um eine nicht mehr leugbare Notlage handelte – sie wurde allerdings noch weit ärger und konnte erst gelöst werden, als sich Kaiser Franz Joseph dazu durchrang, sich den Bitten der Verantwortlichen der Stadt gegenüber einsichtig zu zeigen und durch die Schleifung der Basteien einem großzügigen Plan für ein Groß-Wien zur Verwirklichung zu verhelfen. Ergebnis: das Wien der Gründerzeit.

Dieses bereits aus allen Nähten platzende Wien ist natürlich in der Zeitspanne, die wir als »Biedermeier« bezeichnen, tüchtig gewachsen. Es ist größer, aufregender und auch großstädtischer als zu Beginn des Jahrhunderts, auch als zu der Zeit, in der Beethoven und Schubert starben und die Aktivitäten Metternichs von der akuten Regelung europäischer Friedens- und Machtverhältnisse auf die um vieles weniger attraktiven Vorsorgen für den Bestand der alten Ordnung wenigstens im Herzen Europas, also in Österreich, überwechselten. Es ist ein Wien, wie wir es nicht mehr kennen, und die Verhältnisse, unter denen man damals lebte, dachte, schrieb – sie sind doch gänzlich andere als die unserer Vorfahren, die wir uns noch ungefähr vorstellen können.

»Die eigentliche Stadt Wien hat eine eirunde Gestalt, und sie umgibt rings die Bastei, welche mit Baum=Alleen bepflanzt ist und als Spaziergang dient. Sie hat 10 Thore: A. das Burg=, B. das Franzens= oder Josephstätter=, C. das Schotten=, D. das Neu=, E. das Fischer=, F. das Rothenthurm=, G. das Stuben=, H. das Carolinen=, I. das alte und neue Kärnthnerthor. Zwei offene Plätze sind sonst noch bei dem alten

Unten: »So leb denn wohl, du stilles Haus« ist eines der unsterblich gewordenen Ensembles aus Ferdinand Raimunds »Alpenkönig und Menschenfeind«. Die Szene, in der Rappelkopf eine Köhlerfamilie aus ihrer Behausung treibt, hat ihr berühmtes Gegenstück in einem Gemälde Georg Ferdinand Waldmüllers: »Die Pfändung«. Wobei in diesem Fall ein echter Zusammenhang zwischen Bild und Dichtung besteht. Kunstgeschichtler weisen gerne darauf hin, daß im Biedermeier Szenen in Volksstücken nach populären Gemälden geschrieben wurden.

Rechts: Daß die Wiener Marktweiber sich auch in der Zeit des Vormärz keine Mäßigung im lautstarken Umgang mit ihrer Kundschaft auferlegten, ist in vielen zeitgenössischen Berichten – von staunenden Fremden und von Einheimischen – nachzulesen. Das Aquarell von Leander Ruß aus dem Jahr 1845 zeigt auch die Vielfalt der Waren, die in der Stadt angeboten wurden: die Bäuerin, die ihr selbstgezogenes Gemüse anpreist, den Mann mit Küchengerät, der ambulant verkauft, die Marktstände, die auch Stoffe für die Kunden bereithielten, und das elegante Paar, das den Einkauf zu einer verliebten Szene macht. Daß auf den Wiener Märkten einige wenige »Gewaltige« die Preise regulierten, erfuhr man erst 1848, als sich der Volkszorn auch gegen diese richtete.

Mauthgebäude und beim sogenannten Schanzel an der Donau. Nach althergebrachter Weise ist die Stadt in sogenannte Vierteln zur besseren Übersicht für die k. k. Polizei = Direction und der Stadtobrigkeit eingetheilt. Diese heißen: das Stuben =, Kärnthner =, Widmer = und Schottenviertel. Gassen und Straßen zählt man 132; die meisten aber sind weder breit noch gerade, wie dies bei allen alten Städten der Fall ist. Öffentliche Plätze sind 19 vorhanden, von welchen die meisten mit Denkmälern und Springbrunnen geziert sind. Die merkwürdigsten sind: der äußere Burg = oder Paradeplatz, der innere Burgplatz mit dem Denkmale des Kaisers Franz; der Platz ›am Hof‹ genannt, mit der Mariensäule und zwei Springbrunnen; der Hohe Markt, geziert mit einer Darstellung der Vermählung Josephs mit Marien; der Graben, worauf die Dreifaltigkeitssäule prangt, ein Lieblingsort der Wiener; der Neue Markt (Mehlmarkt), geziert mit Raphael Donners Brunnen; der Josephsplatz, nach Kaiser Joseph dem Zweiten so benannt, dessen Statue von Zauner hier aufgestellt ist; der St. Stephansplatz, in dessen Mitte die altehrwürdige Metropole ihr Haupt erhebt; der Franziskanerplatz etc. Die volkreichsten Plätze und Gassen sind: der Kohlmarkt, Graben, der Hof, der Hohe Markt, die Herrngasse, die Kärnthnerstraße, der Stephansplatz, die Rothenthurmgasse und die Freiung.«

Ein Wiener, heute mit dieser Beschreibung der Inneren Stadt konfrontiert, würde sie wahrscheinlich als eine etwas altmodisch formulierte Aufzählung der wichtigsten Straßen und Plätze des Wien von 1978 gelten lassen. Woraus man folgern darf, daß wenigstens »im Kern« Wien sich nicht verändert hat, und weiter, daß diese Stadt, deren Zentrum in seinen Funktionen unverändert ist, um Grade »gesünder« ist als eine, die wenigstens einmal im Jahrhundert nicht nur ihr Antlitz, sondern auch alle ihre »Orte der Begegnungen« wechselt. Im Jahre 1978 sind Wiens »volkreichste Plätze und Gassen« gerade die, die man in einem Nachschlagewerk aus 1847 als solche angeführt findet.

Was die Gärten und Promenaden betrifft, so hat sich freilich durch die Schleifung der Basteien einiges geändert:

»Von den vielen Gärten Wiens, worunter der k. k. Hofgarten oben an steht, sind der Volksgarten, worin sich der Theseustempel und ein Kaffeehaus

»Sie! hab'ns keine Bisgurn?« ist der Titel einer Lithographie von F. Finsterwalder nach C. Schuster: Auch am Fischmarkt, also direkt an der Bastei, war, wie Bild und Legende nachweisen, der damals schon sprichwörtliche und bis heute erhaltene Witz der Wiener und die Zungenfertigkeit der Standlerinnen daheim.

befinden, das Paradiesgärtchen, der Augarten in der Leopoldstadt, das Belvedere, der fürstl. Schwarzenberg'sche Garten am Rennweg und der fürstl. Liechtenstein'sche Garten in der Rossau dem Publikum eröffnet. Hauptlieblingsorte zu Spaziergängen aber sind: der Prater, die Brigittenau und der Promenadeplatz auf dem Glacis vor dem Carolinenthor, wo sich die Mineralwasser-Curanstalt und gleichfalls ein Kaffeehaus befindet.«

Verändert haben sich auch einige der amtlichen Prozeduren, die im Wien des Vormärz doch etwas strenger gehandhabt wurden als heute. So liest man zum Thema Gerichtsbarkeit und deren Ausübung:

»Leute, welche sich eines schweren Polizeivergehens schuldig machen, kommen in das sogenannte Schrannengebäude auf dem Hohen Markt in

Verwahrung; im Polizeihause in der Sterngasse ist das Gefängnis der Schuldner und Bankrottmacher; Criminal-Verbrecher kommen bis zu ihrer gänzlichen Aburteilung in die Gefängnisse des Criminal-Gerichtshauses in der Alservorstadt; Verbrecher aus dem Militär-Stande aber in das k. k. Militär-Stockhaus am neuen Thore. Zur Beschäftigung müßigen bettelnden Gesindels wurde auf der Laimgrube 1804 das Zwangsarbeitshaus oder die Arbeits- und Besserungs-Anstalt eröffnet. Endlich besteht für Personen beiderlei Geschlechts, welche wegen Verbrechen bereits abgeurteilt sind, das k. k. Provinzial-Strafhaus, in der gewöhnlichen Sprache ›das Zuchthaus‹ genannt, wo die Arrestanten mit Spinnen, Flachs- und Wollekrämpeln, Weben etc. beschäftigt werden.«

Obgleich nach unseren Begriffen selbst in der Inneren Stadt nahezu ländliche Verhältnisse herrschten, man sich beispielsweise vor seinem Stadtpalais Stroh auflegen lassen konnte, wenn man etwas Ruhe von den lauten Wagen haben wollte, war man im Jahre 1847 stolz auf alles, was Wien bereits zu bieten hatte:

»Vortrefflich sind Wiens Anstalten zur Sicherheit und Bequemlichkeit. Das Straßenpflaster in der Stadt ist durchaus von schwarzgrauem in Viereck behauenem Granitstein. Auch die Fahrwege über das Glacis und ein sehr großer Theil der Vorstädte ist mit demselben Pflaster versehen. Die innere Stadt wird nun des Nachts mit Gaslichtern beleuchtet, die theils bis Tagesanbruch, theils bis zwei Uhr Morgens brennen. Zur Beleuchtung der Bastei, der Glacis und der Vorstädte werden jedoch noch Öllampen verwendet. Ebenso ist die Stadt ganz von unterirdischen Kanälen durchschnitten, die sich in die Donau ausmünden. In dieselben, da sie unter allen Gassen laufen, werden aus allen Häusern die Unreinlichkeiten durch Neben-Canäle geführt, welche dann gelegentlich durch das Regen- oder Brunnen-Wasser fortgeschwemmt werden, das in die von Strecke zu Strecke angebrachten, vergitterten Canallöcher

eindringt. Täglich werden alle Gassen durch Taglöhner und Leute der freiwilligen Arbeitsanstalt gekehrt und der Mist auf Karen fortgeschafft. So auch im Winter der Schnee. Die Hausherren sind verpflichtet, bei Glatteis vor ihren Gebäuden den Weg mit Sand zu bestreuen, und in den Sommermonaten aufspritzen zu lassen. So wie dies letztere Geschäft für die Praterhauptallee und die Hauptstraßen in den Vorstädten den Gemeinden obliegt. Zur Verhütung jeglicher Gefahr darf in der Stadt nur im Trapp gefahren werden; auch ist der Feuersicherheit wegen auf öffentlicher Gasse das Tabakrauchen verboten. Berühmt ist die hiesige Löschanstalt welche unter der Obhut des eben so thätigen als umsichtigen Unterkammeramtes steht. Nebst der ersten österreichischen und der k. k. priv. wechselseitigen Brandversicherungs-Anstalt hat auch die Triestiner hier eine General-Agentschaft. Übrigens unterhält die Polizei, deren Oberdirection ihren Sitz in der Stadt Nr. 564 hat, eine eigene Wache von 564 Mann zu Fuß und 36 Mann zu Pferde, welche Tag und Nacht, auf verschiedenen Plätzen und Gassen vertheilt, für die Sicherheit, Ruhe und Ordnung der Stadt wachen müssen. Die Civil-Polizei-Wache in den Vorstadt-Polizeibezirken besteht aus 8 Wachtmeistern und 56 Gemeinen.«
Vergleiche mit dem heutigen Stand der Sicherheitskräfte lassen sich nicht ziehen. Doch bestanden die Organe der allgemeinen Sicherheit keineswegs nur aus der Wache zu Fuß und zu Pferde. Jedes Palais, das einen Portier mit dickem Knotenstock, vergoldet oder nicht, vor dem Portal stehen hatte, trug zur Sicherheit bei. Die Anwesenheit von viel Militär in der Stadt war den Bürgern eine Beruhigung. Und wenn man auch längst so weit ist, die Zeit als eine unruhige und aufrührerische anzusehen – der Bürger der Stadt war immer noch, wie ihn der Kaiser genannt und gelobt hatte, er war bieder und bereit, sich seine Ruhe durch Ruhegeben zu erkaufen.
Das ist ein durchaus imponierender Bericht zum Zustand und zu den Verhältnissen der Stadt Wien. Um den Verdacht eines gewissen Lokalpatriotismus abzuwenden, darf man nun auch die Berichte ausländischer Besucher anführen, die alle zugunsten Wiens ausfallen.
Der Engländer Lord Londonderry, der zuerst 1814/15 und dann wieder 1835/36 die Stadt besuchte, lobt vor allem, daß seit seinem ersten Besuch die Straßen gepflastert wurden und somit »staubfrei« geworden sind. Slade, ein anderer Engländer, ist der Meinung, daß Wien den Vergleich mit anderen Residenzen aushalte. Das schönste Dorf für die Sommerfrische sei Hietzing, behauptet er; Baden wäre nicht mehr en voguc, man fahre jetzt nach Bad Ischl zur Kur. Und der junge Otto von Bismarck lobt die Sauberkeit Wiens, die die Berlins bei weitem übertreffe.
Besonders das Lob von seiten der reiselustigen und äußerst kritischen Engländer, die alles sofort in Bezug stellten auf die Verhältnisse daheim, durfte einem Biedermeier-Wiener die Brust vor Stolz schwellen lassen.
Für die Kenntnis der Verhältnisse in einer Stadt ist es nötig, deren Läden und Warenangebot zu registrieren. Was und in wie vielen Läden konnte man in Wien einkaufen?
»Der zahlreiche Handelsstand theilt sich in Großhandlungen, deren 90 mit unbeschränkten Vorrechten begünstigt sind und sich auch mit Wechselgeschäften befassen, 60 israelitischer Religion, deren Befugniß auf bestimmte Artikel beschränkt ist, und 105, welche mit türkischen Waaren Großhandel treiben. Ferner in Detail-Handlungen, deren 18 für Material-, Specerei- und Farbwaren; 93 für Specerei-Waren, 2 für reiche und schwere Seidenzeuge und Sametwaaren, 142 für Seiden-, weiße Moden- und sogenannte kurze Waaren; 42 für rohe und gefärbte Seide, Schafwolle und alle Gattungen Bändern; 144 für Currentwaaren; 15 für Juwelen, Gold- und Silberwaaren; 9 für Hutstepper-Waaren; 9 für Lederwaaren; 61 für Nürnbergerwaaren, 16 für Leinwandwaaren, 8 für Eisen und Eisengeschmeide-Waaren bestehen. Weiter giebt es 354 bürgerliche vermischte Waarenhandlungen in den Vorstädten, 27 Handlungen des k. k. priv. Gremiums der bgl. Tuchhändler, 14 der Kunst- und Musikalienhändler, 30 der Buchhändler, 16 der verkäuflichen Leinwandhandlungen, 4 der Rauchwaarenhändler; dann 3 der bgl. Buch- und Palatinkam-

merhändler, 84 der bgl. und befugten Pfaidler und Leinwäschwaarenhändler und 17 der Visirhändler; anderer Personal-Handlungsbefugnisse, welche keine Gremien bilden wie z. B. die 562 Putzwarenhandlungen (Marchandes des Modes), 341 Zwirn- und Baumwollhandlungen etc., der Krämereien, Ständchenbefugnisse, Handlungsrechte auf einzelne Artikel und für Eßwaaren, von denen die Victualienhändler allein 1964 betragen, nicht zu gedenken. Nebst dem halten noch 388 Fabriken aus den Provinzen hier Niederlagen.«

Ein enormes, ein achtunggebietendes Angebot, würdig einer Metropole, die einem der bedeutendsten europäischen Reiche Glanz zu geben hatte. Man konnte, ersieht man aus dem Angebot, alle seine Bedürfnisse in Wien befriedigen, wenn man das Geld dazu hatte. Und man war durchaus imstande, mit anderen Großstädten wie Paris und London mitzuhalten. Nur, und darin sind sich die Beobachter jener Zeit einig, was die modische Eleganz anlangt, war man längst nicht in der vordersten Reihe. Tatsächlich ist Wien kaum je als die Hauptstadt der Mode bezeichnet worden. Die ungezählten »Marchandes des Modes« und noch mehr die in so großer Zahl bestehenden Handlungen für kurze Waren und die Pfaidlereien, wo man Nähzeug zu kaufen bekam, deuten auf eine Wienerin hin, die genügsam selbst schneiderte oder von einer ins Haus kommenden kleinen Schneiderin versorgt wurde. Ein Bild, das zwar besonders gut in die Biedermeierzeit paßt, jedoch bis fast in unsere Tage wenig von seiner Gültigkeit verloren hatte.

Im Gegensatz zu der so gut wie nicht vorhandenen Wiener Damenmode waren die Herren auf der Höhe des europäischen Geschmacks. Helmut von Moltke bezeichnet die Herrenmode Wiens in einem seiner Briefe als »international«. Führender Herrenschneider Wiens war jener Gunkel, dem Nestroy in einem seiner Couplets einen Vierzeiler widmete und dessen Nachfahre heute in den Tuchlauben ein Wäschegeschäft betreibt. Die Musikalienhandlungen waren allesamt auch Sitze von Verlegern, die Buchhandlungen wiederum verkauften nicht nur Bücher, sondern ließen auch welche herstellen. Zudem konnte man sich als Schriftsteller oder Musiker seine Post dorthin senden lassen, konnte die »Handlungen« als Konzertagentur benützen und überhaupt dort sein Leben beinahe so führen, als wären diese Läden auch gleich die Kaffeehäuser der schöpferisch tätigen Welt.

Ein Wiener, der ins Theater geht, weiß bis auf den heutigen Tag, wie eine Gemischtwarenhandlung in der Biedermeierzeit ausgesehen hat. Die Stiche aus »Bäuerles Theaterzeitung« sind keineswegs nur für Theaterliebhaber und Sammler von dramatischen Erinnerungen von Interesse. Dank der Wiener Lokalpossen jener Zeit ist einprägsamer und genauer festgehalten, »wie es war«, als in Erzählungen oder auf Genrebildern, die immerhin schmeichelten. Das vielgeschmähte Vorstadttheater schmeichelte nicht. Es karikierte und zeigte, ein wenig übertrieben zwar, die Wahrheit selbst.

War Wien eine Stadt der Gelehrsamkeit?

»Die Gesammtzahl der jetzt in Wien dem Lehramt (mit Ausnahme der Trivialschulen) vorstehenden Personen beläuft sich auf 400, und die der zu unterrichtenden auf 13.000; wovon auf die Universität allein 103 Professoren und Adjunkten und über 5000 Hörer fallen. Aus den Mitgliedern derselben gehören 47 der theologischen, 236 der juridischen, 512 der medicinisch-chirurgischen, und 43 der philosophischen Facultät an. Schriftsteller leben hier nahe an 400, bildende Künstler 330, Musiker 375. Privatlehrer (mit Inbegriff der Sprach-, Tanz- und Fechtmeister, Musik- und Zeichnungslehrer etc.) über 500. Privat-, Lehr- und Erziehungsanstalten theils für Knaben, theils für Mädchen sind 16 vorhanden. Der politischen Blätter und Zeitungen, Schematismen, Journale und anderer periodischen Schriften zählt man 30, nicht zu gedenken der reichhaltigen Almanachs-Literatur.«

Es erfreut und ist bezeichnend für die Zeit, wenn man die Schriftsteller, bildenden Künstler und Musiker in einem mit den Lehrern angeführt findet und erfährt, daß die Zeitungen auch zu bildendem Material zählten. 1847 waren es insgesamt an die 30; ein Jahr später gab es, nach Ausrufung der »Preßfreiheit«, für eine kurze Zeitspanne an die 300.

Bleibt, um das Bild zu vervollständigen, noch Auskunft über den Stand der ärztlichen Versorgung Wiens einzuholen.

»Wiens Sanitätswesen steht unter der Oberaufsicht des Protomedicus in Österreich unter der Enns. Es hat zwei Stadt-Physici, einen Stadtgerichts-Wundarzt, eine Stadt-Hebamme, eine

Stadtgerichts-Hebamme, einen Ober-Infections-Wundarzt, drei Infections-Wundärzte und Todtenbeschauer samt drei adjuncten etc. Armenärzte sind in der Stadt drei und in jedem Polizeibezirk der Vorstädte Einer. Doctoren der Arznei- und Wundarznei-Kunde, welche hier Praxis ausüben, zählt man 426, Magister der Chirurgie 29, bürgerliche Wundärzte in der Stadt 28, und in den Vorstädten 92; Zahnärzte endlich 59. Unter den Sanitäts-Anstalten zeichnet sich insbesondere das k. k. allgemeine Krankenhaus in der Alservorstadt aus, mit der die k. k. Irren-Heilanstalt, die Kliniken der k. k. Universität, das k. k. Gebärhaus und das k. k. Findelhaus mit Säugammen- und Schutzpocken-Haupt-Institute, in Verbindung stehen und in welchem im jüngstverflossenen Jahre 29,795 Personen (im Gebärhause 6915, im Krankenhause 22,496 und in dem Irrenhause 384) ärztlich behandelt worden sind.«

Nach Ansicht wenigstens der Mediziner der Gegenwart war für Wien gut und den Anforderungen der Zeit entsprechend gesorgt. Nach Ansicht der Mediziner einiger Generationen vor uns lag das »Sanitätswesen« im argen. Die legendären Arztfiguren der Gründerzeit, die neue Kliniken entstehen ließen, hatten in ihren Vorlesungen wie in den notwendigen Bittschriften an die zuständigen Behörden wenig Schmeichelhaftes über den Stand der medizinischen Versorgung Wiens zu sagen. Hier ist ein sich ständig ausbreitender und entwikkelnder Zweig der Wissenschaft in der Situation gewesen, stets mehr Mittel und mehr Hilfsmittel fordern zu müssen.

Daß man freilich für viele Krankheiten kein Gegenmittel kannte, ist eine Tatsache. Wir wissen beispielsweise, daß Franz Schubert unheilbar an Lues erkrankt war, und er war nicht der einzige; daß Typhus umging; daß der Bevölkerungszuwachs sich nur deshalb in erträglichen Grenzen hielt, weil die kinderreichen Familien durch ungezählte Kindertode schrumpften. Wieder ist Schubert ein besonderes Beispiel, der als zwölftes von vierzehn Kindern auf die Welt kam und doch mit nur drei Geschwistern überlebte. Die Cholera, die 1831 von Ungarn her gegen Wien zog, forderte besonders in den ärmeren Bevölkerungskreisen ihre Opfer und wurde mit gänzlich unzulänglichen Mitteln bekämpft; vor ihr zog sich der gesamte Hof aus der Stadt zurück, was ganz und gar nicht der Beliebtheit des Kaisers Auftrieb verschaffte.

Der kaiserliche Leibarzt Andreas von Stifft, bald vom Volkswitz als »Nagel ohne Kopf« bezeichnet, erklärte die Seuche als nicht ansteckend und verordnete gleichzeitig den hochgestellten Patienten, sich vor jeglicher Ansteckung zu schützen. Der Wiener, der gewohnt war, in seinem Kaiser den vorbildlichen Hausvater zu sehen, vergaß es Franz lange nicht, daß er in dieser Krise nicht bei »seinen« Wienern geblieben war.

Und wenn ich noch ein bekanntes Beispiel für die ärztliche Unwissenheit dieser Zeit anführen darf: Der Herzog von Reichstadt wurde zwar von Metternich aus politischen Gründen daran gehindert, seine Schwindsucht in südlichen Gefilden auszuheilen, erst einmal aber von den Hofärzten falsch behandelt.

Wien eine Stadt mit Zukunft – ein Schlagwort von heute, aber auch Ausdruck der Forderungen, die die Zeit an uns stellt. Auch im geruhsamen Biedermeier mußte ein weitsichtiger Kaiser die Weichen für die Zukunft stellen. Und was die Dinge abseits der großen Politik angeht, so war Franz I. bereit, diese Aufgabe zu erfüllen.

1816 legte er selbst den Grundstein zur Wiener »Technik«. Das »k. k. polytechnische Institut« sollte »eine Zentral-Bildungs-Anstalt für den Handel und die Gewerbe durch die Verbreitung eines zweckmäßigen, ihre Vervollkommnung begründenden wissenschaftlichen Unterrichts« sein. Das gesamte österreichische Wirtschaftsleben profitierte von dieser Gründung. Die vielen Lehrfächer, die notwendigen Jahrbücher, die jährlichen Ausstellungen waren insgesamt ein großes Stimulans. Man lehrte technische Chemie, Physik, Mathematik, Maschinenlehre, praktische Geometrie, Land- und Wasserbaukunst und richtete Sammlungen ein, in die mit der Zeit alle anderen wesentlichen eingingen, so das k. k. Fabriks-Produkten-Kabinett und das später gegründete technische Kabinett. Man veranstaltete 1835, 1839 und 1845 in Wien »Zentral-Gewerbs-Produkten-Ausstellungen«, und man versuchte mit allen Mitteln, Wien auch auf wirtschaftlichem Gebiet zur wahren Hauptstadt des Reiches zu machen. Sowohl diese hohe Schule und die Ausstellungen wie auch die wohlwollende Förderung, die Metternich ganz im Sinne seines Kaisers allen Großunternehmern angedeihen ließ, zog Industrien nach Wien und änderte so in der Zeit des Vormärz den Charakter der Stadt und seiner Umgebung.

Allerdings auch in der Hinsicht, daß sich beim Ausbruch der Revolution in Wiens Vorstädten genügend »Menschenmaterial« fand, das geeignet war, das ausgebeutete, geknechtete, geknebelte Proletariat darzustellen, das eine Revolution wohl braucht, um wirksam zu sein.

Nicht im engeren Stadtgebiet, doch ziemlich nahe der Stadt entstanden ungezählte Betriebe der Spinnstoffindustrie und der baumwollverarbeitenden Betriebe. Meidling, Sechshaus, Schwechat, Kettenhof, Erlaa, Inzersdorf, Himberg, Schönau, Sollenau, Ebreichsdorf, Ebergassing, Schwadorf, Bruck an der Leitha, Perchtoldsdorf, Guntramsdorf, Liesing, Mödling, Teesdorf und andere wurden Orte mit starker Industrie, die je nach dem europäischen politischen und wirtschaftlichen Klima florierten oder stagnierten.

Als die Kontinentalsperre aufgehoben wurde, kamen englische Vorräte ins Land und waren extrem billig. Und als in den zwanziger Jahren auch die italienischen Provinzen zum Wirtschaftsraum Österreichs gehörten, ging es mit den Unternehmungen wieder aufwärts. 1841 zählte man in Niederösterreich 41 Spinnereien, 20 landesbefugte und 36 einfache Druckereien, für die über 7000 Webstühle arbeiteten, davon wiederum nahezu 4000 in nächster Wiener Umgebung. Wie immer in solchen Fällen wurde in der Nähe Wiens das Allerfeinste erzeugt, durchbrochene und gestickte Stoffe also, und auf dem Land »überwiegend derbe Ware«.

Ein anderer florierender Gewerbezweig war die Seidenindustrie, vor allem im beginnenden neunzehnten Jahrhundert aufstrebend, da die Kriegsereignisse die Vorrangstellung der französischen Seide beendeten und Niederösterreichs ungestörte Produktion sich inzwischen den ganzen europäischen Markt erobern konnte. Es gab auch hier bereits Großbetriebe, die so viele Arbeiter beschäftigten, daß man dem Kaiser anriet, diese aus dem Dunstkreis seiner Stadt abzusiedeln, da das »Gesindel« nicht zu Wien passe. Versuche, diese Wünsche zu realisieren, schlugen fehl, die Industrie war am flachen Land nicht unterzubringen, die Nähe der Großstadt schien lebensnotwendig. 1827 zählt man auf Wiener Boden 29 größere Betriebe und 600 kleine Unternehmungen. Für das Jahr 1841 wird der österreichische Gesamtumsatz an Seidenwaren mit 19,5 Millionen Gulden angegeben; 12 Millionen entfielen auf Wien.

Ein anderer aufstrebender Industriezweig war die Zuckererzeugung. Ein Betrieb entstand in Dürnkrut, dem erst viel später die Zuckerfabrik in Hohenau folgte. Simon Plößl erzeugte Fernrohre und exportierte in die ganze Welt. Sein optisches System übernahm später die bis heute existierende Firma Reichert. In Schwechat entstand das Bierlager der Brauereifamilie Dreher, die Metallindustrie expandierte, und die Erzeugung von Leuchtgas aus Steinkohle führte dazu, daß es ab 1817 in Wien Gasbeleuchtung gab.

Neben diesen großen Industrien aber beherbergte Wien ungezählte kleine Erzeuger- und Handwerksbetriebe, die für ihre Qualität und ihren Erfindungsgeist berühmt waren, keinesfalls aber dafür, daß man dort das Personal mit besonderen sozialen Errungenschaften beglückte.

1600 Schuhmacher exportierten im Jahre 1835 große Mengen ihrer Erzeugnisse auch ins Ausland. Wiener Handschuhmacher werden ihres besonderen Geschmacks wegen gerühmt. In den Vorstädten findet sich eine schon beachtliche chemische Industrie.

Berühmt wird Wien durch einige »Handwerker«, die anderswo entweder nicht rechtzeitig gefördert wurden oder gerade in Wien daheim sind. Die Klavierfabriken Streicher, Bösendorfer und Schweighofer sind Inbegriff für hervorragende und weltberühmte Erzeugnisse. Die Brüder Voigtländer stellen optische Geräte her. Michael Thonet kann durch Unterstützung Metternichs seine Fabrikation von Möbeln aus gebogenem Holz beginnen. Johann Nep. Reithoffer erfindet die elastischen Gewebe (Kautschuk) und erzeugt sie in Wiener Neustadt. Josef Hardtmuth stellt in Wien das beliebte »Wiener Steingut« her, und gleichzeitig verschafft ihm seine Herstellung von Bleistiften auch Ruhm im Ausland – die Mischung von Ton und Graphit, wie er sie praktiziert, stellt eine wesentliche Verbesserung des Produkts dar. Der 1792 in Oberösterreich geborene Glasermeister Josef Lobmeyr, der 1818 in Wien zu arbeiten begann, sich 1823 in der Weihburggasse mit einem eigenen Land etablierte und 1824 in die Innung der Glaser und Glashändler aufgenommen wurde, ist der Ahnherr eines Betriebes, mit dem Wien bis auf den heutigen Tag im Ausland nachweist, was die Verbindung von Kunstgefühl und Handwerksgeist zuwege bringt.

Ob man die »k. k. Porzellan-Manufaktur« im

Augarten noch zur Industrie oder bereits zum Kunsthandwerk zählen will, ist Geschmackssache. Immerhin, auch dieser Betrieb hat in der Zeit des Biedermeier eine Blüte zu verzeichnen und vervollständigt den guten Eindruck, den wir von Handel, Gewerbe und Industrie im Wien jener Zeit haben dürfen.

Die hier erwähnten Betriebe und Firmen existieren beinahe alle noch, viele von ihnen haben Weltruf, einige gelten als führende Geschäfte in der Stadt, und von den meisten weiß der Wiener nicht, daß sie ausgerechnet zur Zeit des Biedermeier ihre erste Blüte erlebten. 1818 übernahm Philipp Haas von seinem Vater ein Geschäft, das Weißwäsche erzeugte; von 1825 an erzeugte er auch Kleiderstoffe und hatte eine eigene Zeugdruckerei; 1840 begann er mit der Erzeugung von Teppichen und eröffnete ein eigenes »Verkaufsgewölbe« am Graben – es ist daraus längst ein Haus geworden, und den Firmennamen liest man

nicht nur in Wien, sondern in vielen Ländern. Die oben erwähnten Bösendorfer begannen 1828 mit ihrer Fabrikation von Klavieren, und ihre Flügel sind bis auf den heutigen Tag auf den Konzertpodien aller großen Städte wohlgelitten. Eine Papierhandlung Theyer und Hardtmuth, die im Biedermeier bereits ein Begriff war, existiert immer noch, und kaum einer der Fremden, die heute nach Wien kommen, würde beim Kauf einer

Oben: Das 1816–18 nächst Fischer von Erlachs Karlskirche erbaute Polytechnische Institut wurde für Wien von großer Bedeutung. Es war eine von Kaiser Franz mit größter Aufmerksamkeit geförderte Schule, die den hohen Standard des Wiener Handwerks garantierte. Das Biedermeier, in politischer Hinsicht eine »arge« Zeit, war für die Handwerkskunst günstig wie kaum eine Periode.

Postkarte oder einer Füllfeder ahnen, wieviel Tradition sich da mit verkauft. Und auf dem Kohlmarkt hatte der Hofzuckerbäcker August Dehne seinen florierenden Laden, den er erst 1857 an Demel verkaufte.

Die vollständige Aufzählung der Firmen, die vom Biedermeier bis herauf in unsere Tage bestanden haben, ergäbe eine lange und stolze Liste. Was man, weil nicht sehr biedermeierlich, gern vergißt: Man stand mitten in der industriellen Revolution, die sich, ausgehend von der Textilindustrie, nun auch auf den Verkehr ausdehnte.

Elf Jahre nach ihrer Gründung betreibt die Donau-Dampfschiffahrts-Gesellschaft bereits 23 Dampfer; 1841 haben die österreichischen Eisenbahnen schon ein Netz von 575 Kilometer Gesamtlänge zu befahren; und je weiter das Jahrhundert fortschreitet, desto rascher entwickelt sich die Wirtschaft. 1831 beziffert man den Wert der Ein- und Ausfuhren mit 141 Millionen Gulden, 1845 werden bereits 224 Millionen angegeben – die landwirtschaftlichen Erzeugnisse haben dabei einen Anstieg von 40 Prozent zu verzeichnen, die »Industrie-Gegenstände« aber einen von 68 Prozent. Und immer und überall ist Wien sowohl seiner Position als Metropole des Reiches wegen wie auch durch seine einzigartige Lage im Mittelpunkt des Reiches als Hauptumschlagplatz begünstigt. Die Industrie der habsburgischen Länder errichtet hier Niederlassungen, die großen Handelshäuser legen Wert darauf, ihren Sitz in Wien zu haben, auswärtige Firmen schicken ihre Repräsentanten in die Stadt.

Hand in Hand mit dieser Entwicklung der Industrie ging die Entwicklung des Bankenwesens. Die bedeutendste Gründung war wohl die des Wiener Geldinstituts durch Rothschild. Diese Bank finanzierte nach dem Eingehen der Bankhäuser Fries und Geymüller alle großen Projekte. Nicht unerwähnt bleiben darf die Gründung der Nationalbank (1816) und der Ersten österreichischen Spar-Casse durch Pfarrer Johann Baptist Weber. Was fehlt, um dem Bild allen Makel zu nehmen, das ist eine soziale Gesetzgebung. Kinderarbeit ist eine Selbstverständlichkeit; 1812 berichten die »Vaterländischen Blätter« von der Geduld und Aufopferung, die man braucht, um »einige Kinder von 6 bis 10 Jahren« zur Spinnarbeit anzuhalten, und 1836 macht ein amtlicher Bericht Erwähnung von der »physischen und moralischen Vernachläs-

sigung der Kinder in den Fabriken, ihrer übermäßigen Anstrengung und dadurch verursachten Verkrüppelungen und moralischen Schädigung« und nimmt als gegeben an, daß man dies weiß. Weil's ja so Sitte ist.

1839 wollte man eine Verordnung herausbringen, die das Mindestalter der in Fabriken beschäftigten Kinder auf das vollendete 12. Lebensjahr, die Höchstarbeitszeit auf 13 Stunden festlegte und wenigstens für Kinder jede Nachtarbeit verbot. Die Verordnung war aus bürokratischen Gründen nicht zu erlassen. Die Kinder arbeiteten weiter, ihr Lohn betrug täglich zwischen 12 und 16 Kreuzer. Zum Vergleich: Eine Semmel kostete einen Kreuzer.

Kein Wunder also, wenn von der Lage des Arbeiters nichts Gutes zu berichten ist. Jegliche Organisation oder »Verabredung« war verboten, die sofortige Kündigung möglich, wenn der Geschäftsgang einmal zurückging. In guten Zeiten war es dem Arbeiter gerade noch möglich, sein Leben zu fristen, in schlechteren ging er einfach zugrunde. 1847 wird als Durchschnittslohn eines Arbeiters 5 Gulden die Woche angegeben, die Arbeiterin erhielt ungefähr die Hälfte. 1847 kostete der Metzen Kartoffeln mindestens 1 Gulden 15 Kreuzer, manchmal aber auch 2 Gulden 20 Kreuzer. Irgendwelche Unterstützung für Arbeitslose war undenkbar, einzige Ausnahme bildete der 1842/43 gegründete »Allgemeine Unterstützungsverein für erkrankte Buchdrucker- und Schriftgießer-Gehilfen«. Der Verlust des Arbeitsplatzes war die selbstverständliche Folge. Zeitgenössische Berichte über die Folgen dieser fatalen Situation gibt es, doch sie werden noch selten eingesehen. Man könnte hier die Fabriksmädchen und ihre »Kappelbuben« erwähnen, die sich in den Vorstädten um ein paar Groschen anboten. Einige Bezirke wie Thury, Liechtenthal, Altlerchenfeld, Strozzischer Grund, Margarethen, Hundsturm, neue Wieden, Fünf- und Sechshaus waren berühmt deswegen. Die Mädchen

Rechts: Der Apollosaal war 1808 bis 1839 eines der berühmtesten Vergnügungsetablissements Wiens. Er überlebte viele andere Tanzsäle, bevor er geschlossen werden mußte. 1839 etablierte sich eine nach dem Saal benannte Kerzenfabrik in dem Gebäude in der Zieglergasse (siehe Bild).

30

waren arm, manchmal noch Kinder, und die »Kappelbuben« waren junge Fabriksarbeiter, die sie vor der Polizei zu schützen hatten.

Zudem wird von fast täglichen Überfällen auf den Glacis berichtet, und Plünderungen in den Vorstädten werden wahrlich nicht erst im Jahr 1848 verzeichnet. Wien, das einerseits »aufblühte«, war andererseits nicht in der Lage, die für diese Blüte nötigen Menschenmassen menschenwürdig unterzubringen oder zu verpflegen. Von allgemeinem Wohlstand konnte nicht die Rede sein, immer mehr Handwerker, die ihre Selbständigkeit verloren, weil sie sich gegen die Industrialisierung nicht halten konnten, gingen im Proletariat auf.

Ordnung und Gesetz waren voll von, nennen wir es so, aufregenden Gegensätzen. Allein die Tatsache, daß die einzelnen Wiener Vorstädte und Vororte nicht zum Polizeibereich der Stadt gehörten, machte es unmöglich, einheitlich gegen Übelstände vorzugehen. Und das Allheilmittel, Ruhestörer einfach zur Armee einzuziehen, war eben keines. Die Unterschiede zwischen arm und reich wurden immer größer.

Die niederen Beamten waren schlecht bezahlt, dennoch loyal, gehörten zu der großen Klasse der

Besitzlosen und können sicherlich nicht als eindrucksvolle Staffage eines Biedermeier-Gemäldes dienen. Sicherlich, vom Salon der Karoline Pichler, der Volkskomödie im Theater an der Wien, den Veranstaltungen des Moritz Gottlieb Saphir, den Bildern Daffingers, den Abenden im Leseverein, der Ludlamshöhle kann man bunter und anregender berichten. Doch eine Epoche, in der es neben anmutigen Bildern nicht auch das dumpfe Elend gegeben hat, findet sich in keinem Geschichtsbuch verzeichnet.

Gerechterweise muß gesagt werden, daß Österreich in der ersten Hälfte des 19. Jahrhunderts in der sozialen Struktur keineswegs hinter anderen europäischen Ländern zurückstand, es sich also um keine spezifische Elendssituation handelte. Man wird, hat man von Glück und Fleiß der Wiener gelesen und danach die Schattenseiten der Zeit nicht ausgelassen, zuletzt gern zu Dingen zurückkehren, die uns versöhnlicher stimmen müssen. Nicht alle, die zu Besuch kamen und sich von den Kerzenleuchtern in den Apollo-Sälen, von Josef Lanner und Johann Strauß und von den Reizen der Wienerin betören ließen, ergingen sich in falscher Lobhudelei. Vielen war es ernst, wenn sie lobten. Sie sahen die Vorstädte als weitläufig und voll der schönsten Gärten, sie berichteten von den Kellern in der Stadt, in denen man ein oder auch zwei Stockwerke tief im Angesicht von angezapften Fässern am hellen Mittag bei künstlichem Licht kalte und warme Speisen serviert bekam, und sie vergessen die Kaffeehäuser nicht, die elegant waren, wo es nur Frühstück und Erfrischungen gab und in denen geraucht werden durfte. »In allen findet man Zeitungen, auch Journale, überall Billards, Karten und Brettspiele.« Womit wir bei einer der schönsten Wiener Institutionen angelangt sind.

Zwei kenntnisreiche Wiener der Gegenwart haben ausführlich darüber geschrieben, ob es das Kaffeehaus als Institution noch gäbe, und sind nicht einer Meinung. Ich bin voll Hochachtung für Friedrich Torberg, der das Kaffeehaus in seinen einstigen Funktionen für tot erklärt hat. Ich habe viel Hochachtung für Hans Weigel, der immer noch das alte Kaffeehaus in Wien zu finden glaubt. Jedenfalls, es gibt sie noch, die Kaffeehäuser, so oder so, und immer noch gibt es Billard, Karten und Brettspiele. Einige Wiener Kaffeehäuser findet man sogar noch in Biedermeierhäusern.

Und der Himmel über diesem Wien? Ich würde aus Erfahrung wie aus den Erzählungen meiner Vorfahren nicht wagen, ein spezifisch wienerisches Wetter zu beschreiben. 1828 aber hatte Wien es angeblich:

»Man muß jedoch niehmals außer Acht lassen, daß das Wetter in Wien höchst veränderlich, daß ganz decidiert heitere Tage selten sind. Man hat Merkwürdigkeiten nicht nur in der inneren Stadt, sondern auch in den Vorstädten zu besehen; man darf die reizenden Umgebungen Wiens zu besuchen nicht unterlassen, und fast jeder dieser Besuche kostet einen Tag, und es soll ein schöner Tag seyn. Um nun keine Zeit zu verlieren, lasse man sich bey Benutzung derselben von dem Wetter leiten; ist der Tag heiter, so verwende man ihn gleich zu einem Ausflug ins Weite; ist das Wetter zweifelhaft . . .«

Ein sehr guter Rat, der eigentlich für jeden Ort und zu jeder Zeit Gültigkeit hat.

Wiener Bürger

Biedermeier-Wien. Ein verklärtes Bild erscheint, plötzlich wird die Stadt klein und heimelig, die Basteien sind zum Amüsement wie geschaffen, die Bürger fröhlich und dementsprechend bunt gekleidet, und das Landvolk eine angenehm anzusehende Staffage für die zahlreichen Ausflügler, die ihre Landpartien in die Umgebung machen.

Operette und Film sind schuld an dieser Idylle. Herr von Schober, der Schubert Franzl, die Kathi Fröhlich, der Herr von Grillparzer, die Fanny Elßler, der Herr von Gentz, der Herr von Castelli – das liest sich wie das Personenverzeichnis eines der vielen Singspiele, die das Wien jener Zeit einer gräßlichen Verzeichnung unterwarfen. Dabei hat die Generation, die in diesem Biedermeier-Wien lebte, es immerhin zu einer Revolution gebracht, haben im Biedermeier Moden und Industrien sich entwickelt, die kontinuierlich in unsere Zeit herüberführen. Und was die Beständigkeit angeht, die Charakteristikum jener Epoche gewesen sein soll, so war sie eine vom Staat gewollte und gelenkte und nicht unbedingt Merkmal der allgemeinen Haltung der Menschen.

Was der Begriff Biedermeier uns suggeriert, hat es so nie gegeben, wiewohl die Sehnsucht nach einer Biedermeier-Zeit in jedem Wiener schlummert. 1848 jedenfalls hat man radikal mit dem, was vorher war, gebrochen.

Die Wiener Moden-Zeitung konstatierte, alle Leidenschaften und vor allem das heftige Politisieren entstelle ein schönes Gesicht »so leicht« und solle daher vermieden werden. Die »Wiener allgemeine Damenzeitung für Frauenleben und Häuslichkeit, für Kunst, Mode, Geselligkeit und Unterhaltung« dagegen wechselte abrupt ihren Titel und nannte sich jetzt ganz knapp »Der österreichische Nationalgardist«.

Ungefähr so reagierte man auf dem Gebiet der Mode auf die Ereignisse des März 1848. Das Alte

ist natürlich ab sofort nichts mehr wert. Eine Revolution kann an einem einzigen Tag Köpfe rollen lassen, warum nicht auch Hauben und Schuten über Nacht abschaffen? Dennoch wurden einige Hauben und Schuten weiter getragen, änderte sich der Schnitt der Fräcke und Beinkleider nur allmählich: Wer, abgesehen von einigen ebenso reichen wie extravaganten Menschen, hatte schon so viel Geld, um seine Kleidung auf dem Altar der Revolution zu opfern?

Wenig konsequent war also die Reaktion der Wiener. Es wird berichtet, daß sich die Mädchen gelbe Barrikadenstrohhüte aufsetzten, daß »Oktobernymphen« mit Studentenmützen und Kalabresern gesehen wurden. Aber nicht ganz Wien tat bei diesem Versuch, die »Schale« des Vormärz abzuwerfen, mit. So leicht fiel es nicht, sich der neuen Zeit anzupassen. Und es dauerte Jahre, bis das Biedermeier, das zu Zeiten des Biedermeier ja nicht so hieß, vollständig vergessen war.

Die oben erwähnte Zeitschrift mit dem ausführlichen Titel, die sich 1848 revolutionär gebärdete, schrieb zwar: »Wir würden vor der Welt, vor uns selbst erröten, wollten wir, dem hohen, heiligen Ernst der Gegenwart gegenüber, uns noch mit jenen freundlichen Unbedeutendheiten befassen, mit welchen eine sieche Zeit in ihrem langen Kerker sich die Zeit vertrieb, und welche sie, gesünder und frei geworden, jetzt wohl auf Jahre bei Seite legt«, doch sind jene freundlichen Unbedeutendheiten, wenigstens aus der Sicht der Gegenwart, so unbedeutend nicht, um nicht der Erwähnung wert zu sein.

Wie kleidete sich Ludwig van Beethoven? Wie hübsch sahen die Mädchen aus, denen Franz Schubert Komplimente oder übermütige Anträge machte? Woran erkannte man die Dichter, Kanzlisten und Spitzel, woran die Hofschranzen, die Franz Grillparzer demütigten? Wie lebten sie? So geruhsam, bequem und »bieder«, wie der Begriff Biedermeier es einem suggeriert? Biedermeier war schon um die Jahrhundertwende vom Reiz des Märchenhaften umgeben, der sich bis zu unserer Gegenwart noch steigerte. Jetzt endlich schlägt das Pendel in die andere Richtung, wir sehen nicht mehr den tanzenden Kongreß, sondern die dissidenten Literaten und den morschen gesellschaftlichen Mittelbau des Bürgertums, da, wo vordem nur von Lieblichkeit und Biedersinn die Rede gewesen ist.

Von diesem Biedersinn spricht der an anderer Stelle zitierte Slade, wenn auch nicht gerade in positivem Sinn. Er bezeichnet die Wiener als Materialisten, eher noch als Sensualisten. Sie sind »nicht sehr gescheit, eher dumm, aber sicherlich die glücklichsten Menschen der Welt«.

Und ein anderer, Gutzkow, der Wien 1845 besuchte, ist auch nicht eben freundlich. Die Aristokratie bestehe aus zehn großen Familien, die verbürgerlicht seien, meint er. Die Redefreiheit des Pöbels sei groß, insbesondere die der Marktweiber. Die häufige negative Kritik führe zu einem Zustand der Anarchie. Kurz: die Wiener seien revolutionäre Pygmäen.

Allerdings, gewisse schöne Bilder bleiben bestehen, behalten ihre Gültigkeit, brauchen nicht umgedeutet zu werden. Die »Wienerin« war damals so, wie sie beschrieben wird und wie man sie stets der »Pariserin« zur Seite stellt: jene resche, lebensnahe, lebenslustige Person, von der allgemeinen Meinung in die Küche oder als Aufputz in fröhliche Gesellschaften verbannt, doch keineswegs böse darüber, daß man ihr keine aktivere Rolle zubilligte. Aktive Damen wie die

gebildete Jüdin Fanny Arnstein oder die Schriftstellerin Karoline Pichler mußten Ausnahmen bleiben. Die Wienerin der Mittelschicht war dafür geschätzt, daß sie sich weder über Politik noch über geistige Themen den Kopf zerbrach, in der Jugend hübsche Haustochter war, die an Scharaden und harmlosen Gesellschaftsspielen Gefallen fand, und später gute Hausfrau, bei der ein Mann seine Sorgen vergessen konnte.

Was ihre Kleidung anlangt, so war sie, wie eh und je, dem Spott der Zeitgenossen ausgesetzt. Etwa dem von Joseph Alois Gleich:

»Was wahr is, is wahr. In der Wienerstadt gibts Madeln, daß man's grad fressen möcht'; man wurd

Oben links: Detail aus Johann Peter Kraffts Gemälde »Rückkehr Kaiser Franz I. nach Wien«. Der Ausschnitt zeigt eine dem Heimkehrer huldigende Bürgersfrau mit ihren Kindern.

Oben rechts: Carl von Sales malte 1818 die Schriftstellerin Karoline Pichler, Mittelpunkt eines bekannten Wiener »Salons«, und verlieh ihr dabei ganz das Air der damals berühmtesten Salondame, Madame de Staël.

nicht bald wo so nudelsaubere G'frieseln antreffen; es is nur schad', daß sie hiezt der Modeteufel so narrisch b'essen hat und daß sie ihr'n Wuchs so abscheulich verschandeln. Es gehn d' Männer schon narrisch g'nug daher, sie stecken in ihren Hosen drin als wie in ein paar Mehlsäck' und das wollt i mir no g'falln lassen, denn di Modi is gut, man sieht die ausg'runnenen Wadeln nit so deutlich.

Um den Leib sind's so z'sammg'schnürt, daß man glaubt, sie brechen ab. Aber das is noch alles nix gegen die hietzige weibliche Modetracht. Die Hüte sind fast klafterlang und haben an Aufputz der so hoch is, daß man in an bisserl an niederen Haus vom ersten Stockfenster drauf greifen kunnt; aus manchem solchen Hut schaut freilich ein allerliebstes Gsichterl außer, aber o jerum, von dem is auch wieder d' Hälft durch Seidenmaschen versteckt, die ihnen wie die Leberwürst' aberhenk'n. Die Ärmeln sind so weit wie a paar Bierfasseln und weil ihnen des no nit g'nug is, so haben's no ordentli Krautblätter d'rüberg'macht, die ihnen an die Achseln wacheln. Der Leib is mit einer Binden engwinzig z'sammg'schnürt, aber glei unter dem dünnen Absatz geht der Rock in einer Menge Falten auseinander, weitmächtig . . .«

Wenn wir diese Sticheleien für uns übersetzen, so lesen sie sich ungefähr so: Im Biedermeier fanden die Frauen wieder zu sich selbst, ließen die antiken Ideale sein, denen sie eben noch gehuldigt hatten – sie sprachen davon, sich nicht mehr in einen »oben zugebundenen Sack« stecken zu lassen, legten sich dafür um so williger erst das Mieder, später dann das Korsett an. Das ist ganz unpolitisch zu verstehen. Damenmode kann man nur unter äußerster Anstrengung in Verbindung zur Politik setzen. Dort, wo der Historienmaler sich auch als Sittenschilderer versteht, kann er die Rocklänge und die Anzahl der Unterröcke zählen, an Frisuren und Kopfbekleidungen ablesen, ob es sich um ein züchtiges oder ein laszives Zeitalter handelte – und auch da sich irren, denn das ganze neunzehnte Jahrhundert verleitet angesichts der »hochgeschlossenen« Frauenspersonen den Betrachter eher zu falschen Interpretationen: Es war nicht so keusch, wie man meinen könnte.

»Eine den bürgerlichen Lebensverhältnissen angepaßt und dabei gefällige Kleidung« wäre die Frauenmode des Biedermeier gewesen, hätte es

nicht auch die »Rückkehr zur Taille« gegeben, also den Anfang einer Entwicklung, die mit dem Marterwerkzeug Korsett bis zur Jahrhundertwende die Frauen zu bedauernswerten Sklavinnen der Mode machte. Man braucht da nur einmal die Ankündigung eines Wiener Schneiders aus dem Jahre 1833 zu lesen, der seinen Kundinnen ein Patentmieder anbot »mit einer Vorrichtung, die es ermöglichte, beim Übelwerden der Dame mittels Anziehen einer kleinen, am Busen unsichtbar angebrachten Schleife augenblicklich und ohne Benötigung fremder Hand die Schnürung vom Leibe fallen zu lassen«.

Dergleichen konnte sich nicht jedermann leisten. Die zuerst ein wenig, dann immer stärker verschnürten Damen halfen einander bei der Toilette und fanden, wenn sie in Ohnmacht zu fallen drohten, zumeist eher einen Kavalier, der ihnen das Mieder lockerte, als einen, der am unsichtbar angebrachten Schleifchen am Busen zog. Und sie fielen, vor allem in den oberen Gesellschaftsschichten, gern in Ohnmacht – nicht selten in absichtlich herbeigeführte, herbeigesehnte, simulierte, denn von übermütigen Ausflügen in die Umgebung Wiens, bei denen die Damen gleichfalls fest eingeschnürt waren und in praller Sonne beim Pfänderspiel und Ringelreihen auf der Wiese ohne Ermattung durchhielten, wird auch berichtet.

Später gab es die Korsetts, die tatsächlich die Silhouette der Frau veränderten, ihnen zweifellos andauernde Beschwer machten und trotzdem ertragen wurden. Im Biedermeier war man noch nicht so extrem, man unterstrich die schlanke Taille lieber durch aufgebauschte Ärmel, die immer umfangreicher wurden und so einprägsame Namen wie »Hammelkeulen«, »Schinkenärmel« und sogar »Elefantenärmel« bekamen, mit Hilfe von Fischbeingestellen in ihrer Form gehalten wurden und bei aller Kleidsamkeit doch unpraktisch gewesen sein müssen.

Die Damen wußten sich für die Unbill, die sie freiwillig auszuhalten übernommen hatten, anderswo zu entschädigen. Sie trugen knöchellange Röcke, die Mädchen darunter noch die hübsch naiven Spitzenhosen, die man manchmal sehen konnte. Die breiten Ausschnitte waren spitzenbesetzt, ungezählte Bänder und Schleifen, Volants, Plissee- und Faltenpartien schmückten die Kleider, dazu trugen die Damen reichlich Schmuck.

Gerade Wien kann sich rühmen, ihnen dabei hilfreich entgegengekommen zu sein. Josef von Strasser hatte den künstlichen Diamanten erfunden. Die seither nach ihm benannten Straßsteine halfen einer blühenden Industrie über wechselvolle Zeiten hinweg, ein heute noch bekanntes musikalisches Lustspiel »Diamanten aus Wien« bezieht sich darauf. Die »Pierres de Straß« machten auch in Paris Furore, und es ist bloße Legende, daß Herr von Strasser angefeindet und seine falschen Edelsteine geringschätzig abgetan worden seien. In Wahrheit waren sie gerade zur rechten Zeit da. Jedermann war mit Imitationen einverstanden, niemand wollte Pracht einzig den Privilegierten überlassen. Lange bevor es zu einer Revolution kam, waren also die Damen schon auf dem Weg zur »Gleichheit« und wußten sich mit geringeren Mitteln ebenso glänzend herauszuputzen wie ihre reichen Vorbilder. Sie trugen Kolliers, Ketten mit Anhängern, Ohrgehänge, Bro-

schen, Armbänder, kunstvoll verzierte Kämme. Die Goldschmiede hatten zu tun. Man erfand für die romantischen Neigungen der Zeit Freundschaftsringe, Gefühlsarmbänder und Anhänger, in denen das Bild oder eine Locke des Geliebten aufgehoben waren.

Aber noch eine Firma verdiente mit Imitationen Geld. Das Haus Schlichtegroll erzeugte Anhänger im Stile des 16. Jahrhunderts. Besonders Holbeins Arbeitsweise wurde nachgeahmt. Man er-

Oben: Von Johann Christian Schoeller stammen ungezählte Beilagenblätter zur Wiener Theaterzeitschrift. Seine karikaturistische Methode weist ihn als einen Maler und Illustrator des Vormärz aus. Das Aquarell stammt aus dem Jahre 1844, heißt »Die Schnüranstalt« und erinnert daran, mit welchen Qualen für die Wienerin damals Modebewußtsein verbunden war.

Links: Ein kolorierter Stich nach Johann Ender zeigt uns die Herrenmode um 1836. Der elegante Herr trug taillierten Rock – mitunter half ihm dabei ein Korsett. Rock, Weste und Hose hatten farblich aufeinander abgestimmt zu sein. Die schwarze Krawatte war selbstverständlich von Gunkel am Graben. Die Hauskleidung war türkisch inspiriert: weiter Hausrock, weite Hosen. Ausschlaghemd und Backenbart des Herrn verraten den Künstler.

zeugte Fabeltiere, Zentauren, Eidechsen und Fassungen barocker Perlen. Der heutige Fachmann hält diese Imitationen sehr oft für echte Stücke.

Und man trug Hüte. Eigentlich war es die Schute, ein Zwischending von Großmutterhaube und Hut, sehr hoch, wiederum reich geschmückt und so kostbar, daß die Frauen sie, wenn Besucher kamen, auch daheim trugen und beim Ausgehen auch im Theater nicht ablegen wollten. Auf den Theaterzetteln findet man sehr oft den Vermerk, die Damen hätten ihren Hut abzulegen, was allein schon erkennen läßt, wie sehr diese Ungetüme die Sicht versperrten und wie ungern ihre Trägerinnen sich von ihnen trennten.

Dennoch: Der Aufwand, der in der Mode getrieben wurde, war nur in den »oberen« Kreisen wirklich Aufwand. Wenn man den zeitgenössischen Zeugnissen Glauben schenken darf, dann war es selbst für Damen aus den besten Familien nicht einfach, sich eine Staatsrobe zuzulegen, trugen sie Kleider länger und öfter, als man denken würde, mußten durch Bänder und Schleifen Veränderungen vorgenommen werden, wenn man ein neues Kleid haben wollte, jedoch die Mittel dafür nicht zur Verfügung standen. Es hat nicht sehr viel Sinn, hier Preise anzuführen: sie waren einfach exorbitant, ein Kleid, das man sich aus Paris kommen ließ, war so gut wie unerschwinglich, ein Kleid aber, das man bei Petko am

Rechts: Noch ein Detail aus Johann Peter Krafffts Wandgemälde von der »Rückkehr Kaiser Franz I. nach Wien«. Das Bild soll die väterliche und familiäre Beziehung des Kaisers zu den »biederen« Wienern zum Ausdruck bringen. Historisch getreu ist der Maler dabei nicht vorgegangen, denn er kleidet die Menschen des Jahres 1809 nach der Mode um 1825.

Kohlmarkt oder bei Beer in der Dorotheergasse machen ließ, riß tiefe Löcher in den Geldbeutel. War die Herrenkleidung billiger? Es kommt dabei selbstverständlich darauf an, ob man als Maßstab jene Stutzer nimmt, die es sich leisteten, George Bryan Brummel aus London nachzueifern, dem unbestrittenen Dandy seiner Zeit, der schuld daran war, daß Bücher über die Kunst, Halsbinden zu knoten, verfaßt wurden, der zum Ordnen seines Haares drei Friseure beschäftigte, weil derjenige, der den Hinterkopf ordnete, nicht imstande schien, das Arrangement der Locken an der Stirn richtig zu legen, und der seine Handschuhe von zwei Fabrikanten herstellen ließ, weil einer der ideale für den Daumen war, der andere qualifiziert für die Herstellung der anderen Teile. Es scheint, daß in Wien Stutzer dieser Kategorie rar waren, sie wurden zumindest kaum registriert und in den Geschichtsbüchern nicht erwähnt. Die Grundzüge der aus London angeordneten Herrenmode waren wohl verbindlich, und sie verlangten von dem Herrn, ausschließlich in langen Hosen und Frack, möglichst in dunklen Farben, aufgehellt allein durch Phantasiewesten aus allerlei Material, aufzutreten.

Einen Modezar der Herrenkleidung scheint Wien jedoch gehabt zu haben. Er residierte auf dem Graben. Der junge Helmuth von Moltke machte mit ihm gelegentlich seines Wien-Aufenthaltes 1835 Bekanntschaft:

»An einem Palast siehst du mit großen Buchstaben angeschrieben ›Gunkel‹. Gunkel ist die erste Notabilität unter den Kleiderfabrikanten, die sonst Schneider genannt werden. Ich verfügte mich zu ihm behufs einer *consultation en fait de toilette.* Nachdem er einen prüfenden Blick auf meinen Anzug geworfen, wünschte Herr v. Gunkel zu wissen, bei wem ich arbeiten ließe. Ich nannte Kley in Berlin. ›Nicht übel‹, sagte der Künstler, ›aber gänzlich verfehlt.‹ Er wünschte mich dunkelgrün zu sehen, benachrichtigte mich, daß eine weiße Weste tragen ein Art Wahnsinn sei und daß es nur eine alleinseligmachende schwarze Krawatte gäbe.«

Kniehosen, die »höfische« Tracht, hielten sich durchaus in adeligen Kreisen und bei Hof. Das Bürgertum ging aber in langen Hosen, die im Lauf der Zeiten nur mehr sehr wenig Variationen unterlagen – sie wurden einmal schmal und dann wieder weit, und so haben sie es bis auf den heutigen Tag gehalten. Das »bürgerlich schlichte Kleid« ist vorherrschend, die immerhin auch noch bei den Herren bisweilen überraschende Mode allerdings bringt einige Male den farbigen Frack als Farbtupfen ins Spiel, in Laubgrün und Veilchenblau zumeist. Pauline Metternich, die ein Porträtalbum der Herrenwelt anlegte, hat darin bis in die vierziger Jahre auch Frackträger in Rotbraun, Hellblau und Hellgrün verzeichnet. Sonderlinge tragen ihren Frack auch gelb, wie man bei E. T. A. Hoffmann nachlesen kann.

Luxus wird mit der Weste getrieben. Auch sie ist in vielen Farben gehalten, wird jedoch, wenn es um vornehmere Herren geht, immer dünkler und hat sich, wie die Kleidung des Herrn überhaupt, nicht durch das prächtige Material, sondern den guten Schnitt auszuzeichnen. Halsbinde und Busennadel sind die Accessoires der Herren, die es sich leisten können, echte Steine nicht nur ihren Damen zu verehren.

Zur gleichen Zeit ist auch die romantische Kleidung der Studenten schon en vogue, Eichendorff schildert uns jene Jugend, die anderen Idealen nachstrebte, mit einem »Ränzel« am Rücken wanderte, musizierte, die lange Tabakpfeife mit sich führte.

Eine Zeiterscheinung war die altdeutsche Tracht, von Schwärmern und Studenten so lange getragen, bis sie der Obrigkeit als ein Kennzeichen für Verschwörer erschien, die Eipeldauer-Briefe sie verspotteten und die Behörde nach ihren Trägern Razzien durchführte.

Man hätte damals wohl auch jedermann für verdächtig gehalten und verfolgt, der sich einen Bart wachsen ließ. Tatsächlich waren kunstreich gewellte, gelockte Haare Mode und die in die Stirn fallende Locke à la Byron immerhin als dichterisch gestattet. Doch ein Bart war – gleich ob Schnurrbart oder gar ein »mit langen Haaren bedecktes Gesicht«, wie Mendelssohn das ent-

Oben von links nach rechts: Vier Kupferstiche von Fr. Stöber zeigen, was sich im Biedermeier modisch »entwickelte«: Zuerst eine ziemlich extravagante Dame aus dem Jahr 1830, geschnürt, mit breiten Ärmeln, überdimensioniertem, garniertem Hut und hübschem Shawl; ein Paar von 1819, bei dem der Herr noch einen verzierten Rock und weiße Beinkleider anhat und die Dame noch Empire trägt; dann zwei Mädchen von 1840, mit weiten Röcken, strenger Frisur unter der Schute und viel Spitzen an den Kleidern; und schließlich junge Herren, einer davon in der Tracht der Studenten, aus dem Jahre 1836. Die Aufmerksamkeit, die man den Westen und den geschlungenen Halstüchern widmete, ist auch uns heute durchaus begreiflich.

setzt ausdrückte – ein Zeichen von Ungestüm und Verwilderung. Er war durch Gesetz allen Personen, die zum Hof, zum Militär oder zur Beamtenschaft zählten, verboten, er galt als Kennzeichen revolutionärer Gesinnung. Er kam daher bis 1848 auch nicht in Frage.

Die groß in Mode stehende altdeutsche Tracht fand bei den Damen entsprechende Ergänzung im Schmuck. Der »Gothic Revival Style« war überall gesehen, und 1825 kam die »Ferronniere« auf, ein Goldreif mit einem Edelstein, der auf der Stirn, unmittelbar über den Augenbrauen getragen wurde. Die Herzogin Wilhelmine von Sagan, Metternichs Geliebte, trug einen solchen Stirnreifen, als sie Daffinger für ein Porträt saß.

Wenn wir bei der Herrenmode politische Zusammenhänge herstellen wollen, so können wir das vielleicht dadurch tun, daß wir den Abschied vom höfischen Beinkleid als Signal ansehen, ebenso wie die Tatsache, daß die Herrenmode nur noch in Details, nicht aber im Konzept sich in späteren Zeiten änderte: sie blieb gleich für alle Stände, war weniger pretiös, einfacher und zweckmäßiger. Das Lebensgefühl, die Lebenshaltung einer Periode lassen sich freilich nicht nur an Kleidung und Literatur, sondern auch an der Wohnungseinrichtung ablesen. Ein Standardwerk, in England erschienen, aber mit ungezählten Beispielen gerade aus Österreich ausgerüstet, engt das Biedermeier auf die Zeit von 1815 bis höchstens 1830

ein und meint, später sei von Biedermeier nicht mehr die Rede – wobei nicht Weltanschauung oder Soziologie, sondern ausschließlich der Wohnstil für diese Zeitbestimmung den Ausschlag geben.

Biedermeier ist für den Möbelexperten die Zeit der Mittelklasse, des wohlbestallten, aber nicht reichen Bürgertums. Eine Zeit allerdings, in der das Lebensgefühl der Mittelklasse sich keineswegs auf diese beschränkte. Erinnern wir uns des »guten« Kaiser Franz, der in der Hofburg biedermeierlich lebte, Kaffeejause hielt und sich bei Spaziergängen in der Stadt mit dem Mann auf der Straße in dessen Sprache unterhielt. Ebenso können wir biedermeierliches Meublement in nur

45

unwesentlich veränderter, nur eben etwas teurerer Ausführung auch in Palais und Schlössern finden – und es auch heute noch ziemlich genau datieren, in einigen Fällen sogar dem einen oder anderen berühmten Meister zuordnen: dem Josef Danhauser zumeist, einem in seiner Zeit hervorragenden Mann, der als erster in Österreich, ja in Europa eine gutgehende Fabrik besaß und einen Katalog seiner Designs anbot, der sich erhalten hat und es Kennern noch heute ermöglicht, die Erzeugnisse der Fabrik Danhauser nach ihrer Herkunft zu bestimmen. Da leider bei allen Danhauser-Erzeugnissen die Jahreszahlen fehlen, ist eine genaue zeitliche Bestimmung kaum möglich, was Wissenschaftler nervös macht, uns jedoch nicht stören soll.

Josef Danhauser war kein gebürtiger Wiener. Er kam zu Beginn des Jahrhunderts aus Württemberg und war eigentlich kein Möbelfabrikant oder Designer, sondern Bildhauer. 1804 machte er sein Geschäft auf, in dem er nicht nur Möbel, sondern auch Tapeten, Vorhangstoffe, Uhren und später

J. Hyrtl und L. Berger (links und unten) stachen in Kupfer, was die Möbelfirma Danhauser senior auf der Wieden anbot: einen reich geschnitzten Eßtisch und das Mobiliar eines Arbeitszimmers, in dem man Schreibtisch und Ablage formschön und praktisch vereinte.

Glas anbot. Er muß neben seinem guten Geschmack auch Glück gehabt haben, denn schon
1807 beschäftigte er im eigenen Betrieb siebzig
Handwerker, und ein Jahr darauf war er Herr
über 130 Tischler und Gehilfen, erweiterte seine
Werkstätte wie seinen Laden auf der Wieden
immer mehr und eröffnete bald auch eine Filiale
in Pest. Er muß so einfallsreich wie einfühlsam, so
vielseitig wie geschäftstüchtig gewesen sein. Und
für die Kunsthistoriker ist er auch noch Vater des
Biedermeiermalers Josef Danhauser, der nach
dem Tod des Geschäftsgründers noch acht Jahre
die Fabriken und Geschäfte führte, bevor er sich
ausschließlich der Malerei widmete.
Ein Vergleich drängt sich auf: nämlich der mit der
Idee und Arbeitsweise der Wiener Werkstätten.
Danhauser entwarf, was dann unter seiner Ober-
leitung getischlert wurde; er sorgte für die Wahl
der Hölzer, die verwendet wurden; er suchte die
notwendigen Stoffe aus, und er wollte auch die
Gebrauchsgegenstände, die in von ihm möblier-
ten Wohnungen verwendet wurden, bestimmen.

*Die Stiche sind wieder von Hyrtl und Berger, die Entwürfe von
Danhauser, dem Vater des Biedermeiermalers: Die Sitzecke eines
Damenzimmers (mit Stickrahmen) rechts und ein »Werbebild«
eines Damenschreibtisches mit Fächern, Spiegel, Fußbank und
Paravant (alles um 1835) unten.*

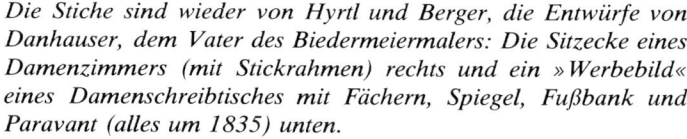

Wer sich in seine Hände gab, konnte »in einem Stil« leben.

Zwei Komponenten sind für die Möbel des Biedermeier immer wichtig gewesen: Einerseits mußte jedes Stück Sinn und Funktion haben – es gab nicht allzuviel Platz, und unnütze, nur der Zierde dienende Möbel hätten in dieser Zeit keine Chance gehabt. Zum anderen aber wurde auf besondere Solidität und Schönheit im Detail großer Wert gelegt – der Bürger wollte sich in seinen vier Wänden wohl fühlen und in seiner Wohnlichkeit als »kultiviert« erweisen.

Da war einmal der Sekretär, Prunkstück jeder Wohnung und in seinen allerschönsten Exemplaren heute Zierde aller Möbelsammlungen. Wie alle anderen Biedermeiermöbel war er zuerst einmal raumsparend: ein hoher Schrank mit aufklappbarem Pult, an dem der Herr des Hauses seine Schreibarbeiten erledigen konnte. Er war weiters eine Ansammlung von großen Fächern, in denen Gegenstände jeglicher Art aufgehoben werden konnten. Und er hatte kleine Laden und Geheimfächer, in denen man Briefschaften oder Zeugnisse verwahren konnte, Verspieltes, Geheimnisvolles, Zärtliches, Bänder, Locken oder andere Kleinigkeiten, die man damals gern als »Schätze« aufbewahrte und in Ehren hielt.

Es mag heute rührend erscheinen, mit wieviel Sorgfalt sich damals selbst die Familienväter Beschäftigungen hingaben, die man heute als Hobby bezeichnen würde. Allesamt wollten sie ihre Geheimnisse haben. Diese bargen sie in Laden, die nicht sofort zu öffnen waren oder gar als »unsichtbar« galten.

Und all dies war in einem einzigen Möbel, dem Sekretär, vereint: in geschlossenem Zustand ein Kasten, ein in Form einer großen Lyra gestalteter in den vornehmen Häusern, in eleganter Vierkantform in einfacheren Familien. Aber immer ein Kasten, aus dem sich »etwas machen ließ«.

Nicht weniger wichtig war im Haushalt die Kommode, auch Chiffonière genannt. Es gab sie überall, und auch sie hat sich bis heute in vielen Wohnungen erhalten. Sie ist nicht eben im Biedermeier erfunden worden und hat selbstverständlich nachher andere Formen angenommen – war aber im Biedermeier wesentlicher Bestandteil eines Haushaltes. In ihren vielen Laden wurde Tischwäsche oder Leinen aufbewahrt, die Hausfrau mußte aber auch die Leibwäsche der Familie

darin unterbringen. Die niederen Kommoden, heute wertvolle Sammlerstücke, die hohen Kastenkommoden, bis heute in Verwendung, wurden von der Firma Danhauser nicht in gerader, sondern in geschwungener, sogar verspielter Linienführung angeboten. Sie hatten Verzierungen, mußten jedenfalls kostbare Beschläge haben, um mehr als bloß simpler Gebrauchsgegenstand zu sein. Wobei sich die Kommoden nach Preis und Qualität vor allem durch den Zierat, nicht aber im Prinzip unterschieden. Wo für die teuersten Modelle Löwenfüße vorgesehen waren, da begnügte man sich bei der einfacheren Ausführung mit geschwungenen Linien; wo Spielereien beim Beschlag zu teuer waren, da gab es in der billigen Spielart gestanzte Randungen der Schlüssellöcher.

Auch ein Tisch war nötig. Des geringen Wohnraums wegen sollte er als Eßtisch ebenso dienen wie als Tisch in der »guten Stube«, wo man die Besucher empfing. Meist war er rund, hatte bei den teureren Ausführungen eine eingelegte Platte. Bessergestellte Familien besaßen einen eigenen Sofatisch, kleiner, handlicher, für die Kaffeejause geeignet. In etwas anderer Ausführung war der Sofatisch ein Nähtischchen für die Hausfrau. Die weibliche Tugend der Häuslichkeit verlangte nach dem kleinen Möbel mit den kleinen Laden für das Nähzeug, das Strickzeug, mit denen ein heiratsfähiges Mädchen bereits

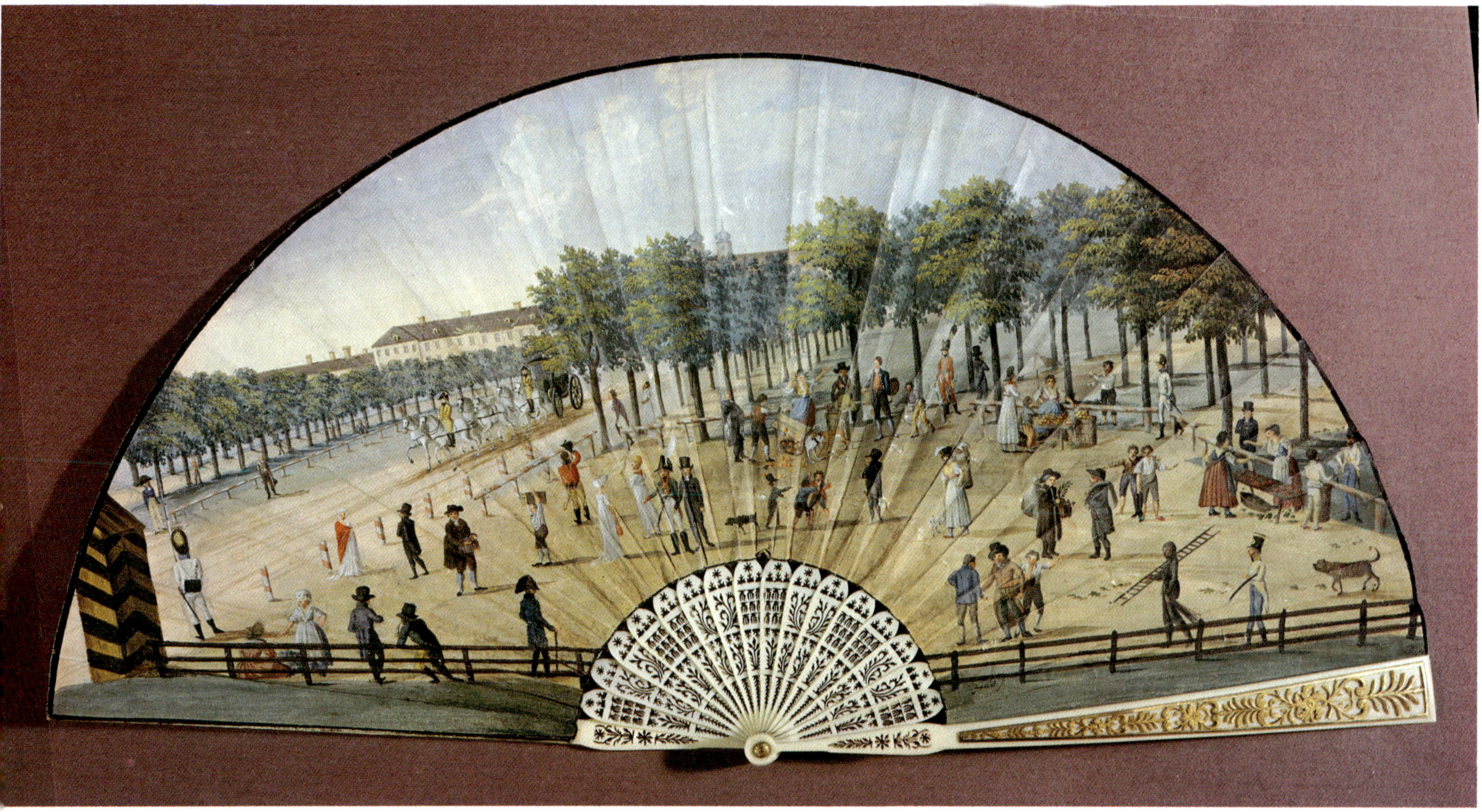

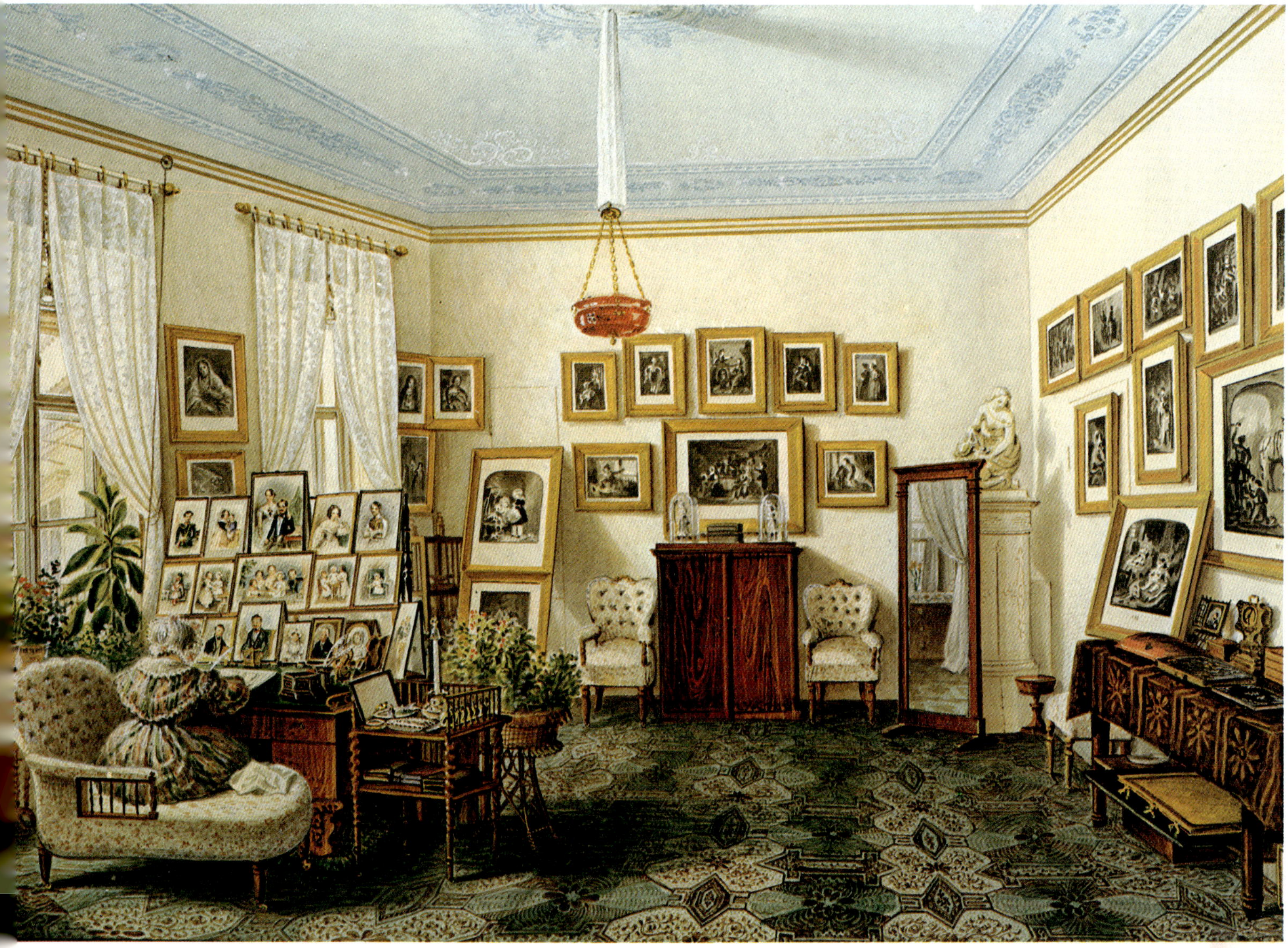

umgehen können mußte. Die Ehewerber sahen darauf, ob die ihnen präsentierten Töchter Häuslichkeit zumindest in Ansätzen zeigten.

Das kleine Tischchen erzählt auch davon, daß die Frau im Biedermeier von sehr vielem noch ausgeschlossen war. Daß sie sich bei vielen Gelegenheiten zurückzuziehen hatte. Daß sie einen eigenen Platz brauchte, an dem sie dann – oft auch demonstrativ – zu nähen oder empfindsame Bücher zu lesen hatte. Abseits der Herrenwelt, versteht sich. Doch von dieser mit Wohlgefallen als ein »Bild stillen Friedens« betrachtet.

Ein anderes Möbelstück, im Biedermeierhaushalt unentbehrlich, nach heutigen Begriffen eine Spielerei, war die Vitrine. Der Glaskasten in jeglichem Format, manchmal auch so gebaut, daß er in eine Raumecke paßte, war gehütetes Mausoleum der Erinnerungsstücke, der Andenken, der Angebinde, der Sträuße aus getrockneten Blumen, der kleinen Geschenke, die sich im Laufe eines Lebens anhäuften. Was immer man sammelte, kam »hinter Glas«, wurde sorgsam vor dem allgegenwärtigen Staub bewahrt, mußte jedoch sichtbar sein.

Bleibt als sehr typisches und ebenfalls unentbehrliches Möbel das Sofa, immer hoch genug, um auch beim großen Tisch zu stehen und bequem drei Personen Platz zu bieten. Die Gelehrten, die sich auch mit der Geschichte des Sofas auseinandersetzen, sprechen gern davon, es sei wie alle anderen Gebrauchsgegenstände des Biedermeier nichts weiter gewesen als eine Variante des entsprechenden Empire-Möbels. Doch sie geben gerne zu, daß es zweckentsprechender und sozusagen bürgerlicher wurde, als man gerade von Wien aus einen Stil entwickelte, der damals keineswegs Biedermeier hieß, jedoch schon Wiener Stil hätte genannt werden können. Im Gegensatz zu anderen Hauptstädten Europas, die in Modesachen und Meublement das Diktat von Paris weiterhin zur Kenntnis nahmen, war die Kaiserstadt Wien offenbar auf Eigenständigkeit bedacht.

Wie immer auch die übrigen kleinen, verspielten, kunstvollen biedermeierlichen Möbelstücke hießen, die Miniaturschreibtische, die aufklappbaren Nähtische, die als Konsolen verkleideten Nachttische – sie alle mußten zuallererst ihren Zweck erfüllen und dabei möglichst wenig Platz wegnehmen. Denn die Wohnungen waren klein, und ihre Bewohner wollten trotz der aufgezwungenen Enge bequem leben. Ein Mensch im zwanzigsten Jahrhundert, der in wiederum eng gewordenen Neubauten zu existieren hat, kann nur staunen, wie »funktionell« im modernen Sinn 1820 getischlert wurde. Und wie haltbar, möchte man hinzufügen. Nicht nur der Fabrik Danhauser, sondern auch den anderen Wiener Tischlern der damaligen Zeit muß man bestätigen, daß sie trotz ihrem Sinn für Proportionen und ihrer Freude an Spielerei solide arbeiteten, man Biedermeiermöbel also weder als filigran noch als wenig haltbar bezeichnen kann.

Neben Josef Danhauser schufen zu dieser Zeit viele heute nicht mehr bekannte »Designer«. Einige Namen weiß man aus Dokumenten, doch sagen sie dem Laien heute kaum mehr etwas: Martin Braun, Martin Schäcker, Ernst Seiffert, Johann Reimann und – er wird als der beste von allen bezeichnet – Johann Philipp Hefft arbeiteten in Wien, und ihre schönsten Erzeugnisse wurden bereits 1825 in dem Buch »Wiener Kunst- und Gewerbsfreund oder der neueste Wiener Geschmack« von W. C. W. Blumenbach abgebildet. Vergessen wir nicht: Das Industriezeitalter brach an. Aus den Werkstätten der Handwerksmeister wurden im Handumdrehen Fabriken. Noch konnte der Bürger seinem Individualismus leben. Nach der Revolution war es damit vorbei. Rückblickend sprach man von jener Zeit als der »guten, alten«. Spätere Generationen haben dann den Ausdruck jeweils für die Zeit ihrer Großeltern gebraucht. Doch die wirkliche »gute, alte Zeit« war die vor 1848.

Eines anderen Möbel-Designers muß hier gedacht werden, wenngleich er mit seiner Arbeit in unser Jahrhundert herüberweist. In der kleinen Stadt Boppard am Rhein begann der Deutsche Michael Thonet nach neuen Methoden der Holzverarbeitung zu forschen – vor allem versuchte er,

Rechts: Eine Kreidelithographie aus dem Jahr 1838 zeigt die satirische Darstellung des Lagers eines Möbelhändlers. Die durch die Luft purzelnden Sessel und das Sofa, die aufeinander stehenden Kommoden sind – wie man unschwer erkennt – strenger in den Formen und wohl schon Fabriksware. Trotzdem brauchen sie den Vergleich mit den Möbeln der Gegenwart nicht zu scheuen; ungezählte Wiener Haushalte sind heute noch mit Mobiliar aus dem Biedermeier ausgestattet, und die Benützer der alten Möbel rühmen weiterhin nicht nur deren Schönheit, sondern auch die handwerkliche Sorgfalt, mit der »in der guten alten Zeit« auch Serienprodukte hergestellt wurden.

das Holz zu biegen, was andere im Biedermeier auch taten, jedoch nur als eine Art Spielerei ansahen. Er hatte wenig Resonanz in seiner Heimat, fand aber in Fürst Metternich einen Förderer, der offenbar erkannte, was Thonet wollte und für die Zukunft bedeutete. 1842 kam Michael Thonet, ausdrücklich als ein Schützling Metternichs, nach Wien und begann mit der Arbeit, aus der 1849 die ersten Thonet-Möbel entstanden, wie man sie seither kennt. Auf der großen Ausstellung 1851 konnte er bereits mit ganzen Kollektionen aufwarten.

Die Thonet-Produktion fand weltweit Anklang, und ihre weitere Entwicklung reicht bis in die Gegenwart. Die Firma existiert noch immer, und die Sammler »alter« Thonet-Modelle stehen in steter Konkurrenz mit Museen in aller Welt, die gerade mit diesen Möbeln aus Wien darstellen wollen, wie einfach und klar selbst Industrieer-zeugnisse sein können.

Die Möbel, deren Gebrauchswert höher war als der der Gründerzeit-Möbel, bei denen staubfan-gende Sinnlosigkeit Triumphe feierte, wurden, im Hinblick auf den Käuferkreis, aus billigen heimi-schen Hölzern hergestellt. Dennoch waren sie Gebrauchsgegenstand und Zierde zugleich, wur-den daher dementsprechend sorgsam bestellt, hergestellt und gepflegt – man war noch nicht auf Verschleiß eingestellt, man glaubte noch an die Dauer eines Möbels, man beschäftigte sich auch in den Werkstätten mit jedem Auftrag ernsthaft,

54

Oben: Wie der Kupferstich so auch der dazugehörige Text ein wenig verzeichnet und doch charakteristisch für die Zeit – »I hab selber mehreri Kerl g'sehn, dö mit'n Bau von ein'n bürgerlich'n Kavallerist'n sein'n Roß einer g'kroch'n seyn...« So schilderte man in den volkstümlichen Eipeldauer-Briefen das Interesse der Wiener an der Grundsteinlegung zum Polytechnischen Institut am 14. Oktober 1816, mit dem Kaiser Franz I. eine der segensreichsten Einrichtungen seiner Regierungszeit schuf.

Links: »Bey den Michaelern« heißt das Aquarell von Georg Opiz, den man noch zu den Vorläufern der Alt-Wiener Malerei zählen darf. Die Szene ist – wie der darunter stehende Text erläutert – von »schöner Welt, Freudenmädchen und Müßiggängern« bevölkert.

und gerade Wien ließ sich als eine Metropole der Handwerkskunst feiern. Zwar gab es eine große Anzahl von Meistern, die gerade zu dieser Zeit versuchten, sich von den »Gilden« freizumachen – 1825 zählte man schon 620 solcher »freischaffenden« Möbeltischler –, doch hielt man auf eine besonders intensive Ausbildung. Die von Kaiser Joseph II. gegebenen Gesetze, nach denen jeder Meister auch ein Absolvent der Akademie der Bildenden Künste zu sein hatte, waren zwar außer Kraft gesetzt, doch seit 1815 existierte die Polytechnische Schule, der man nachsagte, sie sei eine Art permanenter Industrieausstellung. Basis des Handwerks war – früher und intensiver praktiziert als anderswo – eine seriöse Ausbildung während der Lehre. Daß sich die »Erfindungen« auf dem Gebiet des Möbels in Wien abspielten, die »Erfinder« neuer Techniken im Wien Metternichs einen günstigen Boden fanden, trug seine Früchte: Wohnkultur war etwas, was der Wiener schon im Biedermeier hatte und was über die Märztage von 1848 hinaus wirkte, so daß es in der Folge einem Makart leichtfiel, nach Wien zu gehen und dort für eine Wohn-Überkultur zu sorgen.

57

Was das Interieur des Biedermeier anlangt, so ist es auch von Adalbert Stifter ausführlich in seinen Dichtungen beschrieben worden. In knappster Form erklärt es Max von Boehn in einem Standardwerk so:

»Der Geist der Biedermeierzeit, der, aus der Not eine Tugend machend, nur in der Einfachheit wahre Vornehmheit sah, hat die Kahlheit der überkommenen Empire-Kunst bis zur größten Nüchternheit geführt. Leere Zimmer, Papiertapeten mit mageren Mustern, wenig Möbel, deren gerade, glatt polierte Flächen das Staubwischen zur Lust machten, an den kahlen Wänden Kupferstiche oder Lithographien im Leistenrahmen, die, statt dekorativ zu wirken, nur dunkle Flecke bilden, so sahen die Räume aus, in denen man sich dazumal wohl fühlte. Der Schmuck derselben bildeten die Gardinen, deren Drapierungen möglichst raffiniert, am liebsten aus mehreren Schals möglichst verschiedener Farben gemischt, der Tapezier besorgte; theoretisch beschränkte sich denn auch fast ein Jahrhundert hindurch die Wohnkunst darauf, dem Tapezier Anleitung zu geschmackvollem Arrangement der Vorhänge zu geben. Berühmt durch den Geschmack ihrer Ausstattung war die Villa des Fürsten Metternich am Rennweg in Wien.«

Was zu der Zeit, da Max von Boehn über Mode schrieb, noch existierte und deshalb am Biedermeier weniger demonstrativ gewürdigt wurde als in der Gegenwart, das ist das natürliche Gefühl für Dimensionen, das man hatte. Die Fenster stehen

Oben: Im Wien der Biedermeierzeit flossen Malerei und Kunsthandwerk ineinander, waren die Maler allesamt auch Handwerker. Die Becher mit Transparentmalerei stammen von Anton Kothgasser (um 1820) und sind heute hochgeschätzte und beinahe unbezahlbare Sammlerstücke.

in ausgewogener Proportion zu den Räumen, die sie erhellen sollen. Die Fassaden zeigen den guten Geschmack der Architekten, vor allem der einfachen Baumeister. Die Häuser dienen, was man jetzt von ihnen nur mehr in besonderen Fällen sagen kann, zuerst einmal den Bedürfnissen ihrer Bewohner. Ganz selbstverständlich haben sie den Menschen zum Maß und seine Bequemlichkeit als erstes Ziel. Als Erklärung dafür, warum »Biedermeier« über alle Wandlungen der Zeiten hinweg sich als immer wiederkehrende Mode »gehalten« hat, sollte dies genügen. Die Bequemlichkeit, die Zweckmäßigkeit, die Orientierung auf den Menschen – das ist schon etwas, was man immer noch den Gegenständen ringsum anmerken möchte.

Wo unsere Nostalgie in Sammlerwut übergeht und in Vitrinen – selbstverständlich Biedermeiervitrinen – einstige Gebrauchsgegenstände zu horten beginnt, ergeben wir uns der Leidenschaft der Biedermeier-Bürger, die sich über karge, klar proportionierte Räume hinwegsetzte. Bemalte

Gläser, Porzellan, Geschirr zum täglichen Gebrauch, das sehr viel hübscher gestaltet war, als man das angesichts der sonst so kargen Umgebung annehmen würde, beweisen es. An den bemalten Kaffeetassen, auf denen der Landesvater, das Symbol der Freundschaft oder die Ansicht eines berühmten Ortes verewigt sind, zeigt sich die im Grunde gar nicht karge, sondern romantische, gefühlvolle Haltung der Wiener Bürger. Sie waren, sagt die Geschichtswissenschaft, unterdrückt, ausgebeutet, beinahe versklavt, also zur Revolu-

Folgende Doppelseite: Die große Industrie- und Gewerbe-Produktenausstellung 1835 zeugte von dem hohen Niveau des Wiener Handwerks. Viele der damals ausstellenden Firmen existieren heute noch. Die Lithographie stammt von Franz Wolf.

tion gezwungen. Sie waren aber auch von guter Gesinnung, verspielt, putzsüchtig und voll kindlicher Freude an Kleinigkeiten.

Adalbert Stifter beschreibt im »Nachsommer« die Lebensideale des Biedermeier ebenso wie die Wohnverhältnisse in Stadt und Land. Das wohl bekannteste und auch einprägsamste Zitat, hier durchaus angebracht, ist eine Schilderung der Zimmereinteilung daheim:

»Mein Vater war Kaufmann. Er bewohnte einen Teil des ersten Stockwerkes eines mäßig großen Hauses in der Stadt, in welchem er zur Miete war. In demselben Hause hatte er auch das Verkaufsgewölbe, die Schreibstube nebst den Warenbehältern und anderen Dingen, deren er zu dem Betriebe seines Geschäftes bedurfte. In dem ersten Stockwerke wohnte außer uns nur noch eine Familie, die aus zwei alten Leuten bestand, einem Manne und seiner Frau, welche alle Jahre ein oder zwei Male bei uns speisten, und zu denen wir und die zu uns kamen, wenn ein Fest oder ein Tag einfiel, an dem man sich Besuche zu machen oder Glück zu wünschen pflegte . . . Wir hatten in der Wohnung jedes ein Zimmerchen, in welchem wir uns unseren Geschäften, die uns schon in der Kindheit regelmäßig aufgelegt wurden, widmen mußten und in welchem wir schliefen. Die Mutter sah da nach und erlaubte uns zuweilen, daß wir in ihrem Wohnzimmer sein und uns mit Spielen ergötzen durften.

Der Vater war die meiste Zeit in dem Verkaufsgewölbe und in der Schreibstube . . . In der Wohnung war ein Zimmer, welches ziemlich groß war. In demselben standen breite, flache Kästen von feinem Glanze und eingelegter Arbeit. Sie hatten vorne Glastafeln, hinter den Glastafeln grünen Seidenstoff, und waren mit Büchern angefüllt. Der Vater hatte darum die grünen Seidenvorhänge, weil er es nicht leiden konnte, daß die Aufschriften der Bücher, die gewöhnlich mit goldenen Buchstaben auf dem Rücken derselben

Links: Berichte vor allem ausländischer Besucher informieren uns von der erstaunlichen Tatsache, daß die Straßen der Innenstadt alle schon gepflastert waren. Heute stößt man bei Straßenarbeiten immer wieder unter der Asphaltdecke in Gassen der Innenstadt auf das alte Straßenpflaster, das mehr als ein Jahrhundert lang gehalten hat. Die Kreidelithographie zeigt »Die Straßenpflasterer« an der Arbeit. Die Darstellung gibt sich realistisch, ist aber in Wahrheit biedermeierliche Genremalerei.

standen, hinter dem Glase von allen Leuten gelesen werden konnten, gleichsam als wolle er mit den Büchern prahlen, die er habe . . . An Abenden, von denen er selten einen außer Haus zubrachte, außer wenn er in Stadtgeschäften abwesend war oder mit der Mutter ein Schauspiel besuchte, was er zuweilen und gerne tat, saß er häufig eine Stunde, öfter aber auch zwei oder gar darüber, an einem kunstreich geschnitzten alten Tische, der im Bücherzimmer, auf einem ebenfalls altertümlichen Teppiche, stand, und las . . . Überhaupt durfte bei dem Vater kein Zimmer die Spuren des unmittelbaren Gebrauches zeigen, sondern mußte immer aufgeräumt sein, als wäre es ein Prunkzimmer. Es sollte dafür aber aussprechen, zu was es besonders bestimmt sei. Die gemischten Zimmer, wie er sich ausdrückte, die mehreres zugleich sein können, Schlafzimmer, Spielzimmer und dergleichen, konnte er nicht leiden. Jedes Ding und jeder Mensch, pflegte er zu sagen, könne nur eines sein, dieses aber muß er ganz sein.«

Man tut gut daran, die liebevollen Schilderungen Stifters einmal wieder in jener Ruhe zu lesen, die bis zum heutigen Tag »biedermeierlich« genannt wird. Nicht weniger gut aber täte man daran, einmal die weniger populären, weil entweder als tendenziös verschrienen oder wirklich übertriebenen Schilderungen der Elendsquartiere jener Zeit nachzulesen: Auch diese gab es, und die Armut, die sich in Baracken, Kasernen, wildem Bauwerk vor der Stadt nicht mehr malerisch, sondern nur verkommen und gräßlich zeigte, hat in vielen Berichten der Zeitgenossen nur deshalb keinen Eingang gefunden, weil die meisten Schriftsteller schon damals dem »Zauber« Wiens verfielen, den Glanz und die Häuslichkeit, die Feerien der Ballsäle und den Taumel des Walzers sehen wollten, dabei die Armut einfach nicht zur Kenntnis nahmen.

Ein Besuch in Schuberts Geburtshaus, vor wenigen Jahren großteils in seinen ursprünglichen Zustand zurückversetzt, muß es jedem nur mit einiger Phantasie Begabten aber vor Augen führen: die enge, bedrückende Zinskaserne der »guten, alten« Zeit vermittelt uns eine Vorstellung vom Leben der Unterprivilegierten. Etwas mehr Natur war vor ihrer Haustür, das hatten sie den Zinskasernenbewohnern von heute voraus.

Was Wien fehlte, das war ein Charles Dickens, der jene Seite des Lebens genau und getreulich abgebildet hätte. Wien hatte nur entzückte Beschreiber, von deren Lobreden auf Wien und die Wienerinnen wir alle so gern abschreiben.

Amüsements

Amüsements im Wien des Biedermeier – daran knüpft sich nicht nur die Erinnerung an die vielen Theater in den Vorstädten, sondern vor allem die an die berühmten Etablissements und die dem einfachen Volk vorbehaltenen – wenn dann auch von hohen Herrschaften mit Vergnügen aufgesuchten – Kirchweihfeste.

Üblicherweise beginnt ein Chronist der Zeit von Johann Strauß Vater mit einer Beschreibung des »Sperl«, der wohl berühmtesten aller Tanzstätten Wiens. Halten wir es einmal anders und erzählen wir zuerst von späteren Gründungen, die von allem Anfang an versuchen mußten, den Glanz und das Renommee des »Sperl« zu übertreffen. Zum Beispiel das »Tivoli« – eine 1830 entstandene Lokalität. Adresse: »Tivoli Obermeidling Nr. 32 am Grünen Berge«. Mittelpunkt: Ein Musikpavillon, in dem Johann Strauß und Herr Kapellmeister Resnitschek mit ihren »Musikchören« auftraten. Besonderheit: »Es laufen in vier aneinander liegenden Geleisen zwölf bis sechzehn federleichte, bequeme und elegant angefertigte Wagen die wellenförmige Bahn hinab und wieder hinauf, welche Bahn gewiß 700 Fuß im Umfang hat; dieses geschieht mit einer solchen Schnelligkeit, daß man einen Flug durch die Luft zu machen glaubt. Solche Rutschbahnen sind zuerst in Rußland entstanden. Die Russen, welche die Wintervergnügungen ihrer Eisberge im Sommer durch hölzerne Geleise zu ersetzen pflegen, haben diese während der Anwesenheit ihrer Truppen in Paris zuerst eingeführt, worauf sie in Berlin nachgeahmt wurden.«

Aus Berlin kam dann der »Tivoli« – benannt nach dem Landsitz bei Rom – nach Wien und wurde mit besonderer Reklame, mit Einschaltungen in den Journalen, mit einer Flut von Anschlagzetteln und mit freundlich erkauften Berichten in der Presse – die man heute einfach Public Relations nennen würde – rasch populär gemacht. Trotz der zahlrei-

Vorhergehende Seite: 1831 entstand diese Lithographie, den Vergnügungspark des »Tivoli« darstellend, eines der kurzlebigen, aber sensationellen Amüsements, für die Johann Strauß die Musik beistellte und alle modeverrückten Wiener sich entzückten, bis man ihnen eine andere Spielerei anbot. Das Establissement entstand nach einem russischen Vorbild.

Rechts: Auf der »Rutsch'n« des »Tivoli« nächst Schönbrunn. Von dem Vergnügungslokal, das nach russischem Vorbild 1830 erbaut wurde und für eine kurze Zeit Furore machte, berichten berühmte Zeitgenossen. Die Wiener wurden mit für jene Zeit unerhörter Reklame ins »Tivoli« gelockt. Als das Lokal nicht mehr gefragt war, wurde es in einer Lotterie »ausgespielt« und dann eine Jausenstation, die harmloser, aber auf lange Sicht für den Besitzer ertragreicher war.

chen alteingesessenen Vergnügungshallen wurde gerade der »Tivoli« in einem einzigen Herbst zur großen Attraktion der Wiener, Johann Strauß schrieb den »Tivoli-Rutsch-Walzer«, und die authentischen Besucherzahlen der ersten großen Feste sind es durchaus wert, festgehalten zu werden: Am 19. September 1830 zählte man dreitausend Besucher; zum Namenstag des Kaisers am 4. Oktober wurde ein Fest gegeben, bei dem sechstausend Eintritt zahlten und konsumierten und der Andrang es notwendig machte, das Fest am 9. Oktober – wieder mit Johann Strauß selbstverständlich – zu wiederholen. Daß man dem Publikum eine prächtige Ballsaison versprach, dann aber den Winter über schließen mußte und trotzdem im Frühjahr wieder unter ungeheurem Andrang eröffnen konnte, dürfte ebenfalls der Reklame zu verdanken gewesen sein.

Zwei Hinweise auf die große Zeit des »Tivoli«: Im Werkverzeichnis des Johann Strauß Vater findet sich eine Walzerfolge »Tivoli-Freudenfest-Tänze«, und ein Chronist hat festgehalten, was Frédéric Chopin aus Wien 1831 berichtete: »St. Veit ist eine hübsche Ortschaft, was ich von dem hier so genannten Tivoli nicht behaupten kann, wo eine Art Karussel, vielmehr Bahn mit Schlittenwagen da ist, die sie hier ›Rutsch‹ nennen. Ein ungeheurer Blödsinn. Erst späterhin, da auch wir hinab zu rollen begannen, verwandelte ich mich aus einem hitzigen Saulus dieser dummen Wiener Unterhaltung in einen eifrigen Paulus.«

Jene Zeit der raschen Moden brachte die Aufführung eines Stückes »Tivoli« mit Musik von Adolph Müller im Theater an der Wien sowie den Verkauf von »Tivoli«-Hüten und Feuerwerkskörpern aus »Tivoli«-Raketen. 1832 ließ man über dem »Tivoli« mit Gas gefüllte Gummitiere aufsteigen, die Furore machten. Und 1833 dann trat dort ein »Feuerkönig« auf, der jeden Abend den Beweis antrat, daß er »unverbrennbar« war.

Ein derartiges Feuerwerk an besonderen Attraktionen mußte aufgeboten werden, um die zahlreichen gut eingeführten Etablissements, die sich längst dem Publikum empfohlen hatten, aus dem Felde zu schlagen.

Zu diesen gehörten etwa die Apollo-Säle. Die meisten der zeitgenössischen Schilderungen dieses Unternehmens stammen allerdings von aus Deutschland angereisten Gästen und geben daher mehr den allgemeinen Eindruck wieder. Nur Carl Rabl, im ersten Jahrzehnt des Jahrhunderts als »Baderlehrling« in Wien lebend, ist ein Einheimischer, der uns mit dem scharf beobachtenden Blick des angehenden Mediziners, der auch Details, Dimensionen und Eigentümlichkeiten nicht außer acht läßt, eine Schilderung der Apollo-Säle hinterlassen hat, die reizvoll, weil ziemlich instruktiv ist. Er, der in Wien studierte, nahm sich selbstverständlich auch die Zeit, Vergnügungen nachzugehen.

»Den 4ten nach eingenommenen Abendessen bey Hernn von Landgraf gieng ich in den neuerbauten, von Herrn Wolffsohn errichteten und erdachten berühmten Tantzsaal auf der Maria-Hilferstrasse, genannt der Apollosaal. Dieser Saal wurde auf eigene Kosten des Herrn Wolffsohn errichtet, welches Vermögen zur Beendigung des Saales und der Möblierung als besonders des kostspieligen Servierzeuges, in dem alle Geschirre, – Gläser und feines Porzellaine ausgenohmen

–, von Silber ist, sich auf 800.000 Gulden Blankozettel belief. Das Silbergeschirr wurde aber wegen Vorsichtigkeit schon früher entfernt und einstweilen mit feinem Zinn verwechselt.

Ich gieng zu Fuss hin und da ich schon ein Billet um drey Gulden hatte, so dürfte ich mich nicht zur Kasse drängen, um fünf Gulden Entree bezahlen zu können. Ich gieng sogleich über die breite Schneckentreppen hinan, welche von leuchtenden Gläsern verschiedener Farben beleuchtet wurde und kam in zwei nacheinander folgende beheizte niedliche Zimmer, wovon eines das Gardarobenzimmer ist. Von da geht man in eines der grössten

Zimmer, dessen eine Seitenwand die Aussicht in den Tantzsaal darboth, so dass das Zimmer im ersten Stockwerk, der Saal aber zur ebenen Erde ist.

Staunend musste man stehen bleiben und die Grösse des Saales, welcher mehr einem Garten ähnlich sah bewundern. Mehr denn 1000 Lichter funkelten mir entgegen. Von dieser Anhöhe führen zu beiden Seiten zwey breite Treppen mit 28 Stufen hinunter in die Terrasse, deren Boden mit grünem Tuch bedeckt war, um einem Rasen ähnlich zu sehen. Da ich den linken Gang gieng, so war mir linker Hand die Wand, an welcher Bäume

verschiedener Gattung gemalen waren, auch inzwischen Gestelle, auf welchen alabasterne Figuren waren. Die Gestelle oder Postamente waren nichts anderes als versteckte Oefen, denn alle waren warm, somit geheizt, welche Heizung von unten her geschah. So waren zur rechten Hand eben solche Gestelle, statt der gemalten Bäume aber nathürliche in die Erde gesetzte und mit einem niederen eisernen Gitter versehen, es waren junge Eichen, Fichten, Linden und Buchen. In dieser Allee ging ich fort bis sich diese hinter einer Grote endigte. Eine ähnliche Terrasse war an und neben der entgegengesetzten Wand ange-

bracht, ihre Länge beträgt 50 Schritte, die breite vier Schritte, zwischen diesen beiden Gängen ist der Platz zum Tantzen eben so lang und 25 Fuß in der Breite. Beide Gänge führen nun hinter diese grosse Felsengrote, über und hinter welcher sich das Musikchor von 36 Musikanten befand; man sah sie nicht, aber man hörte sie über den gantzen Tantzsaal nur zu gut, um nicht schon von Anfang beinahe mit sich selbst zum Tantzen gereizt zu werden. Unter der Grote führten beide Gänge zusammen, allda befindet sich eine Basene mit verschiedenen natürlichen Wasserpflanzen. Von da führt eine Tür in einen grossen Speisesaal, in welcher die Tafeln prächtig gedeckt waren; die größte befand sich in der Mitte derselben, über welcher das hellste Wasser aus vielen Fischköpfen vorstellende Oeffnungen gleich Gieskannen ausfloss und unten von Genien haltenden Hörnern aufgefangen wurde aus welchen es dann in einem grossen Becken zusammenfloss und unter diesem wieder wegrann. Von diesem Zimmer gieng ich dann zurück und rechts in einen anderen Saal, den Englischen Garten genannt, hinein. Hier sieht man immergrüne Stauden und Gebüschwerk, die gleich in einem Treibhaus gepflegt werden, da sieht man immer wieder abgeschnittene Eichenstuecke, alte Weidenbäume, welche aber nichts anderes sind, als künstliche Oefen. Dort steht ein Monument, was ist's ebenfalls ein Ofen. In der Mitte dieses Saales befindet sich ein chinesischer Tempel, unter diesem ein Billard. Vorne ist die geschmackvolle Kredentz, allwo man für eine schmale Tasse Kaffee oder Glas Limonad drey Kreuzer, für einen Krapfen 20 Kreuzer, ein Seitl Wein in Boutaille ein Gulden und sogar ein Glas Wasser 7 Kreuzer zahlen muss. Noch sieht man rings um den chinesischen Tempel verschiedene verstümmelte Bäume ähnliche Oefen, auf welchen Aesten Eulen, Pfauen, Straussen und Adler standen, die in ihren Klauen und Schnabeln

Gesträuche halten, welche als Leuchter Dienste leisteten, denn es waren 4 – 6 Kerzen auf je einem Laubsträuschen angebracht; die Bäume sowohl als Laubwerk waren Bronzearbeit. Der Kredentz in diesem Garten gegenüber war ein zweiter, prächtiger Speisesaal; statt einer Thür dahin öffnete eine grosse aus sechs marmornen Säulen und vergoldetem Laubwerk bestehende Triumphpforte den Eingang. Zwölf Tafeln war serbiert und durch vier grosse Luster wurde das Zimmer erleuchtet. Ein schöner Springbrunnen bot reines Brunnenwasser. Von da gieng ich durch eine Seitenthür wieder ins erste Stockwerk hinan und kam in zwey niedliche Speisezimmer von denen das eine auf chinesische, das andere auf türkische Art mit Sitzen zu ebener Erde oder auf seinen Füssen liegend am Boden eingerichtet ist. Von da gieng ich durch die lange Seufzer-Allee, die zu beyden Seiten mit Sophen umgeben und mit Verliebten, die verschiedene Gruppen bildeten, besetzt waren; die Beleuchtung der Seufzer-Allee geschah durch Glaskugeln von verschiedener Farbe, sodass es einem Heiligen Grabe glich; lange, versteht sich, konnte ich mich da nicht aufhalten. Von dort kam man auf eine Gallerie und dorthin wo man heimkommt.«

Rabl war durchaus das, was man einen vorsichtigen und nicht übertrieben freigiebigen Nützer der angebotenen Lustbarkeiten nennen kann:

»Nun gieng ich in den Tantzsaal und tantzte zwey Stunden lang und so beschloss ich am Ende dieser Unterhaltung mit einem Glas Wasser; den Appetit und besonders Durst stillte ich mir in einem nebenan stossenden Bierhaus.«

Die Berichte, die Rabl von den anderen Tanzsälen Wiens, einschließlich des Redoutensaales, gibt, zeigen recht hübsch, worauf es einem Menschen, der gern tanzte, jedoch nicht über reichliche Mittel verfügte, ankam. Und beweisen zugleich, daß es auch einem »Werkstudenten« der damaligen Zeit – Rabl barbierte, um sich sein Brot und Studium zu verdienen – möglich war, den Fasching zu genießen.

So meinte er über die Mehlgrube, ein Gasthaus auf dem Mehlmarkt, dem heutigen Neuen Markt: »Dieser Saal wird vom Publikum stark besucht. Nachdem man durch das Kredentzzimmer gekommen ist, kömmt man in den weissgrün ausgemalten Saal, der ist 34 Fuss lang und 20 Fuss breit und wird von 8 schönen Lustern und 50 Wand-

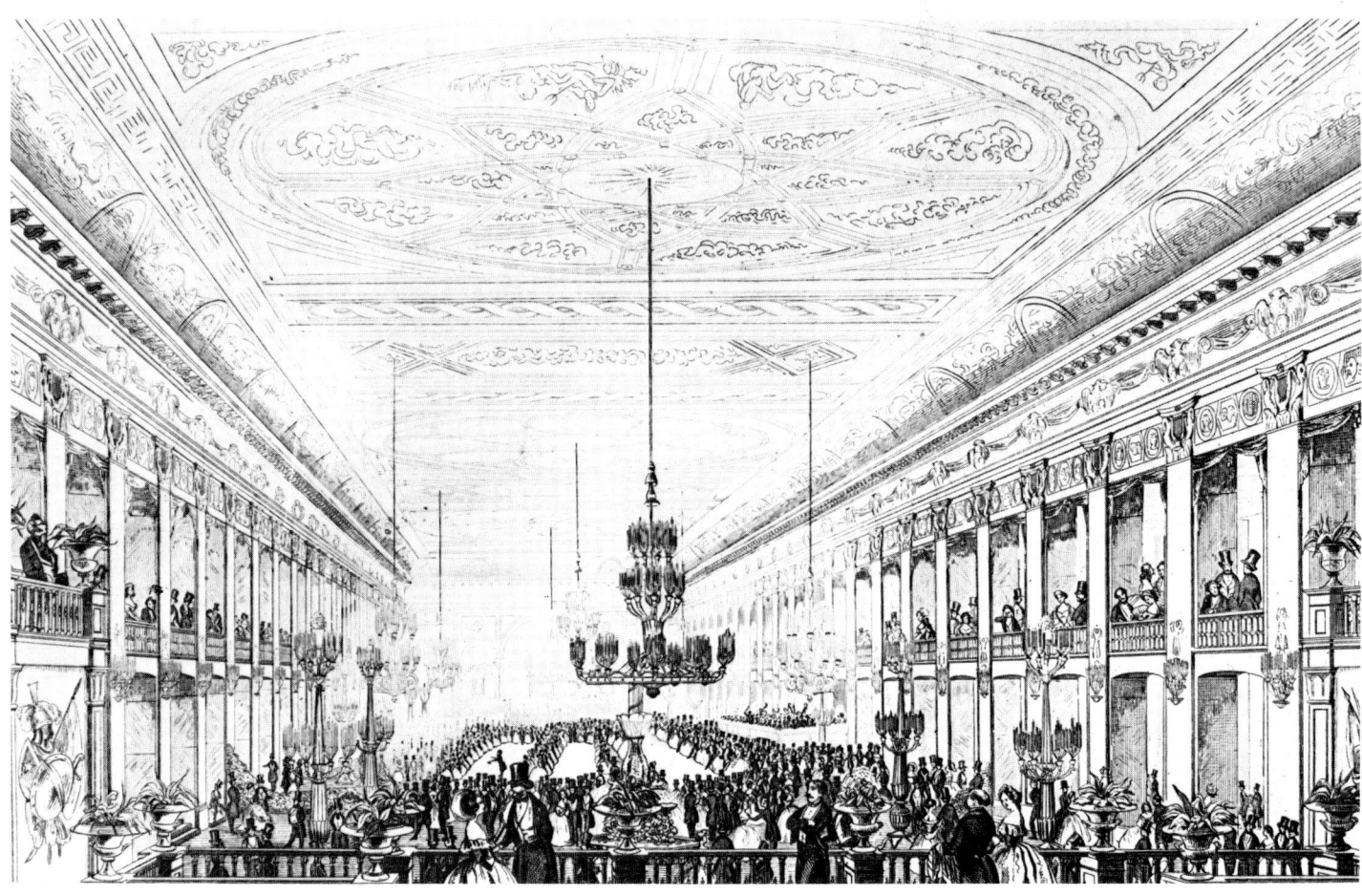

Der Stich zeigt den Odeon-Saal in Wien und täuscht eine Größe vor, die die Tanzsäle in der Biedermeierzeit nicht hatten. Die etwas verzerrte Perspektive macht uns glauben, der Odeon-Saal wäre von der Dimension des Redoutensaales gewesen. In Wahrheit gab man es bescheidener.

leuchten beleuchtet. Rechts vom Eingange befinden sich die Speisezimmer und links das aus 12 Musikanten bestehende Orchester. Die Tanzgesellschaft besteht so wie fast alle Male aus lauter Freudenmädchen und aus flotten jungen Leuten. Ehrliche Menschen findet man als etwas rares hier. Ich gieng in den Saal und tanzte mit einer solchen Schixe herum und gieng.«

Der Saal beim Sperl dagegen hatte seinen Aufzeichnungen nach »ungleich mehr von der bürgerlichen Klasse« Publikum. Er war »ein schöner niedlicher Tanzsaal mit einer zwar nicht großen aber gut besetzten Musik. Der Saal ist meist gelb ausgemallen, hoch und 80 Fuss lang, nicht über 30 breit.«

Von einem Saal auf der Wieden berichtet er, er habe eine ziemlich gute Musik und vor allem werde die Tanzordnung gut gehalten. Am wenigsten jedoch gefiel ihm, um die Wiedener nicht fürwitzig zu machen, der »Mondschein« auf der Wieden, ein gleichfalls bis in unsere Tage wenigstens dem Namen nach bekanntes Lokal, das in Standardwerken erwähnt ist.

Was den Redoutensaal anlangt, der im Wiener Fasching Mittelpunkt aller Feste und natürlich keineswegs nur dem Hofe vorbehalten war, so ist dieser zwar noch heute so erhalten, wie Rabl ihn gesehen hat. Doch fiel unserem Augen- und Ohrenzeugen etwas auf, was doch für uns von Interesse ist: Der Saal war unakustisch.

»Vor erste war mir die außerordentliche Höhe des Saales auffallend, ihre Länge beträgt im grossen Saal 116 Fuss und 20 in der Breite; im kleinen Saal 66 in der Länge und 30 in der Breite. Zu Ende des grossen Saales befinden sich zwei Gänge, welche in die Kredentzzimmer und in die Galerie hinaufführen. Die Galerie geht um beide Säle herum und ist mit großen gepolsterten Sophen und ledernen Bänken versehen. Von da aus betrachtete ich den Saal, an dem vom Goldwerk nicht erspart ward,

die vielen Wandleuchter gleichen Gesträuchen, denn sie sind von grünem Laubwerke; im grossen Redoutensaale befanden sich 50 Musikanten und im kleinen deren 18. Doch hört man, wenn man unter der Thür zwischen beiden Sälen steht, von beiden Musikchören nicht sehr lautes. Zur hinlänglichen Beleuchtung hängen in der Mitte des Saales noch 12 grosse Lustern, auf welchen jeden 22 Kerzen sind. Das Tantzen war mir im kleinen Saal angenehmer und man tantzte sich da auch leichter.«

Zu den von Rabl angegebenen Dimensionen seien hier für heutige Vorstellungen die Längen in Metern genannt. Der große Apollo-Saal war zwischen 15 und 20 Meter lang und beinahe 8 Meter breit; der Saal auf der Mehlgrube etwa 10 Meter lang und etwas mehr als 6 Meter breit; der beim Sperl hatte die Ausmaße 25 mal 8, und der Redoutensaal ist sicherlich 40 Meter lang, wovon man sich heute jederzeit überzeugen kann.

Die genannten Ausmaße zeigen uns, daß wir heute ganz andere Vorstellungen von Kolossalem haben und das Gefühl für große Ausdehnung eines Saales nach den Begriffen des Biedermeier wohl kaum aufbrächten, würden wir jetzt unvermutet einen betreten. Doch selbst nach heutigen Vorstellungen ist eine Tanzkapelle aus 50 Musikern stattlich zu nennen; um so mehr muß sie es für die Ballbesucher damals gewesen sein.

Die Berichte von Kavalieren, die drei Hemden an einem Abend wechselten, erscheinen nicht übertrieben, wenn man nur einmal die Anzahl der Kerzen in einem der Tanzsäle errechnet und bedenkt, daß von Ventilation nur eben vorhanden war, was die mitunter geöffneten Türen an Luftzug entstehen ließen. Daß es auf den immer wieder erwähnten Gängen in Höhe des ersten Stockes, wo Sophas auf die erschöpften Tanzpaare warteten, mehr als stickig gewesen sein muß, kann sich jeder vorstellen.

Der zu Anfang geschilderte Wettstreit der Etablissements, bei dem mit nicht geringen Werbebudgets um die Gunst des Publikums gerungen wurde, zeigt, daß offenbar nur volle Häuser kostendeckend arbeiten konnten. Daher zeichneten sich die Unternehmen jener Zeit vor allem durch ihre Kurzlebigkeit aus. Das »Tivoli« beispielsweise machte es nur vier Jahre lang, von 1830 bis 1834, dann ging es ein. Am längsten hielt sich der »Sperl«. Doch er litt unter ständig sich verschlechterndem Publikum; schon ab 1848, offenbar durch die Ereignisse der Revolution, mieden ihn die Bürger, und in der k. k.-Zeit war er zur Vorstadtspelunke abgesunken, in der nur noch die Strizzis verkehrten.

Wien hatte in jeder Vorstadt mehrere bekannte Wirte oder Tanzsäle. Wien hatte Bälle in jedem besseren Bürgerhaus. Wien hatte seine Festlichkeiten aus Anlaß von feierlich begangenen Jahrestagen, Vermählungen oder dgl. des Kaiserhauses. Und Wien hatte seine Kirchprozessionen und Kirchweihfeste, bei denen es vor allem in den Vorstädten und den Orten außerhalb der Linie hoch herging. Bleibt noch zu erwähnen, daß die Wiener bei den großen religiösen Festen des Jahres bereits die Sitte des »Gräberbesuches« und der »Krippenbeschau« pflegten. Und im übrigen schuf man sich, wenn gerade keine Festtage im Kalender standen, neue Anlässe zum Feiern.

Das berühmteste Beispiel für die traditionellen Volksfeste jener Zeit ist wohl der alljährlich im Juli stattfindende Kirchtag in der Brigittenau, die damals keineswegs ein Wiener Gemeindebezirk, nicht einmal eine Vorstadt, sondern wirklich noch rein ländliches Gebiet war. Wer erinnert sich nicht Franz Grillparzers berühmter Beschreibung dieses Festes in seiner Einleitung zum »Armen Spielmann«, bei der er schon mit den ersten Sätzen jene Eigentümlichkeit festhält, die so charakteristisch für das Festefeiern der Wiener

Genrebild von Johann Michael Neder: Fünfkreuzertanz im Prater. Diese Art der Unterhaltung, die man sogar noch im »Reigen« von Arthur Schnitzler beschrieben findet, war berühmt und beliebt. Für fünf Kreuzer konnte man eine vorgeschriebene Zeit auf dem Tanzboden bleiben, dann wurde das auf dem Bild sichtbare Seil einmal durchgezogen, und man mußte wieder bezahlen, um weitertanzen zu dürfen.

war und die sich offenbar lange vor der Zeit des Biedermeier herausgebildet hatte:

»In Wien ist der Sonntag nach dem Vollmonde im Monat Juli jedes Jahr samt dem darauffolgenden Tage ein eigentliches Volksfest, wenn je ein Fest diesen Namen verdient hat. Das Volk besucht es und gibt es selbst; und wenn Vornehmere dabei erscheinen, so können sie es nur in ihrer Eigenschaft als Glieder des Volkes. Da ist keine Möglichkeit der Absonderung; wenigstens vor einigen Jahren war noch keine.«

Man erzählt sich das auch von der Zeit des Wiener

Kongresses. Die Besonderheit vieler Feste, an der die Fürstlichkeiten ganz Europas teilnahmen, bestand eben darin, daß es Volksfeste waren und man dabei als einfacher Wiener den Majestäten ziemlich nahe kam.

Aber lassen wir Grillparzer weiter erzählen:

»An diesem Tage feiert die mit dem Augarten, der Leopoldstadt, dem Prater in ununterbrochener Lustreihe zusammenhängende Brigittenau ihre Kirchweihe. Von Brigittenkirchtag zu Brigittenkirchtag zählt seine guten Tage das arbeitende Volk . . . Schon zwischen Stadt und Brücke haben sich Korbwagen aufgestellt für die eigentlichen Hierophanten dieses Weihfestes; die Kinder der Dienstbarkeit und der Arbeit. Überfüllt und dennoch im Galopp durchfliegen sie die Menschenmasse, die sich hart vor ihnen öffnet und hinter ihnen schließt, unbesorgt und unverletzt. Denn es ist in Wien ein stillschweigender Bund zwischen Wagen und Menschen; nicht zu überfah-

Der Karikaturist Johann Christian Schoeller hat auch diese Szene gezeichnet: »Nur den nächsten Weg, meine Damen, der Strauß hat schon angefangen.« Die Tanzsucht und die neu erfundene Walzerseligkeit, die sich um Strauß Vater und Lanner konzentrierte, war offenbar wirklich so rasend, daß an manchen Abenden halb Wien auf den Beinen war und die Musikanten an mehr als einem Ort »in Person« aufspielen mußten.

ren, selbst im vollen Lauf; und nicht überfahren zu werden, auch ohne alle Aufmerksamkeit . . . Die ersten Bäume des Augartens und der Brigittenau werden sichtbar. Land! Land! Land! Alle Leiden sind vergessen. Die zu Wagen Gekommenen steigen aus und mischen sich unter die Fußgänger, Töne entfernter Tanzmusik schallen herüber, vom Jubel der Ankommenden beantwortet. Und so fort und immer weiter, bis endlich der breite Hafen der Lust sich aufthut und Wald und Wiese, Musik und Tanz, Wein und Schmaus, Schattenspiel und Seiltänzer, Erleuchtung und Feuerwerk sich zu einem pays de cocagne, einem Eldorado, einem eigentlichen Schlaraffenlande vereinigen, das leider, oder glücklicherweise, wie man es nimmt, nur einen und den nächst darauffolgenden Tag dauert, dann aber verschwindet, wie der Traum einer Sommernacht, und nur in der Erinnerung zurückbleibt und allenfalls in der Hoffnung.«

Daß für Grillparzer der Augarten, die Leopoldstadt, der Prater und die Brigittenau »in ununterbrochener Lustreihe« zusammenhängen, zeigt uns, daß es trotz hohem Unterhaltungsangebot eben Feste geben muß, zu denen man nicht alle Sonntage, sondern nur einmal im Jahr gehen kann.

Weder bei Grillparzer noch bei anderen findet sich freilich eine Schilderung der Szenerie in ihren weniger spektakulären Details. Zum Beispiel müssen die sanitären Gegebenheiten bei einem solchen Fest nicht gerade nach unserem Gusto gewesen sein, waren die Unterhaltungen einerseits einfacher, andererseits aber auch ziemlich deftig, ging's um Essen und Trinken und um Theatervorstellungen, die wir uns beileibe nicht als den Triumph der Literatur, sondern eher als überdimensionales Kasperltheater vorzustellen haben.

Zacharias Werner, uns heute nur mehr vom Schulunterricht als der Vielschreiber von gräßlichen Schicksalsdramen bekannt, berichtete vom legendären Brigittakirchtag und meinte, die Wiener seien bei diesem Fest nicht nur zu 50.000, sondern vor allem in ihrer gesamten Wohlhabenheit ausgerückt. Die Beschreibung des gebürtigen Königsbergers liest sich, als hätte tatsächlich jede Frau eines Schusters oder Schneiders eine sechsfache Schnur echter Perlen, eine goldgestickte Schlapphaube, ein seidenes Kleid besessen. Nun, Herr Werner gehörte eben auch zu den verzückten Beobachtern Wiens.

Eine der wahrscheinlich reizvollsten Arten, die Wiener Feste des Biedermeier – auch die des Jahres 1815, die viel Geld kosteten und das Wort vom »Kongreß, der tanzt, aber nicht weiterkommt«, in Umlauf brachten – kontinuierlich zu beschreiben, haben sich zwei ernsthafte musikalische Wiener des zwanzigsten Jahrhunderts ausgedacht. Sie fertigten ein Werkverzeichnis für Johann Strauß Vater an, das nicht nur die Musiken, sondern auch deren besonderen Entstehungsanlaß, Uraufführungsort und dazugehöriges Lokalkolorit anführt. Max Schönherr und Karl Reinöhl hatten vor, ihrer Sammlung auch ein Werkverzeichnis für Johann Strauß Sohn folgen zu lassen, dies jedoch erwies sich als eine Arbeit, die aus vielerlei Gründen nicht mehr zu Ende geführt werden konnte. Gäbe es auch diesen zweiten Band, man brauchte für das »Jahrhundert des Walzers« keine andere Wien-Geschichte mehr zu schreiben.

Einige Beispiele nur daraus:
1829 wurde in der »Wiener Zeitung« zum ersten Mal der bei Anton Diabelli & Co. erschienene »Wiener Täuberl-Walzer« von Johann Strauß angekündigt. Die Geschichte des Walzers oder besser der Walzererfolge reicht einige Jahre zurück. Der Wirt Michael Deiß, Inhaber des Gasthauses »Zu den Zwey Täuberln« Ecke Marokkanergasse und Heumarkt war auf den Gedanken gekommen, seiner Konkurrenz endlich mit

vollem Einsatz entgegenzutreten. Diese Konkurrenz war vor allem »Der weiße Schwan« in der Roßau, das »Schaf am Schottenfeld« und der »Schwarze Bock« auf der neuen Wieden. Zwar verkehrten auch bei ihm bereits die »schönen Leut«, doch fehlte seinem 1826 in der Theaterzeitung bereits positiv besprochenen Lokal die richtige Musik. Zum »Schwarzen Bock« kam das Publikum nicht des Gastwirts Martin Hartl wegen, sondern wegen der Kapelle von Joseph Lanner. Und dort hatte es 1825 einen in die Legende eingegangenen Streit zwischen Lanner und Strauß gegeben, eine Auseinandersetzung, die allerdings so arg nicht gewesen sein kann – zwar wurde in der Stadt von Raufereien zwischen Orchestermitgliedern gesprochen, zwar komponierte Lanner rasch einen »Trennungswalzer«, doch spielten schon 1826 beide wieder gemeinsam bei Veranstaltungen, und für den 7. Februar 1827 ist ein Gesellschaftsball des Johann Strauß überliefert, bei dem auch wieder Joseph Lanner musizierte. Strauß, der seine eigene Kapelle beisammen hatte, für sie komponierte und als Stehgeiger seinen Musikchor leitete, schrieb jedenfalls dem Wirt Michael Deiß eine Walzerfolge, die nicht nur eine seiner ersten großen Kompositionen wurde, sondern sich auch dadurch auszeichnete, daß sie einen Titel hatte: das war neu und anregend und gefiel dem Publikum wie so viele andere Neuerungen des überaus vifen Strauß. Die kompetenten Geschichtsschreiber für Johann Strauß Vater behaupten, es seien allerdings nicht nur der Titel und die Musik gewesen, die da eine neue Ära heraufbeschworen: »Aber das war nicht die Hauptsache. Wie schön seine Komposition auch war – spielen mußte man ihn sehen. Ja, sehen, nicht nur bloß hören. Sehen, wie der blasse, schmächtige junge Mann – er war ja erst dreiundzwanzig Jahre alt – mit raschen Schritten durch den Saal zum Podium lief, hinaufsprang, die Geige ergriff und wie vom Teufel

Rechts: Ein Hauptvergnügen der Wiener waren die großen Feuerwerke, die bei vielen Gelegenheiten im Prater abgebrannt wurden. Sie waren Ziel des Spottes der Wiener, weil sie häufig bei Schlechtwetter angesetzt waren. Die beiden Bilder zeigen den Feuerwerksplatz bei Tag und bei einer Vorführung. Neben hochgeschossenen Raketen erfreuten dargestellte Gebäude, Gegenden oder Porträts die Zuschauer, und Johann Strauß Vater besorgte nicht selten die Hintergrundmusik.

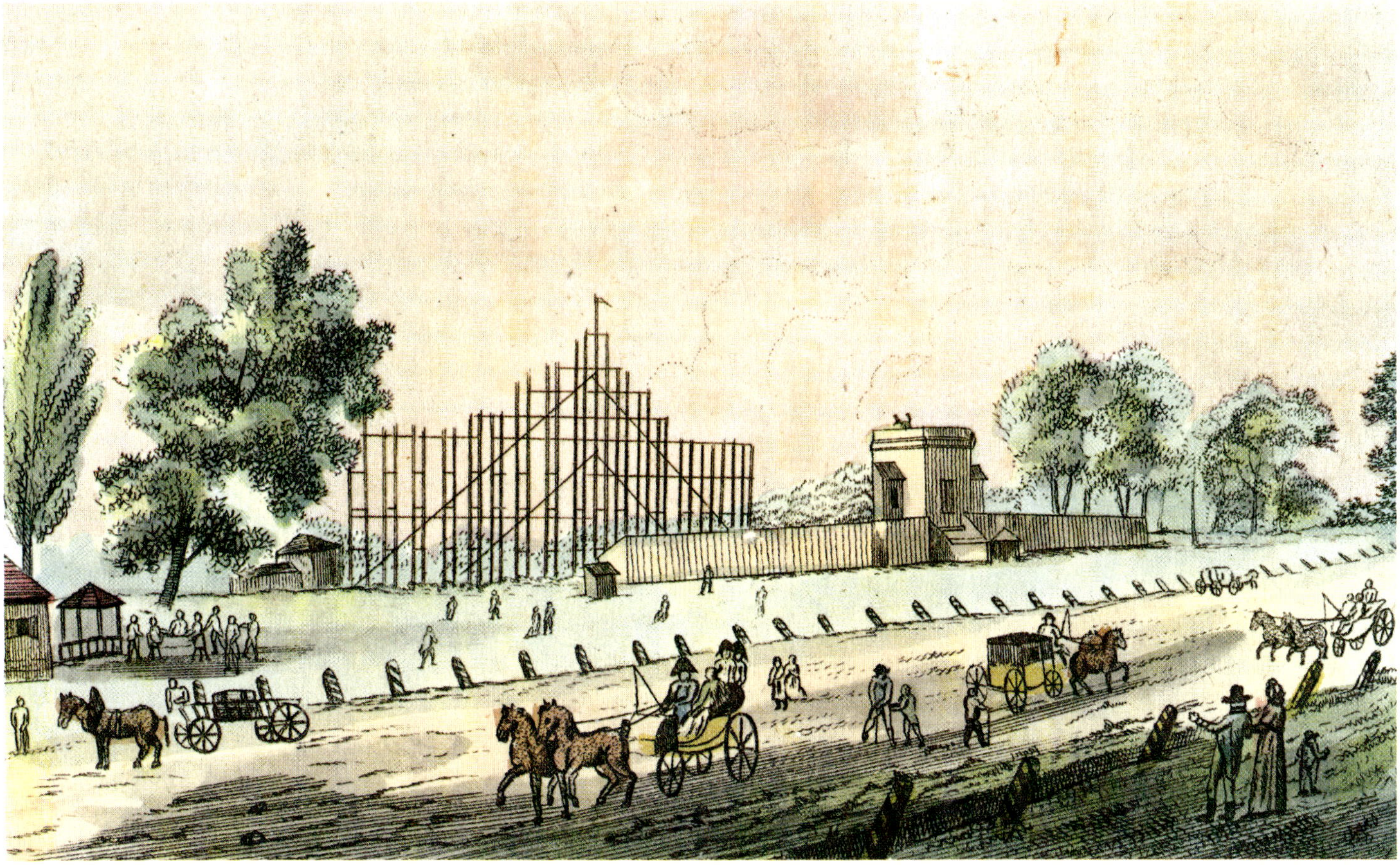

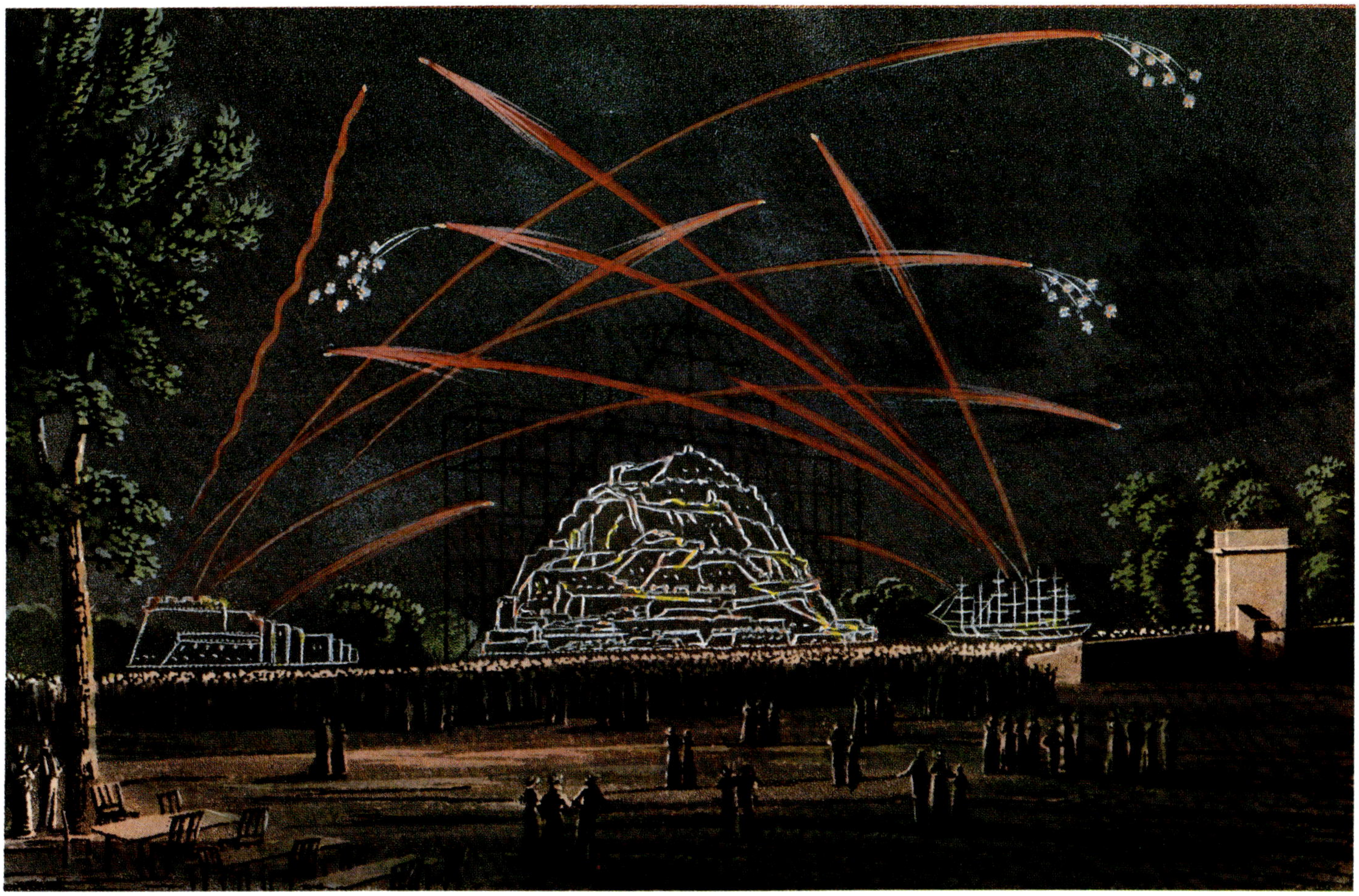

befallen zu spielen begann. In einem Augenblick war das Orchester von dieser dämonischen Kraft ergriffen, von ihm ging der Taumel auf das Publikum über, und ehe noch jemand hätte verstehen können, was da geschah, war die ganze Menge, die den Saal oder den Garten füllte, zu einem einzigen Wesen geworden, das nichts hörte als diesen Rhythmus, diesen Klang und nichts sah als diesen wunderlichen Hexenmeister. So begann es.«

Nebenbei, und bevor ich weitere Beispiele für die Festesfreude Wiens im Zeichen von Johann Strauß gebe: Im Sommer 1827, als Johann Strauß die musikalische Sensation war, lebte Ludwig van Beethoven noch, war Franz Schubert mit seinen Freunden noch unterwegs. Und so gewiß es ist, daß sich der sterbenskranke Beethoven zwar noch sehr um die Qualität des von ihm verlangten Weins, nicht aber um die Neuigkeiten auf dem

Die Zeichnung oben ist berühmt und heißt »Der große Galopp von Johann Strauß«. Sie zeigt eine Szene beim »Sperl«. Die Lithographie rechts trägt den Titel »Wiener Faschingslust« und ist eine Art Übersicht über die verschiedenen Arten, sich tanzend im Biedermeier-Wien zu unterhalten. Kommentare zu den einzelnen Unterabteilungen des Vergnügens sind kaum notwendig – von der Redoute bis zum Hausball gab's ungezählte Möglichkeiten, der Tanzlust zu frönen. Und solange es bei solchen Zusammenkünften von Menschen blieb, hatte auch das System Metternichs nichts dagegen einzuwenden.

Gebiet der Unterhaltungsmusik scherte, so denkbar ist es, daß Franz Schubert, der sein ganzes Leben lang Tanzmusik komponiert und auch selbst gespielt hatte, von Johann Strauß etwas gehört hat. Die möglichen Querverbindungen sind weder durch Briefe noch durch Zeugnisse der Zeitgenossen untermauert, doch scheint die Vorstellung keineswegs verwegen, Franz Schubert habe auch einmal eines der Lokale besucht, in dem die Großen der Wiener Tanzmusik aufspielten. Mehr noch, es ist mit einiger Sicherheit anzunehmen, daß er einen Großteil der Kompositionen, die Strauß, Lanner und einige andere, heute kaum mehr bekannte Unterhaltungsmusiker der Zeit bis 1828 schrieben, recht gut kannte. Denn mehrfach erschienen bei Anton Diabelli & Co. am Graben Nr. 1133 Sammelhefte, die folgendermaßen angezeigt wurden: »Sammlung beliebter Wienertänze von Lanner, Strauß, Krall, Schubert etc. Preis 1 f.« Die Musikwissenschaft hat zwar von diesen Ausgaben bis heute kein Exemplar aufgefunden, doch die Anzeigen in der amtlichen »Wiener Zeitung« sind erhalten und nicht aus der Welt zu leugnen. Wenn man in der Gegenwart gern darauf vergißt, so ist dies eine Folge der unseligen Trennung von Musik und Musik, wie sie zu Schuberts und Johann Strauß' Zeiten einfach undenkbar gewesen wäre. Der Terminus technicus Unterhaltungsmusik, wie er heute in Verwendung steht, ist im Zusammenhang mit der Zeit des Biedermeier einfach unzulässig. Was Beethoven schrieb, hatte ebenso »gefällig« zu sein wie die Kompositionen seiner Kollegen Lanner und Strauß. Daß Musik dazu da sei, dem Publikum zu gefallen, war eine Grundvoraussetzung im gesamten neunzehnten Jahrhundert, und erst unser Jahrhundert hat es zuwege gebracht, neue Maßstäbe zu erfinden, die leider allgemein anerkannt werden, jedoch nur dazu geführt haben, daß eine immer breitere Kluft zwischen den schöpferischen Menschen und denjenigen, die sie unmittelbar ansprechen sollten, entstanden ist.

Aber weiter mit Strauß und Wiener Festen. Das 113. Werk zum Beispiel, ziemlich willkürlich herausgegriffen, war eine Walzerfolge »Die Bergsteiger«, zum erstenmal am 5. August 1839 beim Sperl aufgeführt anläßlich eines Sommerfestes »Rübezahls Zaubergefilde im Festschmuck«.

Die Chronisten berichten auch von den ungefähren Publikumszahlen, mit denen man damals zu rechnen hatte. Als Strauß ohne besondere Vorankündigung im Sommer dieses Jahres beim Dommayer spielte, waren 2000 Menschen da. Am 10. Juni bei einem Blumenfest beim Sperl waren es wiederum gute 2000. Und als das »Rübezahl«-Fest stattfand, standen am 5. August 1839 so viele Menschen vor den Toren des Etablissements, daß man einfach nicht anders konnte, als für den 12. August eine Wiederholung dieses Festes anzusagen – ein einziger Walzer von Strauß hatte also in kaum einer Woche gut 5000 Menschen zum begeisterten Publikum gemacht.

Strauß, der den Brauch einführte, daß bei seinem Auftreten nicht mehr mit dem Hut in der Hand »für die Musik« gesammelt, sondern Entree verlangt werde, war ein großer Festarrangeur und stand mit allen anderen berühmten Freudenspendern dieser Zeit in geschäftlicher Verbindung. Er war auch der erste Komponist, der die Noten zu seinen erfolgreichen Kompositionen druckfeucht unter die Menge zu bringen versuchte, wenn diese noch vom neuen Walzer enthusiasmiert war. Und im Erfinden origineller Titel für Musikstücke und Feste wurde er nur noch von seinem Sohn übertroffen.

Mit der Werkzahl 130 ist eine »Jubel-Quadrille« anzuführen, die zur Namensfeier der Kaiserin Maria Anna geschrieben wurde. Für den 12. Juli 1841 arrangierte Strauß ein Sommerfest in Gaaden, das er »Die Lust auf der Alm« nannte und an

RADETZKY-MARSCH,

zu Ehren des grossen Feldherrn.

Für das

PIANO-FORTE

componirt

und der k.k. Armee gewidmet

von

Johann Strauss.

Nᵒ 10.996 zu 2 Händen.

— 228. Werk —

Preis 36 kr C.M
30 kr C.M

Mit Vorbehalt des Autors für alle möglichen Arangirungen.

Eigenthum der Verleger

Eingetragen in das Archiv der Musikalien Verleger.

WIEN,

bei Tobias Haslinger's Witwe & Sohn,

k.k. Hof u priv. Kunst u Musikalien Händler.

LEIPZIG, bei B. HERMANN   LONDON, bei COCKS & COMP.

Lith. Grav Anst. d. v. Berndt

einem normalen Montag im »anmutigen Gebirgsflecken Gaaden hinter der Brühl bei Mödling« stattfinden ließ. Obgleich der Tag regnerisch gewesen sein soll und das Wiener Publikum eine Fiakerfahrt von guten drei Stunden auf sich zu nehmen hatte, um Strauß zu hören, ist der volle Erfolg auch dieses Festes dokumentarisch festgehalten. Die dazugehörige Komposition war dann aber auch der große Beitrag zum 14 Tage darauf folgenden »Annen-Fest«, das beim Sperl, auf dem Wasser-Glacis und im Volksgarten stattfand. Der Musiker Strauß holte sich zu diesem Fest sein Publikum mittels Plakaten, die in der Stadt angeschlagen waren und bis hinauf in die erste Etage mancher Häuser reichten. Diese Reklame-Auswüchse wären längst in Vergessenheit geraten, gäbe es nicht zahlreiche Karikaturen darüber und einige darauf Bezug nehmende bissige Bemerkungen von Zeitgenossen, die überliefert sind.

Eines der letzten Feste, die Johann Strauß Vater zu seinem Ruhme zu nützen wußte, fand am 31. August 1848 statt. Der Gefahr des Verlustes der österreichischen Provinzen mitten im Revolutionsjahr war durch Feldmarschall Radetzky – so die offizielle Lesart – ein Riegel vorgeschoben worden. Die Rückkehr des Kaisers nach Wien war möglich, die Lebenskraft Österreichs bewiesen, das konservative Element Wiens in seiner Treue zum Kaiserhaus bestätigt – und Johann Strauß in der Lage, auf dem Wasser-Glacis bei einem Volksfest mitzuwirken, bei dem am 31. August 1848 erst dem Heerführer und seinen Soldaten gedankt wurde, dann »bei Einbruch der Dunkelheit« der Lamperl-Hirsch, einer der wesentlichsten Mitarbeiter und Weggefährten des Komponisten Strauß, seine bunten Flammen entzündete, die Volkshymne gespielt wurde und als Krönung des Festes zum ersten Mal der heute berühmteste Marsch der Musikliteratur, der Radetzky-Marsch, erklang.

Man sollte erwähnen, daß Strauß' langjähriger enger Mitarbeiter, der Kapellmeister Philipp Fahrbach, sein Leben lang die Autorschaft an dieser Komposition für sich in Anspruch nahm. Und weiters, daß das berühmte Marschthema eigentlich von einem damals populären Gassenhauer entlehnt ist. Inwieweit Fahrbach an Melodieführung und Arrangement des Stückes beteiligt war, läßt sich nicht klären, doch darf man wohl Strauß als Komponisten gelten lassen, der sich bei dieser dringenden Auftragsarbeit eben von Fahrbach helfen ließ.

Nicht lange vor Drucklegung dieses Buches hat man eine bisher unbekannte Partitur des Marsches entdeckt, die Eingeweihten Bedenken macht: Es könnte wirklich Fahrbach der Komponist gewesen sein. In diesem Original-Arrangement klingt der Marsch deftiger und spritziger, als wir ihn heute in den Ohren haben.

Die Feste, die bis zum Revolutionsjahr von Johann Strauß – und seinen Konkurrenten – in Wien gefeiert wurden, fanden einen recht typischen und wienerischen Abschluß bei dem Leichenbegängnis des Komponisten. Er war einsam, verlassen, offenbar auf eine ganz und gar unwürdige Art gestorben, und erst zum Begräbnis, zur Leichenfeier, fand sich Wien wieder bei ihm ein. Strauß, der sich mit seiner Familie überworfen hatte, wurde mit Scharlach angesteckt, das eines der Kinder seiner Lebensgefährtin Emilie Trampusch hatte. Er starb, und als sein Sohn am Tag darauf »zufällig« von seinem Tod erfuhr und in die Wohnung eilte, fand er dort – von der Trampusch offenbar aus Angst vor weiterer Ansteckung fluchtartig verlassen – seinen Vater in einem leeren Zimmer, in einer schon ausgeräumten Wohnung. Der Herrscher über die Wiener Volksfeste, der König ungezählter Feste war einsam gestorben.

Doch bei seinem Begräbnis ging es bereits wieder hoch her:

Moritz von Schwind, der Jugendfreund Schuberts, hat später, als er längst nicht mehr in Wien arbeitete, aus dem Gedächtnis viele Szenen des Wiener gesellschaftlichen Lebens festgehalten. Die Sepiazeichnung »Kinderbelustigung« stammt aus dem Jahr 1827.

»Gestern nachmittag um drei Uhr war der Stephansplatz und das Innere des Domes mit Menschen überfüllt, und von hier bis weit übers Schottentor stand Kopf an Kopf, so daß man sich kaum fortbewegen konnte. Es müssen hunderttausend gewesen sein, und doch nicht die geringste Unordnung, nicht die mindeste Störung; unser Strauß wurde nämlich begraben. In der Kathedrale, in welche der Leichnam durch das Riesentor getragen wurde, sang man ein feierliches Requiem, von hier ging es bis zum Schottentor, wo den Leichenzug die Kapelle des Artillerieregimentes und noch zwei Musikchöre, dann der Männergesang-Verein erwarteten. Von hier wurde die Leiche unter feierlicher Trauermusik bis auf den Döblinger Friedhof getragen, wo die Bestattung erfolgte.«

Ein eigenes Kapitel darüber, wie sehr Begräbnisse zu den Wiener Festlichkeiten gehören, ließe sich an diesen knappen Zeitungsbericht anschließen. Es wird in Wien sozusagen mit dem Begräbnis jeweils die Geburt eines neuen, nun unsterblich gewordenen Wieners gefeiert. Vorher, bei Lebzeiten, gibt es Anerkennung und Mißgunst wie in jeder anderen Stadt und jedem anderen Land auch. Wenn ein Leben aber endgültig und gewiß-

Es heißt vom Wiener, daß ihm auch kirchliche Feste und Begräbnisse unter der Hand zur weltlichen Freude geraten: Beim »Umgang« (die Lithographie zeigt den auf dem Schottenfeld) wurde gebetet, aber auch der Schaulust des Volkes Genüge getan.

lich vorüber ist, wenn ein Lebenswerk zur Gänze vorliegt, dann feiert die Stadt mit. Und kann sich der freudig vergossenen Tränen beim Trauerzug und des Wirbels rund um ein Totenfest nicht genug tun.

Man täte den Wienern aber unrecht, sie nur zu zeigen, wie sie sich in der Brigittenau beim Kirchtag wie auf einem Oktoberfest unserer Tage amüsierten, wie sie Johann Strauß bis weit über Mödling hinaus nachfuhren, in ungezählten Ballsälen tanzten und nebenbei ihre Mitbürger mit Pomp und Festesfreude zu Grabe trugen. Sie genossen auch Freuden höherer Natur. Wir haben hier die Schubertiaden – sie sind bereits von Schuberts Freundeskreis so genannt worden – zu erwähnen, wir haben vom Theater an anderer Stelle gesprochen, von den Hausmusiken, wie sie

zu jener Zeit in jeder guten Wiener Familie eine Selbstverständlichkeit waren. Und es bleibt immer noch einiges. Denn das »System« Metternichs war darauf ausgerichtet, eine bescheidene und ruhige Freude immer und überall zu unterstützen und nur die allzu laute oder zu enthusiasmierende Zusammenrottung von Menschen zu verhindern. Nur dort, wo romantischer Überschwang in allzuviel Brüderlichkeit hätte ausarten können, wo allzu enge Verbindungen zwischen Menschen nach Männerbünden oder gar nach Verschwörung aussahen, dort wurde eingegriffen. Wo aber dergleichen nicht angenommen werden konnte, dort war auch die Polizei Metternichs großzügig. Die Wohltätigkeitsveranstaltungen des Journalisten Moritz Gottlob Saphir etwa, die ja auch als literarische Veranstaltungen hätten angesehen werden können, wurden von der Zensur als genau das erkannt, was sie wirklich waren: als ein Jahrmarkt der journalistischen Eitelkeit. Und zahllose ähnliche Abende oder Matineen blieben unbehelligt, wenn man annehmen durfte, daß es sich um Unternehmungen harmlosen Charakters handelte. Und Vereinigungen, die sich vor allem der Pflege der Musik widmeten, hatten nur wenig Schwierigkeiten mit der Zensur. Die Gesellschaft der Musikfreunde, bis in die Gegenwart eine florierende Institution, wurde als ein Dilettantenverein 1812/1813 gegründet, das erste Verzeichnis der Gründungsmitglieder umfaßte 507 Namen, bald darauf aber so viele Mitglieder, daß eine Versammlung von 50 Bevollmächtigten, aus dieser wiederum ein Ausschuß von 12 Repräsentanten bestimmt werden mußten. Man hatte von Anbeginn an nicht nur Zulauf in Wien, sondern auch allerhöchste Protektion und wurde gefördert und, ziemlich fern aller Zensur, geschätzt.

Andere Vereinigungen aber, die keine so harmlosen Ziele angeben konnten, selbst wenn sie noch sehr viel harmlosere hatten, wurden im Festen und Wohlleben aufgeschlossenen Wien nicht geduldet. Das berühmteste Exempel dafür mag die

Eine Illustration aus dem Jahre 1818, zu den für Volkskundler heute noch wichtigen Eipeldauer-Briefen, die jede neue Erfindung oder Mode kommentierten und zumeist auf populärste Weise komisch machten. Zum Radfahren schrieb der Redakteur: ». . . denn kaum bin i auf den tappezirt'n Nahkissl ob'n g'sess'n, so wirft mi dö zaundürri Schindmärh'n ab.«

94

»Ludlamshöhle« sein, eine Vereinigung von Schriftstellern, Journalisten und Schauspielern, die sich an Abenden zusammenfanden, zu nichts weiterem, als man in der Gegenwart von dem einen oder anderen geselligen Herrenverein erwarten darf. Die Mitglieder der Ludlamshöhle, zu denen in Wien überaus geachtete Persönlichkeiten zählten, wurden eines Tages durch eine großangelegte Polizeiaktion zu Verschwörern gestempelt.

Mit Empörung oder Genugtuung – weil man damals schon fand, so führe sich das System selbst ad absurdum – äußerten sich alle, die betroffen waren, über diesen Vorfall. Mein Zeuge ist der kaisertreue, harmlose, schwätzerische J. F. Castelli, von dem beim besten Willen niemand behaupten kann, er hätte sich in politische Dinge anders als treu ergeben gefügt:

»Die Wiener Polizei hat nie einen ärgeren Mißgriff getan, als durch die Wichtigkeit, womit sie unter ihrem Chef, Hofrat Persa, die Auflösung der Ludlamsgesellschaft bewerkstelligte; und alles, was ich von den Späßen in der Ludlam erzählt habe, war nicht mit dem Spaße zu vergleichen, welchen uns die Prozedur bei unserer Aufhebung verursachte ... Am 26. April 1826 wurden alle Polizeikommissäre der Stadt und der Vorstädte verständigt, sie sollten sich abends um 10 Uhr im Oberdirectionslokale versammeln. Unsere Gesellschaft war an demselben Abend bis 12 Uhr versammelt, und wir gingen dann auseinander. Vertraute Polizeimänner waren schon ausgestellt, um zu beobachten, wann wir die Ludlamshöhle verließen, und als sie sich davon überzeugt hatten, meldeten sie es. Nun zog die ganze löbliche

Die meisten der heute für Erfindungen der Gründerzeit gehaltenen Institutionen stammen in Wahrheit aus dem Biedermeier. Zur körperlichen Ertüchtigung, der man in gehobenen Kreisen bereits Aufmerksamkeit zu schenken begann, gab es ein »Gymnastisches orthopädisches Institut«, in dem auch Mädchen Aufnahme fanden. (Lithographie von Franz Wolf.)

Oberpolizei zum Schlossergässchen, der Gastwirt mußte die Türe zu unserem Lokale öffnen. Man nahm alles so genau in Augenschein, als ob hier ein Mord begangen worden wäre, man sprengte unsere Kästen auf und nahm Papiere, Bilder, Tabakpfeifen, Wandporträte auswärtiger Ludlamiten, kurz alles weg, ja man hob jedes Papierfleckchen, welches auf der Erde lag, auf, und – o Lächerlichkeit sondergleichen – zwei Polizeikommissäre trugen unsere große schwarze Tafel mit aller möglichen Vorsicht, damit ja nichts verwischt werde, hinweg. Es war auch wirklich etwas sehr Verfängliches und Rätselhaftes, was eben darauf stand. Sie lasen nämlich: Diesmal ist der Samstag an einem Sonntag. Wir geben dadurch kund, daß diesmal nicht, wie gewöhnlich, am Samstage, sondern am Sonntage gelesen werde.«

Alle in Wien befindlichen Mitglieder der Ludlamsgesellschaft wurden in den frühen Morgenstunden des 27. April aus dem Bett geholt, verhört, dazu gezwungen, sämtliche Papiere mustern zu lassen. Alle blieben unter Hausarrest bis in den späten Abend. Nur ein Baron Zedlitz machte sein Recht als »Militär« geltend und litt nicht, daß ein Polizeibeamter bei ihm in der Wohnung blieb. Castelli erklärte, warum auch in den folgenden Tagen die Untersuchungen kein Ende nehmen wollten:

»Wir erfuhren während dieser Zeit, daß bei einer in Rußland entdeckten Verschwörung bei einem Schauspieler, der mit darin verwickelt war, ein Ludlamspaß gefunden worden sei, welcher von der dortigen Polizei an die Wiener Polizei gesandt wurde, weil sie nicht wußte, was sie daraus machen sollte, wie es denn auch die Wiener nicht wußte, und daß diesen Anlaß Hofrat Persa begierig ergriffen hatte, um vielleicht eine Entdeckung zu machen, welche ihm zum Ruhme gereichen könnte.«

Einige andere »Ludlamiten« nahmen die Verirrungen der Polizei nicht so munter auf, Grillparzer zum Beispiel war empört:

». . . Untersuchung, Verhör, Hausarrest bis abends. Gerade weil sie nichts Verdächtiges gefunden, werden sie genötigt sein, um ihre Dummheit zu bemänteln, etwas herauszusuchen. Wie ich höre, will man die Untersuchung als gegen eine schwere Polizeiübertretung anhängig machen. Wer mir die Vernachlässigung meines Talentes zum Vorwurf macht, der sollte vorher bedenken, wie in dem ewigen Kampfe mit Dummheit und Schlechtigkeit endlich der Geist ermattet. Wie, um nicht immerfort verletzt zu werden, endlich kein Mittel möglich ist, wenn man bei jeder Flügelbewegung an den Plafond der Zensur anstößt, und die Arbeit aufhört, ein Vergnügen zu sein, wenn das Hervorgebrachte die Quelle tausendfältiger Unannehmlichkeit wird.«

Insgesamt war man sich nicht nur darin einig, daß die Wiener Behörden tatkräftig seien, sondern vor allem auch darin, daß es recht schwierig sei, unter dem »System« zu leben und Geselligkeit zu pflegen, wenn selbst die harmloseste Form der Vereinsmeierei scheel angesehen werde.

Eine andere, rein romantischen Gefühlen entsprungene Vereinigung, die »Wildensteiner Ritterschaft auf blauer Erde«, die ihren Sitz auf Schloß Seebenstein hatte, fiel schließlich auch der Zensur zum Opfer. Sie mußte aufgelöst werden. Daß die Wiener jeden Standes trotzdem weiter feierten und auch die Revolution 1848 als eine Art Fest begingen, daß sich daran auch in der Folge nichts änderte, statt Strauß Vater Strauß Sohn zum Tanz aufspielte, der 1866 sogar ein Siegesfest annoncierte, das durch die ersten eintreffenden Nachrichten von der Schlacht bei Königgrätz illusorisch wurde, daß also das Festefeiern mit zum Charakter dieser Stadt zählte, muß denjenigen wundern, der Wien in der zweiten Hälfte des zwanzigsten Jahrhunderts kennengelernt hat. Tatsächlich gibt es hier keinen richtigen Karneval mehr, keine rauschenden Umzüge, kaum noch Kostümfeste, und auch die Begräbnisse sind nicht mehr, was sie einmal waren. Wien, so scheint es, ist immer noch ermattet von dem Trubel, den es sich jahrhundertelang leistete.

Frei
nach der Natur

»Wenn wir recht berichtet wurden, so war Peter Fendi's Vater ein Schullehrer und theilte das Schicksal so vieler Leute dieses Standes, denn er mußte sich und den Seinen den spärlichen Unterhalt auf eine mühevolle Weise verschaffen. Peter wurde zu Wien am 8. September des Jahres 1795 geboren; er lernte schon in seiner frühen Jugend von seinem Vater lesen und schreiben, und bei dem letzteren, nämlich bei dem Fertigen von großen und verzierten Buchstaben, entwickelte sich des Knaben Talent zum Zeichnen, welches bald so mächtig hervortrat, daß er wirklich mit einer Art von Heißhunger, und ohne auf die Wahl irgend einer Vorlage im mindesten Rücksicht zu nehmen, alles nachzeichnete, was ihm eben vor die Hände kam.«

So beginnt eine gewissermaßen offizielle Biographie eines Biedermeier-Malers. Und gleich der nächste Satz dieser Biographie nimmt Bezug auf das manuelle Können, das man bei einem Künstler damals wie heute voraussetzte:

»Hierdurch bekam er, wenn auch sein Geschmack nicht alsogleich geläutert wurde, doch binnen Kurzem einen gewissen Grad von Fertigkeit und Sicherheit, der ihm in der Folge, wo er vieles zu copiren angewiesen wurde, gar trefflich zu Statten kam.«

Einen gewissen Grad von Fertigkeit und Sicherheit, die Beherrschung des »Handwerks« also, mußte man als Maler des angehenden neunzehnten Jahrhunderts haben. Genialität stand längst nicht so hoch im Kurs, jeder Künstler sollte erst einmal kopieren können, bevor er selbst etwas zeigen durfte, jeden Maler beurteilte man nach seiner Fähigkeit, »mit Sorgfalt« zu arbeiten.

Fendi wurde k. k. Cabinets-Zeichner, somit ein Beamter mit der so wichtigen und allgemein geschätzten Sicherheit im Leben. Was seine künstlerische Karriere betrifft, so mußte diese, wie damals üblich, von »Gönnern« betrieben

werden. Hierzu ein Zitat – nicht, weil es so hübsch formuliert ist, sondern weil es für Fendi wie für alle anderen Künstler einer Zeit, die der unseren doch nicht gleicht, charakteristisch ist:

»Das alte Sprichwort sagt, der Mensch sei der Schmied seines Glückes, allein es bedarf zum Glücke doch auch gewisser unvorhergesehener Wendungen, und eine solche Wendung trat auch bei Fendi ein, als einer der Nachbarn seines Vaters, der geschickte Augenarzt Barth, ein großer Freund und tüchtiger Kenner von Kunstwerken, mehrere seiner Zeichnungen sah.«

Diese »Wendung« in Gestalt eines edlen Mannes mit Kunstverstand gehört dazu, damals unbedingt, und heute ist wohl kein junger Künstler böse darüber, wenn sie von »außen« kommt und nicht er allein Schmied seines Glücks sein muß.

Was an Fendi gerühmt wurde, das waren sein rastloser Fleiß, seine ungemeine Raschheit und die daraus resultierende enorme Anzahl von Aquarellen, die er keineswegs schlecht verkaufte – sie befanden sich schon zu Lebzeiten des Malers »in den Mappen der erlauchten Mitglieder des Kaiserhauses«.

Um auch das zu erwähnen: Von einer Anzahl erotischer Zeichnungen Fendis bewahrt die Wiener Stadtbibliothek eine Faksimileausgabe auf. Der Maler hat die Blätter angeblich für einen Erzherzog angefertigt. Dem Hofbeamten Fendi muß es ein besonderes Vergnügen gemacht haben, seine Liebe zum Detail und zur sorgfältigen Zeichnung zu vielem zu gebrauchen – zum Festhalten jener berühmten Szene, die den späteren Kaiser Franz Joseph als Enkelkind des Kaisers Franz zeigt, ebenso wie zur Darstellung amüsanter »Circus-Szenen«, die sich von anderen Genrebildchen nur eben dadurch unterscheiden, daß alle darauf Dargestellten akrobatisch-erotische Kunststückchen ausführen.

Fendi, der Ordnung halber sei das festgehalten,

erzog sich seinen Nachfolger. Als er 1842 starb, wurde Albert Schindler k. k. Cabinets-Zeichner. Wie ähnlich liest sich doch die Biographie eines anderen, der uns mit seinen Bildern geradezu der Inbegriff der Malerei jener Zeit ist. Ferdinand Georg Waldmüller kam auch über die »Fertigkeit zu copiren« zu erstem Ansehen:

»Er ist eine jener Naturen, denen es gewissermaßen unbedingt vorgezeichnet scheint, Maler werden zu müssen, und dabei einen eigenen, von allem übrigen Kunstschalten und Walten gesonderten Weg zu gehen. Schon als Knabe war Zeichnen seine liebste Beschäftigung. Ein ziemlich unbekannter Maler namens Zintler unterrichtete ihn darin. Allein Zintlers Kräfte waren zu gering und der junge Waldmüller besuchte daher die, im Beginne des jetzigen Jahrhunderts sehr geschätzte Elementarschule des Professors Hubert Maurer, wo eine ziemliche Zahl talentvoller Schüler versammelt war. Waldmüller gewann hier durch seine ungewöhnliche Nachahmungsgabe und Nettigkeit der Ausführung schon im zweiten Jahre den Preis bei dem Zeichnen nach dem

Kopfe, und in dem folgenden jenen nach der ganzen Figur. Als er darauf in die Schule der Antiken übertrat, gewahrte Professor von Lampi die Gaben des fleißigen Jünglings, und unterrichtete ihn im Miniaturmalen, welches Waldmüller schnell begriff und bald auf eine so zierliche Weise inne hatte, daß er eine Menge von Bildnissen zu fertigen bekam.

Die Miniaturmalerei ist immer nur Sache der Mode und des Augenblicks, weßhalb sie denn auch mehr für den Erwerb als für ein eigentlich künstlerisches Streben taugt. Jeder Maler, der etwas mehr in sich fühlt, sucht sich daher über sie hinweg zu schwingen, um zu einem selbstständigeren Schaffen zu gelangen und sich der eines Mannes würdigeren Oelmalerei zuzuwenden. Waldmüller begann deshalb in der Gallerie des k. k. Belvedere zu copiren und hatte das Glück, daß seine Copien alsogleich von Kunstfreunden angekauft wurden, während er sich dabei eine Technik aneignete, die den Grund zu allen seinen späteren Arbeiten legte und ihm jenen sicheren, sorgfältigen Pinsel zu eigen machte, durch wel-

chen er in der Folge zu einem Liebling der Gemäldefreunde wurde.«

Wieder also die Geschichte von der glücklichen Wendung, aber auch der Hinweis auf die Notwendigkeit, sich durch die Arbeit als Kopist etwas anzueignen, was man als Handfertigkeit bezeichnet. Was die Kunstfreunde anlangt, die sich damals für gute Kopien interessierten: Bis ins ausgehende neunzehnte Jahrhundert war es trotz der Technik des Kupferstiches für einen Mann von künstlerischem Geschmack selbstverständlich, daß er sich das eine oder andere seiner Lieblingsbilder kopieren ließ. Und Menschen, die wenigstens in ihrer Geisteshaltung noch diesem Jahrhundert verpflichtet waren, taten es auch später. Richard Strauss etwa schenkte Kopien seiner Lieblingsbilder. In einer Zeit, in der man längst meinte, ideale Farbreproduktionen zu kennen, war es selbstverständlich, einen Kunstmaler zu beschäftigen, von diesem viel Zeit aufwenden zu lassen und dann eine eigene Kopie zu haben. Von Waldmüller wird zuletzt in schönen Worten geschrieben:

»Merkwürdig ist Waldmüllers Malweise, indem er seine Bilder nicht nach und nach in Massen und Tönen zusammen baut und aus diesen die Details entwickelt, sondern im Gegentheil Stück für Stück derselben einzeln nach der Natur auf die blanke Tafel fertig malt und sie, ohne Lasuren u. dergl. anzuwenden, unverändert stehen läßt, wobei man sich jedenfalls verwundern muß, daß seine Bilder die nöthige Ruhe und Haltung haben.«

Gerade die Charakteristika Ruhe und Haltung sind mit Waldmüllers Person nur schwer in Einklang zu bringen. Denn Waldmüller war, obgleich in Beamtenstellung und allgemein angesehen, auch eine Art Revolutionär. Jedenfalls unbequem und ganz und gar kein einfacher Mensch.

Hans Weigel ist der Erfinder der These, in Wien würden die wahren Meisterwerke immer von Künstlern geschaffen, die eigentlich einen anderen Beruf hätten als den, den sie genial ausübten. Josef Danhauser könnte zu denjenigen gehören, die Weigels These bestätigen. Sein Vater war der Gründer und Inhaber einer Möbelfabrik – tatsächlich schon einer Fabrik –, allerdings entwarf er alle seine Stücke und hatte einen Katalog anzubieten, den man als Führer durch das Mobilar des Biedermeier benützen könnte. Seine Tische und Vitrinen wurden nicht als Kunstwerke, sondern als Gebrauchsgegenstände gehandelt. Doch sie waren Kunstwerke. Danhauser senior war ein Beispiel dafür, daß die Verbindung von Kunst und Handwerk, wie sie Kaiser Franz als Ideal propagierte, zu erstaunlichen Ergebnissen führen konnte.

Danhauser junior aber wurde als ein exzellenter Musiker angesehen, war als Geiger Schüler des berühmten Mayseder gewesen, und in der Familie galt es als gewiß, daß er seinem Vater nicht im Berufe folgen werde – da ging Josef Danhauser plötzlich doch auf die k. k. Akademie und wurde Maler. Der englische Einfluß war bei ihm so stark, daß man fand, er passe einfach nicht in die in Wien übliche Schule, doch auch Danhauser fand den notwendigen Förderer und Protektor, in seinem Fall war es Ladislaus Pyrker, Patriarch von Venedig, der als Schriftsteller meinte, Danhausers Bilder seien das optische Gegenstück zu seinen Werken. Und Danhauser enttäuschte ihn nicht, machte mit einigen Bildern das notwendige Aufsehen und war berühmt genug, um seinem Gönner mit großen Altarbildern aufzuwarten, als dieser Erzbischof von Erlau wurde und Arbeiten in Auftrag geben konnte.

Danhauser hatte Zwistigkeiten mit »den Herren Rezensenten« auszutragen – mit denselben, gegen die Waldmüller scharf zu schreiben wagte. Offiziell wurde dazu berichtet:

Vorhergehende Doppelseite: »Kinderlust« heißt das Gemälde von Waldmüller, das einen Guckkastenmann mit seinem vorwiegend jugendlichen Publikum zeigt. Das Bild hat bühnenhafte Wirkung, man vermeint den Schnappschuß einer Theaterszene zu sehen. Waldmüllers Attachement ans Theater ist unverkennbar.

Rechts: Josef Danhauser wollte Musiker werden, »erlernte« dann die Malerei. Obwohl er die Möbelfabrik seines Vaters übernehmen mußte, widmete er sich beinahe ausschließlich der darstellenden Kunst und blieb da häufig im Thema der Musik treu.

»Mutter mit 4 Kindern«, ein berühmt gewordenes Aquarell von Peter Fendi. Auch dies ist eine Genreszene – Kinder sind als kleine Erwachsene dargestellt, Erwachsene in kindlicher Heiterkeit befangen. Die Freude des Betrachters heute ist nicht geringer als die der Zeitgenossen. Fendis Bilder sind auch in der Gegenwart gefragte Kunstwerke.

»Von nun an aber wurde Danhausers Gemüth von einer tiefen Verstimmung ergriffen, an der wohl auch die eigene Reizbarkeit des Künstlers Schuld trug, die jedoch vorzüglich von Jenen hervorgerufen wurde, welche sich theils berufen glaubten die Feder zu führen, oder die meinten, weil sie Danhausers Talent in Protection genommen hatten, auch an demselben mäkeln zu können. Der Recensenten gab es damals eine Menge, und Manche unter ihnen machten, besonders zur Zeit der Kunstausstellungen, aus der Bestechung eine Art von Gewerbe. Nicht nur diese, sondern auch die ehrenhaften vergaßen auf die Kämpfe, die Danhauser durchgemacht hatte, und ignorierten seine vielen Studien und seinen rastlosen Fleiß; sie wollten das, was er malte, so gemacht haben, wie sie sich's einbildeten und brachten ihren Tadel zuweilen auf ziemlich rücksichtslose Weise vor; so daß der erbitterte Künstler endlich die Geduld verlor und ein Bild malte, in welchem er mehrere Recensenten als Hunde darstellte. Daß man dies nichts weniger als von der humoristischen Seite aufnahm, läßt sich unter den damaligen Umständen wohl denken.«

Der Kampf zwischen Künstlern und Kritikern, wie er von jener Zeit auch in Sachen Literatur berichtet wird, läßt uns auf ein heftiges, ein erregtes, aber auch ein fruchtbares »Klima« schließen und ist zweifellos ebenso pittoresk wie notwendig gewesen: In Zeiten, in denen sich die

104

Künstler mit den Herren Rezensenten nicht in den Haaren liegen, ist zumeist auch keine außergewöhnliche künstlerische Produktion zu beobachten.

Erfreulich sind, nebstbei, die Diskussionen von Experten auf dem Gebiet der Malerei wie auf jedem anderen: Kann man sich etwa bei Poeten nie ganz eindeutig festlegen, ob sie nun dem Biedermeier zugehören oder nicht sehr viel eher als Romantiker zu bezeichnen sind, so gibt es erst recht bei den Musikern die heftigsten Kontroversen. Wer wollte Beethoven einen Komponisten des Biedermeier nennen? Auch die Maler haben ihre Deuter. Johann Baptist Lampi aus Südtirol und sein Sohn, gleichfalls mit dem Vornamen Johann Baptist, haben in Wien gearbeitet, waren mit Auszeichnungen und Aufträgen überschüttet und malten in der Biedermeierzeit. »Ihre Malerei bleibt im Wesen Spätbarock«, wird aber ange-

Die Zeichnungen Danhausers habe, wie alle Wiener Biedermeierkunst, ihren Wert behalten, als Zeitdokumente, aber auch als Nachweis für die Verbindung von Kunsthandwerk und lebendiger Malerei, wie man sie auch in einem Blatt wie den »Zwei Frauen« zu spüren vermeint.

merkt. Vater und Sohn Lampi haben gemeinsam mit Waldmüller den größten Anteil am Biedermeier-Porträt und ließen sich bei ihrer Arbeit vor allem von den Werken der damals berühmten Porträtisten Lawrence und Isabey anregen.

Die Wiener Maler, die – wie Danhauser – ihr entscheidendes Kunsterlebnis – beinahe könnte man »nach alter Tradition« anfügen – in der Fremde hatten, ihre besten Werke jedoch daheim schufen, sind wohl durch Friedrich von Amerling besonders einprägsam repräsentiert. Der 1803

105

Das Kaiserhaus mit allen seinen Mitgliedern gab das bevorzugte Sujet der Wiener Maler ab. Oben eine Kriehuber-Lithographie nach dem Gemälde Johann Enders, Kaiser Franz und seine Gemahlin Karoline Auguste darstellend; unten ein Gemälde von Friedrich von Amerling, das den Erzherzog Franz Joseph als Knaben zeigt (um 1840). Die Fahne in der Hand des Erzherzogs will dem Beschauer andeuten, daß er in dem Dargestellten den künftigen Bannerträger der Dynastie vor sich hat.

geborene Wiener war in Prag tätig, erhielt kleinere Porträtaufträge und übte sein Handwerk aus, das heißt er kolorierte fleißig Stiche. 1827 arbeitete er im Atelier von Thomas Lawrence in London, studierte auf der Heimreise in Paris und etablierte sich schließlich in Wien als ein »Modemaler« der Aristokratie und des reichen Bürgertums. Er wurde Ehrenbürger Wiens und vom Kaiser in den Ritterstand erhoben, sein Porträt Franz' I. (1832) wurde gleichsam der Auftakt zu einer Reihe von bis heute berühmten Bildern. Den jungen Erzherzog Franz Joseph porträtierte er mit Fahne – ebenfalls ein bekanntes Bild –, die Betrachter sollten in dem Dargestellten bereits den künftigen Kaiser sehen. Sein Gemälde der Familie Arthaber, 1837 gemalt, wurde mit Werken von Vermeer verglichen. Rupert Feuchtmüller hat ihn als einen Vorläufer Makarts bezeichnet, dabei nicht unbedingt die Farbenpracht, aber die »sinnliche Schönheit« der Werke Amerlings im Auge gehabt.

Daß die Maler jener Zeit sich in ihren Themen zur Welt des Bürgertums bekannten, gilt heute als Charakteristikum für jene Epoche. In einer noch vom Adel dominierten Zeit mußten die Künstler sich ihren Auftraggebern und potentiellen Käufern anpassen.

Was anders hätten sie auch tun sollen? Im Gegensatz zu ihren Kollegen von der Musik waren sie nur in den seltensten Fällen fix angestellt – und falls sie es doch waren, so schufen sie doch ihre besten Bilder nebstbei. Und diese Bilder waren keineswegs nur in den Mappen der Mitglieder des Kaiserhauses und in den fürstlichen Palais unterzubringen. Was zur Folge hat, daß heute noch sehr vieles aus der Zeit in Privatbesitz ist. Um diese Bilder zu sehen, muß man nicht in die Galerie im Oberen Belvedere oder ins Museum der Stadt Wien gehen, man findet sie in kleinen Privatgalerien in der Josefstadt oder bei Besuchen in gastlichen Häusern irgendwo in der Stadt.

Wie bürgerlich die Biedermeiermalerei war, ließe sich an dem Werk von Johann Peter Krafft darstellen, der gleichfalls erst in Wien studierte – der berühmte Historienmaler Füger war sein Lehrer – und dann in Paris und Italien seine Studien fortsetzte, bevor er große Wiener Arbeiten »lieferte«: Malte er erst Schlachtenbilder, so fand er immer größeren Anklang mit seinen monumentalen Bildern »Der Abschied des Land-

wehrmannes« und »Die Heimkehr des Landwehrmannes«, vor allem aber mit den Bildern, in
deren Mittelpunkt der Kaiser selbst zu finden ist.
Der Einzug Kaiser Franz' I. im Jahre 1814 sowie
seine erste Ausfahrt nach längerer Krankheit
zeigen einen Herrscher, der Landesvater, Schützer aller biederen Bürger und geliebter Monarch
ist.

Und diese Bilder haben nichts Martialisches an
sich, sondern sind sehr bürgerliche Kolossalge-
mälde, auch wenn sie für die Wiener Hofburg
entworfen und ausgeführt wurden.

Dank der intensiven Beschäftigung mit Franz
Schubert, dem einzigen Musiker von Weltgeltung,
den Wien hervorgebracht und ausgerechnet in der
Zeit des Biedermeier daran gehindert hat, von
seiner Weltgeltung schon bei Lebzeiten etwas zu
verspüren, vergißt man manchmal, sich dessen
Malerfreunde richtig zu erinnern. Darf man aber
auf Moritz von Schwind vergessen, nur weil er viel

»Abschied eines Landwehrmannes«, Gemälde von Johann Peter Krafft. Die Landwehr wurde 1809 von Erzherzog Carl ins Leben gerufen.

im Ausland lebte und gleichsam korrespondieren-
des Mitglied des Freundeskreises werden mußte?
Gerade deshalb sollte man ihn nicht nur mit den
Bildern, die Musik oder Musikalisches zum Inhalt
haben, zitieren, sondern dankbar sein, daß er in
München lebte: Seine Briefe sind Quellen für
jenen, der von dem engen Kontakt wissen will,
den Wiener Künstler hatten. Da ziehen Musiker
und Maler zusammen auf eine Bude, da vertonen
die Musiker Gedichte ihrer Poetenfreunde, da
halten Maler Schubertiaden im Bild fest . . . Es
hat sich, würde der oberflächliche Beobachter

Oben links: Josef Danhauser zeichnete den Künstlerfreund Peter
Fendi. Oben rechts: Selbstbildnis von Moritz Michael Daffinger.
Links: Selbstbildnis von Josef Danhauser, einmal ohne Geige. –
Die drei Maler des Wiener Biedermeier waren allesamt auch als
Porträtisten gefragte Künstler. Vor dem Aufkommen der Photo-
graphie war es selbstverständlich, nach der Natur Bildnisse zu
schaffen.

Wieder Porträts berühmter Maler von berühmten Malern: Franz Stöber ist der Autor des Stichs, Friedrich Gauermann darstellend (links oben), Josef Danhauser zeichnete Ferdinand Georg Waldmüller (rechts oben), und das Aquarell von Jakob Alt zeigt Rudolf von Alt »in jungen Jahren« (rechts). Gauermann wurde seiner Landschafts- und Naturmalerei wegen berühmt, Ferdinand Georg Waldmüller machte sich einen Namen auch als »Revolutionär«, er ging als Staatsbeamter gegen die Studieneinrichtungen vor und war bei seinen Kollegen weniger geschätzt als beim Publikum und in einem bunten Freundeskreis, zu dem auch Theaterleute zählten. Rudolf von Alt ist ein »Sohn«. Sein Vater Jakob begann als Topograph und wurde seiner realistisch-dokumentarischen Gesinnung wegen gerühmt. Der »Sohn« begann mit der Anfertigung von Veduten und Skizzen im streng handwerklichen Sinn seines Vaters und wurde in einem sehr langen Leben – er überlebte noch die ganze Makart-Zeit – zum fleißigen und geachteten Maler-Chronisten.

109

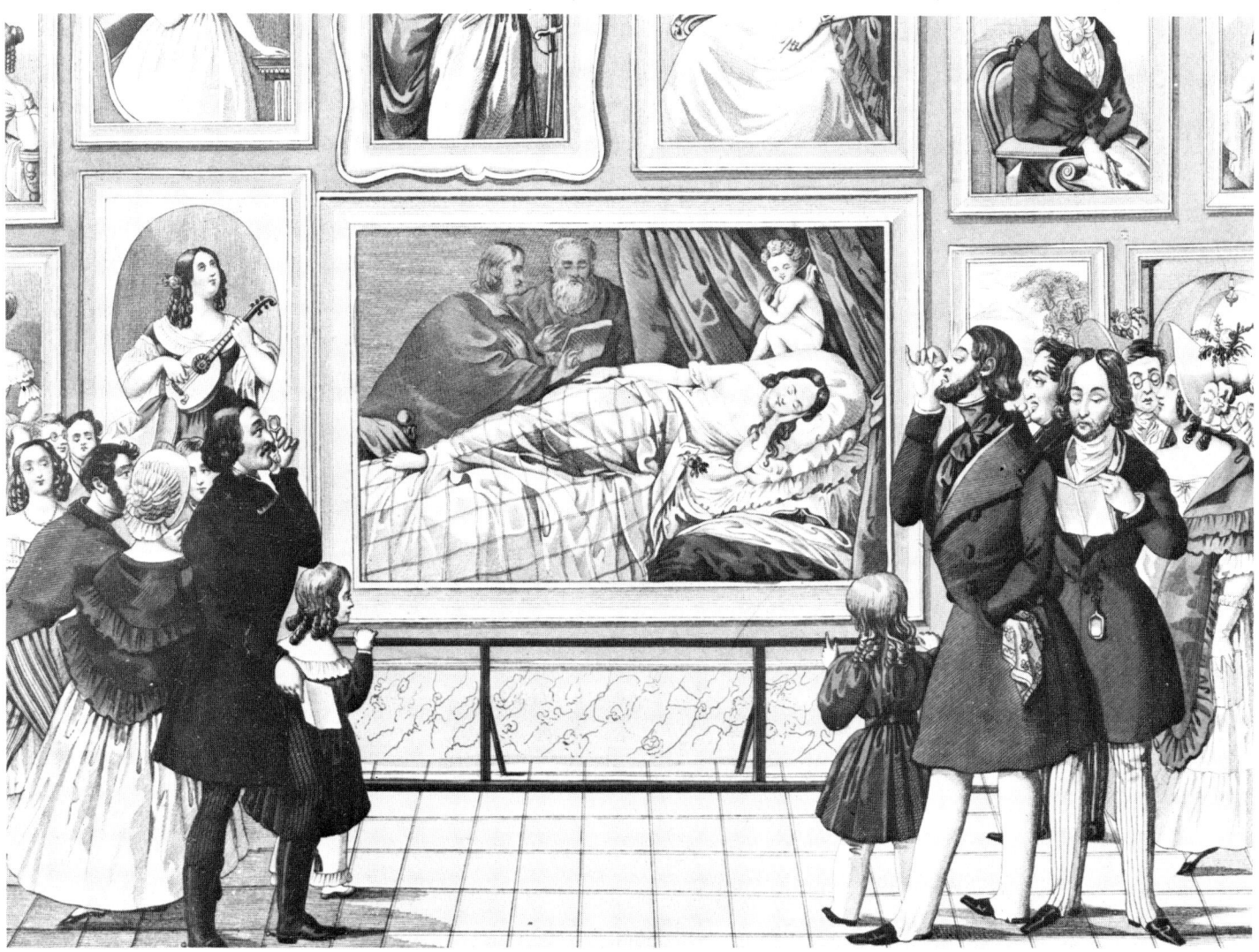

sagen, daran nur wenig geändert in einhundert-
fünfzig Jahren. Doch in Wahrheit ist die Szenerie
der »Kunst« in der Gegenwart nicht mehr, was sie
einmal war, haben die Spezialisten sich auch auf
ihr etabliert.

Ein weiteres bürgerliches Element in der Tätigkeit der Biedermeier-Maler ist die holde Zweck-
betontheit. Viele Künstler der Zeit haben auf dem
Gebiet des Medaillons, der Miniatur und des
Porträts gearbeitet oder ließen sich später, wenn
sie große Aufträge erwarten durften, für Altarbil-
der und für Bilder in repräsentativen Bauten
engagieren. Ungleich deutlicher als in allen anderen Künsten ist daher an ihren Werken der
»Geschmack« der Zeit abzulesen. Ein Beethoven
leistete es sich eben, Streichquartette zu komponieren, die nicht einmal Schuppanzigh richtig
spielen konnte und die das Publikum nicht verstand. Ein Grillparzer durfte neben Dramen auch
böse und gallige Verse schreiben, die man ihm

*Oben: Ein Kupferstich nach Schoeller aus der Wiener Theaterzei-
tung, der die 1839 vielbesuchte Kunstausstellung zeigt. »Ammer-
lings ›Traum‹ wird bewundert« ist der Untertitel, und die blasierten
Herren ringsum könnten die Herren Rezensenten sein, deren
Artikel über bildende Kunst sich allerdings zumeist wie Kunstbe-
trachtungen lasen und, so wird wenigstens glaubhaft versichert,
allesamt von den ausstellenden Künstlern »inspiriert« waren.*

*Rechts: Ein Selbstbildnis mit Modell von Johann Baptist Reiter aus
dem Jahr 1845. Der Schüler Rahls ist einer von jenen Künstlern,
die die Epoche des Biedermeier überlebten und von der Kunstgeschichte »in ihrem Realismus der Form und Farbe expressiv«
genannt werden. Reiter war vom Beginn seiner Laufbahn an ein
gesuchter Porträtist.*

nicht sofort aus der Hand riß. Ein Waldmüller hingegen malte, was man von ihm zu kaufen wünschte.

Und man wünschte Bilder zu kaufen, war an neuen Bildern interessiert. Ausstellungen waren Ereignisse, die in jedem Fall wahrgenommen wurden.

In den »Komischen Briefen des Hans-Jörgel von Gumpoldskirchen an seinen Schwager in Feselau«, die man einerseits als beinahe demagogisch bezeichnen kann, andererseits kunstvoll primitiv nennen muß, werden die jeweiligen Kunstausstellungen nicht zu knapp behandelt, was darauf schließen läßt, welches Interesse man ihnen entgegenbrachte. Der Hans-Jörgel schrieb eben nur, was sein Publikum lesen wollte. 1840 also:

»Was i hietzt für eine Plag' g'habt hab, da hat der Schwager wirkli kein Begriff. Die Kunstausstellung is wieder aufg'macht wordn, und heuer zum ersten Mal in den wunderschön' Sälen am politechnischen Institut . . . I soll da dem Schwagern über die Menge Bilder was schreibn, wi ein'm, wenn mans zwa Stund anschaut, der Kopf brummt . . . Wie schauts aus mit der Malerei in Wien nach der letzten Ausstellung in Vergleich mit den früheren Ausstellungen? Vorwärts gangen seyn wir eigentlich nit, aber glücklicher Weis a nit z' ruck . . . Sonderbar is das, daß die meisten von unseren Künstlern so arm an Ideen seyn, während dem do das Lebn so reich an Ereignissen, also a an Bildern ist . . . Eben so g'spaßi is das, daß die Landschaftsmaler immer wie d' Schneegäns einer dem andern nachzieget, und grad so wie Greißler sich dahin setzen, wo schon einer sitzt. Hat do unser liabs schöns Österreich und was dazu g'hört, so viele herrliche Sachen, aber na, 's Salzkammergut muß's sein, denn da is hietzt kein Haus, kein Stein und kein Kuhmensch mehr, was nit hundert Mal portätiert wär.«

Und über das Publikum, das sich für Ausstellungen mehr interessierte, als man das in der Gegenwart vom Wiener behaupten darf, und das die Maler auch sehr viel mehr »beschäftigte«, als man das heute tut, wo man zum Photographen eilt oder seinen eigenen kleinen Spielfilm in heimischer Umgebung dreht, weiß der Hans-Jörgel auch zu berichten:

»Dazu hat das Fortschreiten der Bildung im Allgemeinen wesentlich beigetragen und die Lust und der Sinn für die Sach is, man kann gar nix

anders sagen, von selber kummen. Eben so wie unsere Künstler meistens ohne äußre Anregung aus sich selbst sich auf die Stufen bringen mußten, auf der sie gegenwärtig stehn, so hat sich a die Theilnahme des Publikums nach und nach an einzelne, dann an die Sach' selber ang'schlossen und ist mit ihr g'steigert wordn. Wir haben daher bei Privatmännern, dö früher gar nit dran denkt habn, recht schöne Sammlungen entstehn sehn, und mancher, der früher nur ein paar schlechte Kupferstich im Zimmer g'habt hat, versagt sich hiertzt manchmals ein Vergnügn, um dafür ein paar gute Bilder an die Stell seiner schlechten Kupferstich hängen zu können.«

Wer genauer liest, der wird unschwer aus dem nicht ganz korrekten Dialekt erkennen, daß diese Betrachtungen von einem Journalisten stammen. Das »hietzt« ist Maskerade, soll einem breiteren Lesepublikum suggerieren, man nähme auch auf die Masse Rücksicht. Hans-Jörgel, der Demagoge, hat bis in die Zeit nach der Revolution in unverändertem Plauderton weitergeschrieben und ziemlich unverblümt aufgeseufzt, als endlich der neue junge Kaiser in die Stadt einzog und die Gaudi des Jahres 1848 vorüber war. Er war die Revolution längst satt und wollte wieder biedere Leser, biedere Kundschaft.

Es gab also um 1840 eine rege Ausstellungstätigkeit; nicht nur Fürsten hatten Kunstsammlungen, auch die Großbürger legten sich welche an. Und das mittlere Bürgertum, das es sich vorher kaum leisten konnte, begann in bescheidenem Maße zum Auftraggeber für die bildenden Künstler der Zeit zu werden. Landschaftsmaler und natürlich alle Porträtisten waren gern gesehene Leute.

Apropos Landschaftsmalerei. Die Entdeckung der österreichischen Landschaft durch die Maler, von Hans-Jörgel mokant in bezug auf das Salzkammergut zugegeben, gehört zu den Eigenschaften, die man der Biedermeiermalerei unbedingt

Rechts: Josef Nigg, 1782 in Wien geboren und dort auch ausgebildet, gilt als der bedeutendste Blumenmaler seiner Zeit. Er arbeitete für die Wiener Porzellanmanufaktur, brachte es zum Obermaler und wurde oft prämiiert. Er bemalte Schalen, Teller und Vasen, die dann, in Rahmen gefaßt, als Wandschmuck dienten. Nebenstehend eine Gouache von seiner Hand.

zugute halten muß. Auf den Spuren Kyselaks, möchte man da sagen, auf den Spuren eines Sonderlings also, begannen die Maler jener Zeit ins Land hinaus zu wandern und Dorfidyllen und große Landschaftsbilder zu malen.

Der eben genannte Kyselak ist eine der Personnagen, die in einem Bericht über das Biedermeier in Wien nicht fehlen dürfen. Ein Beamter war er, der laut Legende in der Ludlamshöhle eine Wette einging, sein Name werde innerhalb von zwei Jahren zu den berühmten zählen, und der von da an Österreich bereiste und an Mauern, an berühmten Aussichtsplätzen, wo immer er mit Beobachtern rechnen durfte, nur einfach seinen Namen hinpinselte. Tatsächlich war er in einer sehr viel kürzeren Frist berühmt, wurde, wiederum der Legende nach, sogar vom Kaiser empfangen und gebeten, doch nicht überall seinen »Kyselak« hinzumalen, gab aber deshalb nicht auf. Ob es Geltungssucht war oder tatsächlich nur der Wunsch, eine Wette auf einmalige Art zu gewinnen, ist nie herausgekommen. Für Generationen war der Name immerhin ein Begriff, sehr viel mehr jedenfalls als die Reisebeschreibungen, die er herausbrachte: In diesen berichtet er von seinen Wanderungen durch Österreich, präsentiert sich als einer der ersten Bergsteiger, verschweigt nur eines – seine Leidenschaft nämlich, überall auch seinen Namen zu hinterlassen.

Kyselak im Zusammenhang mit der Malerei? Nicht gerade dieser Kauz, sondern überhaupt der Spaziergänger durch Österreich war ein Symbol der Zeit, in der der Städter das Land und die Menschen dort zu entdecken begann. Patriotismus und Untertanentreue schlossen diese Liebe zur Natur nicht aus. Man weiß von den Landpartien, die der Kreis um Schubert unternahm, sie sind in Bildern überliefert; ebenso weiß man von den Gesang-Vereinen, die – durchaus mit Billigung der Behörde – aufs Land zogen und dort ihre Ausflüge in kolorierten Stichen festhalten ließen. Die Schriftsteller der Zeit berichten von ihren Begegnungen mit den biederen Bauern, die in der Umgebung ihrer Landhäuser wohnten. Diese Bauern waren keineswegs so frei und selbstbewußt wie ihre Nachfahren heute, im Gegenteil abhängiger als jeder Wiener Bürger – doch sie waren »malerisch« und ein willkommenes Beobachtungsobjekt.

Die Liebe zur Natur hat in vielen Alpenszenen,

Tierauftrieben, Gewittern und stürmischen Seeüberfahrten ihren Niederschlag gefunden. Und der in die Landschaft gestellte Mensch wird nicht nur im Kampf mit der Natur gezeigt, sondern auch als Tätiger, Arbeitender. So hat der in Oberdöbling als Schuster lebende Michael Neder das Leben der kleinen Leute in der Vorstadt lebensnah und realistisch dargestellt – und ganz ohne sozialkritische Momente. Und von Matthäus Loder, dem Kammermaler des Erzherzogs Johann, kennen wir auch Bilder, auf denen er die Arbeit im Hüttenwerk Vordernberg zu Papier gebracht hat. Von den zahlreichen Malern in diesem Bereich sind uns vor allem Thomas Ender, ebenfalls Kammermaler bei Erzherzog Johann, Franz Steinfeld, Johann Nepomuk Rauch, Gustav Reinhold, Franz Eybl, Friedrich Kröpsch, Josef Höger und Wilhelm Pollak in Erinnerung geblieben.

Und wieder ein »Beiseite«: Gauermann war kein zurückgezogen lebender Künstler, sondern mit den anderen Persönlichkeiten seiner Zeit in engem Kontakt. Ferdinand Raimund und Johann Nestroy zählten zu seinem Umgang ebenso wie die Malerkollegen Danhauser und Amerling, und der junge Adalbert Stifter, der übrigens gar nicht übel malte, war bei ihm zu Gast und zählte sich zu den Bewunderern dieses Malers, den spätere Generationen längst nicht so hoch einschätzten und der erst wieder auf dem Umweg über die hohe Wert- und auch Geldwertschätzung des Auslandes eine Art Renaissance in Wien erfuhr, wo sich bis in die Gegenwart viele seiner Bilder befinden.

Die Liebe zur Natur zeigt sich ebenso in den beliebten Stilleben und im Kunsthandwerk. Der Blumenmaler Johann Daffinger bemalte Kaffeetassen und Teller und lehrte seinen Sohn Moritz Michael Daffinger erst das Handwerk und dann, wie man es weiterführe. Daffinger junior wurde ein Porträtist, der für Metternich 120 Blätter ins

Rechts: Ferdinand Georg Waldmüller: Partie von Echerntal bei Hallstatt. »Die Natur ist so reich, so mannigfaltig und unerschöpflich, daß nichts weiter als das Auge eines talentvollen Künstlers dazugehört, diesen Schatz zu entdecken«, sagt der Künstler über die Naturdarstellung. Dabei war Waldmüller keineswegs so vielbeschäftigt, stand nicht so hoch im Kurs, wie man glauben möchte. Gegen Ende seines Lebens war er hoch verschuldet.

Links: Miniatur von Moritz Michael Daffinger: Das Bildnis seiner Frau. Die Dame gilt bis heute als Prototyp der Wienerin von Anno dazumal. Die Zeitgenossen waren von ihrer Schönheit zutiefst beeindruckt, und der empfindsam-scheue Grillparzer soll von ihr gesagt haben: »Diese Frau ist schön, schön, schön, doch wer da lebe, der hüte sich vor ihr.«

reichen dekorativen, koloristischen Aufbau von feinstem Stimmungsgehalt gegeben, so wandte er sich nun der beseelten Einfachheit der Wald- und Feldblumen zu und schuf Meisterwerke, die Adalbert Stifter begeistert betrachtete.«

Die enge Beziehung der Maler dieser Periode zum Kunsthandwerk ist evident. Sie bemalten Gläser, Teller, Prozellan, selbst Arrivierte unter ihnen waren bereit, für ihre Freunde Wandschirme zu erzeugen und Porträts ein und derselben Person immer und immer wieder herzustellen. Das soll nicht an gewerbsmäßige Fabrikation denken lassen. Das Porträt war damals nun einmal nicht nur ein Kunstwerk, sondern in erster Linie Bildnis, Konterfei. Jedermann »saß« damals einem Maler, für jedermann war es selbstverständlich, ein Bild oder eine Miniatur seiner Eltern oder seiner Frau zu haben. Was uns heute nur recht sein kann. Durch diese Porträts lernen wir nicht nur die Personen kennen, sondern auch die Mode und die Wohnverhältnisse jener Zeit. Kriehuber etwa, der beliebteste Porträtist damals, malte ungefähr 2000 solcher »Konterfeis« mit höchster Virtuosität und geriet in tiefste Armut, als die Photographie einen kometenhaften Aufstieg nahm. Ebenso wie mit dem Aufkommen des Telephons die Kunst des Briefschreibens allmählich sich verlor und wir der nächsten und den ihr nachfolgenden Generationen sehr viel weniger handfestes Material über unsere Gegenwart hinterlassen werden, so hat die Photographie einen ganzen Kunstzweig, die Porträtmalerei, verkümmern lassen. Daß der ganze Hof Modell saß, und zwar zu wiederholten Malen, daß man Treffen der Gesellschaft, etwa die Schubertiaden, aber auch berühmte Leute auf dem Sterbebett aus rein dokumentarischen Gründen festhielt, diesem Umstand verdanken wir diese Fülle von Kunstwerken, die zugleich wichtige Quellen für den Historiker darstellen.

Biedermeier, was die Malerei anlangt, ist ein insofern anmutiges Kapitel, als es in seinen

Gästebuch zeichnete, dessen Miniaturen in der Wiener Gesellschaft etwas wert waren, der die kaiserliche Familie ebenso wie die berühmtesten Persönlichkeiten Wiens immer wieder festhielt – auf Elfenbein, Karton oder Papier sind sie uns erhalten und in ungezählten nach seinen Vorlagen ausgeführten Stichen auch vervielfältigt. Daffinger wurde in seinen letzten Lebensjahren wieder, was sein Vater gewesen war. Der Tod seiner fünfzehnjährigen Tochter erschütterte ihn so, daß er sich aus der Gesellschaft zurückzog und sich wieder der Blumenmalerei widmete. Feuchtmüller: »Hatte er einst seinen Miniaturen einen

Vorhergehende Doppelseite: 1838 malte Ludwig Schnorr von Carolsfeld, ein von Königsberg zugezogener Maler, der vor allem literarische Stoffe illustrierte und Lehrer von Schwind war, sein berühmtes Gemälde »Die breite Föhre nächst der Brühl bei Mödling«. Der fromme Inhalt der »Erzählung« des Bildes, die symbolhafte Verwendung des Bauers und des der Natureinkehr hingegebenen städtischen Paars weisen auf die Romantik hin, der Schnorr sich verpflichtet fühlte.

118

erhaltenen Zeugnissen kaum Revolutionäres bietet. Doch die Biographien der Biedermeiermaler sind, besieht man es recht, nichts weniger als anmutig.

Ein Beispiel nur. Ferdinand Georg Waldmüller, dessen Name für wunderbare, nach heutiger Ansicht liebliche Bilder steht, als Professor der Akademie Beamter wie Grillparzer, war ein Revolutionär. Das Revolutionäre seiner Malerei ist heute schwer einzusehen. Aber er trat gegen die herrschende Ordnung an und verdarb es sich mit seinen Vorgesetzten gründlich. Von 1837 an lag er mit seinen Kollegen im Streit, war als Professor aufsässig und schrieb endlich 1845 seine »Ideen zu einem Entwurf einer berichtigend-umfassenden Anleitung in der bildenden Kunst«, womit er allein schon zu verstehen gab, daß er mit der herrschenden Lehrmeinung und den Gepflogenheiten keineswegs einverstanden war: »Ich darf mir daher um so mehr ein Urteil über diese Unterrichtsmethode erlauben, da ich selbst jene Irrwege und Umwege beschritten habe, welche uns als die rechte Bahn zum ersehnten Ziele

gewiesen wurden, bis endlich, freilich nach einem unersetzlichen Zeitverlust vieler Jahre, mir, und so manchem Andern, es durch Zufall klar wurde, wie weit wir von dem richtigen Wege uns entfernt hatten.«

Allein diese Bemerkung reizte die Gutachter, Anton Ritter von Perger schrieb böse über Waldmüller, der »so viele gefällige Bilder« liefere, und forderte, es solle den Ideen dieses Mannes kein besonderes Gewicht gegeben werden. Johann Trost, Dozent für Theorie und Geschichte der bildenden Kunst, ging etwas weniger scharf mit Waldmüller ins Gericht, bemühte sich jedoch

Oben: Die beiden Bleistiftzeichnungen aus dem Jahr 1840 werden Ferdinand Georg Waldmüller zugeschrieben. Die Kunstgeschichte ist in neuerer Zeit vorsichtig geworden, und die Fruchtbarkeit der Biedermeiermaler macht verständlich, daß man in Zweifelsfällen mit Vorsicht etikettiert. Links eine Kinderstudie, rechts eine Figurenstudie, wie sie zu einem der größeren und berühmten Genrebildern Waldmüllers entstanden sein könnte.

119

Links: »Küchenschelle« von Moritz Michael Daffinger. Der Maler porträtierte alle Wiener Berühmtheiten. Doch als ihm seine fünf-zehnjährige Tochter starb, wandte er sich von der Welt ab und befaßte sich nur noch mit Blumenmalerei.

Oben: Eines der berühmten Ölgemälde von Waldmüller, die Schauspielerin Therese Krones darstellend. Von der Krones gibt es auch das nicht minder berühmte Bild, das sie als Jugend in Raimunds »Verschwender« zeigt. Waldmüller, der Freund Rai-munds, malte die Künstlerin hier in privater Pose.

auch nicht sehr um ihn. Waldmüller, zuletzt mit seinen Ideen glatt abgewiesen, erhielt von der Zensur die Erlaubnis, seine Schrift drucken zu lassen, und handelte sich damit den Zorn aller Kollegen ein. »Es fielen gegenseitig hitzige Worte, worüber Direktor Petter und die Herren Räthe sofort eine schriftliche Anzeige an das Präsidium mit dem Begehren erstatteten, daß Prof. Waldmüller verhalten werde, ihnen Genugtuung zu gewähren und zu seiner Pflicht zurückzukehren.«

Erfreulich die Reaktion Metternichs in dieser ganz gewiß nicht einfachen Angelegenheit. Metternicht entschied, es sei durchaus nicht richtig gewesen, künstlerische und pädagogische Diskussionen in Streit ausarten zu lassen und Waldmüller hätte selbstverständlich seine Anschauungen darlegen können – darin sähe er, Metternich, keine Beleidigung der Akademie. Die vielen Berichte davon, wie der Staatsmann, dem für ein ganzes Zeitalter die Fehler und Härten eines Systems allein angelastet werden, im Einzelfall immer wieder weise, überlegen und keineswegs als Diktator entschied, sind im Fall Waldmüller bestätigt. Wo Metternich der Ansicht war, die Ruhe Europas sei nicht gefährdet – und durch künstlerische Auseinandersetzungen und Fragen, wie man lehren solle, war sie es seiner Ansicht nach nicht –, dort zeigte er sich konziliant und souverän.

Waldmüllers Auseinandersetzungen mit seinen Kollegen allerdings war 1845 nicht zu Ende. 1848 erschien ein Essay des Kunsthistorikers Rudolf von Eitelberger, der sich aussschließlich gegen Waldmüllers Lehrmethode richtete und diesen auch als Künstler herabsetzte:

»Sein mäßiges Talent hat er durch einen nicht genug anzuerkennenden Fleiß in einer Weise ausgebildet, daß jeder ohne Unterschied ihn als Spezialität besonderer Ausnahme von der Regel schätzen muß, obwohl seine künstlerische Vortragsweise durch und durch maniriert ist.«

Waldmüllers Kampf gegen die Akademie zog sich bis an sein Lebensende hin. Seine Schüler liebten ihn und entwarfen eine Dankadresse, die sie sogar der Nachwelt überreicht wissen wollten. Der Rebell Waldmüller blieb unbequem. Und dementierte wenigstens für sein Teil die Bemerkung Rupert Feuchtmüllers, Biedermeier sei ein »anmutiges Kapitel« in der Geschichte des Realismus. »Überall ist es die Moral, die bessernd veredeln wirken soll. Das ist zuvörderst die Aufgabe der Kunst, ohne diese Lösung ist sie unnützer Tand, ja auch von schädlichem Einfluße.«

Mit solchen Worten verteidigte er *seinen* Realismus, seine Form der Wahrheit und führt damit, als hätte er die Einschätzung späterer Generationen vorausgesehen, das Bild von der »harmlosen Biedermeiermalerei« ad absurdum.

Aber er fand doch auch etwas, das ihn ebenso anzog wie seine Kollegen: das Theater. Eine Expertin für das Schaffen Waldmüllers hat erst in jüngster Vergangenheit auf diese Beziehungen hingewiesen: Gauermann zeichnete seinen Freund Nestroy in dessen Glanzrollen; Kriehuber schuf nach einer Zeichnung Schwinds die berühmte Lithographie Ferdinand Raimunds als Aschenmann; der Literaturhistoriker Josef Nadler sieht die Szene aus Raimunds »Der Alpenkönig und der Menschenfeind«, in der Rappelkopf eine Köhlerfamilie aus dem Haus wirft, als Vorbild für Waldmüllers Gemälde »Die Pfändung«. Waldmüller seinerseits versuchte sich sowohl als Theaterdekorateur als auch als Zeichner von Theaterszenen, und man hat nachgewiesen, daß in seinen Bildern Theatereffekte Eingang gefunden haben. Wer Freude daran findet, kann sich bei der Beschreibung einzelner Gemälde daran delektieren, wie diese als wahre theatralische Begebenheiten nacherzählt werden.

Naturgemäß finden sich bei der Betrachtung der künstlerischen »Szene« des Biedermeier Namen, die schon einmal gefallen sind, im Zusammenhang mit anderen Namen wieder: »Neben dem größeren, wuchtigeren und vorläufergeistigen Waldmüller erhob sich in dem Altwiener Bildergetümmel, das man ans Licht brachte, als zweiter, verfeinerter Repräsentant der österreichischen Kunst der ersten Hälfte des neunzehnten Jahrhunderts Josef Danhauser.« So schließt die Monographie Waldmüllers.

Rechts: Familienbilder waren im Biedermeier sehr en vogue. Eines der weniger bekannten Ölgemälde von Waldmüller: »Der fürstliche Esterhazysche Rat Mathias Kazmann mit seiner zweiten Gattin und Tochter«.

Auch Danhauser galt von Kindheit an als »begabt«, auch er wurde durch Gönner auf den rechten Weg gewiesen – und er wurde im kleinen, möglichen Rahmen ein Rebell, indem er seinem Gönner nicht die Freude machte, sich als biederer Maler von Altarbildern und Illustrator der Heiligen Schrift ganz nach der Tradition zu etablieren. Danhauser, der wie alle österreichischen und deutschen Künstler der Zeit nach Italien reisen wollte und dem es gelang, wenigstens in Venedig sich die Techniken der alten Meister anzueignen, war in Wien gegen seinen Willen der Nachfolger seines Vaters: Auf der Wieden, gegenüber dem Theresianum, war die Fabrik und gleichzeitig der zu einer Art Ausstellungsgelände umgestaltete Wohnsitz der Familie, die Möbel und Einrichtungsgegenstände aller Art, also auch sehr viel Zierat im Stil der Zeit, herstellte. Danhauser, dessen Vater durchaus die Unterstützung des Adels genoß, sich jedoch finanziell kräftig übernahm, mußte, obwohl er sehr viel lieber als Kunstmaler im Ausland geblieben wäre, das väterliche Erbe antreten und war gezwungen, die Fabrikation weiterhin in zu großem Rahmen fortzusetzen. Und dabei wollte er sich mit dem Theater auseinandersetzen, wollte die Literaten zu Freunden haben und vor allem der Musik, seiner großen Liebe, verbunden bleiben.

Danhauser verdanken wir mehrere außerordentliche Bilder, die mit Musik zu tun haben. Eines davon ist die berühmte Zeichnung Beethovens auf dem Totenbett. Danhauser erwirkte sich die Erlaubnis, die Totenmaske abzunehmen, Beethoven aber war unrasiert gestorben, und bis zum Eintreffen des Friseurs, der den Leichnam präparieren sollte, fertigte Danhauser einige Skizzen an. Eine davon, »Beethoven, an seinem Totenbette«, wurde als Lithographie ebenso bekannt wie die Totenmaske, die er gemeinsam mit seinem Bruder Karl abnahm. Eine Locke vom Haupt Beethovens nahmen die jungen Menschen als Andenken mit.

Das zweite große musikalische Bild Danhausers ist auf Betreiben eines Wiener Klavierfabrikanten entstanden: »Liszt am Klavier«. 1840 berichtete Castelli in der Wiener Zeitung ausführlich darüber, eine allgemein ausführliche Beschreibung, wie damals üblich, eigentlich eine »Nacherzählung« dessen, was der aufmerksame Betrachter eben sah. Auf dem Bild also Liszt, der »seelenvoll« auf eine große Büste Beethovens blickt, zur Linken als Zuhörer Paganini und Rossini, hinter Liszt »in einem ledernen Sorgenstuhle« Georges Sand, zudem im Raume Alexander Dumas, Victor Hugo und eine junge Dame, von der Castelli nur andeutet, ihre Anteilnahme für Liszt, den Menschen, sei größer als die für Liszt, den Künstler. »Ich bin nicht imstande den Eindruck ganz zu beschreiben, den dieses Bild auf mich gemacht hat. Ich bin überzeugt, die würdigste Hand hat den würdigsten Künstler mit Farben wieder geschaffen, wie er leibt und lebt, wie er denkt und fühlt. Der musikalische Alexander hat seinen Apelles gefunden, das Bild wird sein Original und seinen Meister überleben und ein Zeugnis sein von beider Ruhm in späten Zeiten . . . Der Eigentümer gestattet, daß dieses Bild in dem Atelier des Malers, Wieden am Glacis, in dem Hause neben dem Mondschein, ausgestellt werden darf, wo jedermann bis Hälfte Junius das Vergnügen genießen kann, es zu sehen. Später wird es zur Kunstausstellung nach Pest gesendet werden.« Kunstbetrachtung, wie man sie in der ersten Hälfte des neunzehnten Jahrhunderts betrieb und wie sie auch in der Zeit Makarts noch vonnöten war.

Die Beziehungen Danhausers zum Theater, schon erwähnt, waren etwas anders als die seiner Kollegen oder Konkurrenten: Das Carl-Theater in der Leopoldstadt ließ ein Stück schreiben, dessen Akte sich an die Bilder »Prasser«, »Klostersuppe« und »Testamentseröffnung« anlehnten. Die Bilder waren bereits so populär, daß man sich von ihrer »Nachbildung« auf dem Theater einen Erfolg erhoffen durfte. Den »Prasser« hat man später als Abbild des »Verschwenders« gesehen – gewiß ein erlaubter Vergleich.

Gerade dieses letztere Bild – um jetzt auch noch den »Revolutionär« Danhauser zu erwähnen – brachte dem Maler neben künstlerischer Aner-

Rechts: Reizvolle Gegenüberstellung von Bleistiftskizze und Gemälde: Josef Danhauser plante und vollendete eine »Testamentseröffnung«. Auf dem Gemälde aus dem Jahre 1839 ist er selbst links im Hintergrund deutlich erkennbar.

kennung auch Kritik ein, die ihn als »moralischen« Mann bezeichnet, von »malerischer Moralpaukerei« redet, was Danhauser wiederum zu Gegenangriffen herausforderte. Es handelt sich im Grunde um Kämpfe zwischen Konkurrenten und den damals ziemlich abhängigen Journalisten, die Partei ergriffen und die Auseinandersetzungen anzuheizen wußten. Danhauser, der im Verlaufe einer solchen Fehde seine Professur zurücklegte, stellte andererseits 1844 zwölf seiner Bilder für eine Ausstellung zugunsten des Vereines der Witwen und Waisen bildender Künstler zur Verfügung. Eine Rezension jener Ausstellung hat gerade die Töne, die man in Wien bis auf den heutigen Tag kennt: nörglerisch selbstkritische: »Es ist eine traurige, aber nur zu wahre Erfahrung, daß die bildende Kunst, die seit Jahren mit Vielem, dessen Erörterung hier zu weit führen würde, zu kämpfen hat, mehr als jede der übrigen von gänzlich Unwissenden auf das niedrigste herabgezogen wird, während gerade Beurtheilungen über sie schwieriger als über manche ihrer Schwestern sein dürften, da die Mittel mit welchen sie wirket, von den Wenigsten gekannt und gefühlt werden. Ebenso gewiß ist es auch, daß jene Studien, die selbst für höhere Zweige der journalistischen Kritik z. B. für Belletristik, hinreichend sind, bei der Besprechung der Werke bildender Kunst allein nicht genügen, und sie einen ganz eigenen Sinn bedingt, ohne welchen jedes Urtheil mangelhaft erscheint. Trotzdem schreiben Wirtshausreferenten Rezensionen über sie, die aus eigenem Antriebe vielleicht nie in ihrem Leben einen Kunstsalon betraten.«

Der Niedergang der Rezension, mit den oben zitierten Sätzen im »Wiener Zuschauer« beklagt, ist wohl eines der sichersten Anzeichen dafür, daß die Zensur sich auf die wenigen Wiener Journale auswirkte: Erinnern wir uns, wie leicht es damals einer Kunstvereinigung war, beim Zensor Schutz vor den Herren Rezensenten zu suchen, wie gefährlich eine wirklich harte Meinungsäußerung für den Schreiber war, wie andererseits diejenigen, die mit versteckten Angriffen arbeiteten, ihr Urteil immer wieder und immer härter formulieren durften. Und bedenken wir, daß diejenigen, die so schreiben, daß sie einer Zensurbehörde genehm sind, zumeist nicht zu denen gehören, denen Charakterstärke als wesentlichste Eigenschaft nachgesagt werden kann.

Bei Danhausers Begräbnis ging es zu wie bei allen den Leichenfeiern, von denen man in jedem Wien-Buch berichten könnte. Ein Hofschauspieler sprach am Sarg, Chöre wurden gesungen, ein frischer Lorbeerkranz wurde ihm ins Grab geworfen. Nachrufe erschienen sonder Zahl, und in der sehr viel später erschienenen großen Biographie wird über sie mit einem Zitat geurteilt, das ein damals oft gebrauchtes Wiener Spottwort war: »Nach dem Tod die Weinsuppen«. Es meint die rückhaltlose Anerkennung eines Künstlers, um den man allerdings erst nach dessen Tod zu klagen beginnt. Ein wienerisches, wahrscheinlich aber nicht ausschließlich wienerisches Phänomen.

Daß die Malerei des Biedermeier innerhalb der kunstgeschichtlichen Epochen einen breiten Raum einnimmt, schon gemessen an der Zahl der geschaffenen Werke, bezweifelt niemand. Doch sind es die Bauten, die, sichtbar jedem Stadtbewohner, einen täglichen Denkanstoß in Richtung Biedermeierzeit geben.

Die großen barocken Bauten Wiens sind dominanter und werden sehr viel eher als »Wahrzeichen« angesehen. Doch die bürgerliche Architektur der Biedermeierzeit hat sich in den einstigen Vorstädten erhalten und ein Rundgang durch einige Wiener Bezirke kann jedem Interessenten sowohl Wohnhäuser wie auch hübsche Villen vor Augen bringen, die aus der Zeit stammen und, oft noch gut erhalten, immer noch bewohnbar sind. Josef Kornhäusel wurde der wesentlichste Architekt des Biedermeier. Er schuf die – im Zweiten Weltkrieg – zerstörte Weilburg in Baden bei Wien für Erzherzog Carl, den Sauerhof in Baden, der gerade jetzt wieder liebevoll restauriert wird und künftig ein Hotelbetrieb werden soll, baute das Schottenstift um und entwarf den Stadttempel der Wiener Juden, der die Zeiten überdauert hat, glänzend restauriert wurde und seinen Zweck heute noch erfüllt. Nebstbei spricht es für das Assimilationsbedürfnis der damals schon in reiche und arme Juden unterteilten Israeliten, daß sie sich ihr Bethaus von dem Architekten errichten ließen, der auch für einen großen katholischen Orden baute. Ein eigenes Kapitel in einer im Zweiten Weltkrieg geschriebenen Geschichte Wiens ist dem Judentum gewidmet, das im Vormärz noch um seine Rechte zu kämpfen hatte und nur dort zu Ansehen kam, wo es entweder gesellschaftliche und familiäre Bindungen mit

dem Adel oder dem Reichtum einging oder dank ausgezeichneter Bankverbindungen der Aristokratie von Nutzen war.

Kornhäusel, der 1827 auch das Haus der Niederösterreichischen Landstände in der Herrengasse bauen sollte, wurde allerdings mitunter als zu progressiver Architekt empfunden; in diesem Fall wenigstens zog man ihm Ludwig Pichl vor und ließ von diesem eine unauffällige Erweiterung entwerfen, die das äußere Bild nicht entscheidend veränderte. Der solchermaßen belehrte Architekt Kornhäusel zog die Konsequenzen und ordnete sich, als man ihm den Abschluß der Bauarbeiten am Stift Klosterneuburg übertrug, ganz dem Ursprungs-Architekten Fischer von Erlach unter. Was Kornhäusel neu baute, den Bibliothekssaal mit seiner Kuppel, das paßte ins Bild und würde einem oberflächlichen Betrachter keineswegs als eine eigenständige Arbeit erscheinen. Ist aber doch von Kornhäusel, der beim Bau des Schottenstiftes in der Inneren Stadt noch ganze gotische Teile hatte niederreißen lassen, weil sie ihm nicht in sein Konzept paßten.

Heute würde man von denkmalpflegerischer Arbeit sprechen, damals war es einfach die Grundeinstellung des Architekten, der den Wünschen seines Auftraggebers nachkam und sowohl Neues bauen wie auch Altes restaurieren oder behutsam ergänzen konnte – nicht nach seinem, sondern nach dem Geschmack derjenigen, die anzuschaffen hatten.

Nicht übergehen dürfen wir Peter von Nobile, Professor der Architektur in Wien, der uns einige Bauten hinterlassen hat, die bis heute Wiens Stadtbild prägen. Von ihm stammen das Äußere Burgtor (1824) und der Theseustempel im Volksgarten, er gestaltete den Festsaal der Technischen

Oben: Die Baukunst kam im Biedermeier etwas zu kurz – das barocke Wien schien unzerstörbar, die Ringstraßenzeit war noch fern. Peter v. Nobile entwarf 1819 den Theseus-Tempel im Volksgarten als Replik des Theseions in Athen. Anlaß dafür bildete der Erwerb von Canovas Figurengruppe »Theseus besiegt den Minotaurus« durch das Kaiserhaus, die in Nobiles Tempel aufgestellt werden sollte. Dort stand sie dann auch lange Zeit. Heute wird sie im Kunsthistorischen Museum aufbewahrt.

Hochschule, und nach seinen Plänen wurde das »Graue Haus« erbaut.

Im Zuge der romantischen Bewegung geriet die Gotik ins Blickfeld der Kunstfreunde. Man pilgerte zu den Stätten gotischer Baukunst, versuchte auch hier, Denkmalpflege zu betreiben. In Wien hat man deshalb gerade in dem von uns behandelten Zeitraum die Kirche Maria am Gestade renoviert. Ein weiteres Beispiel für diesen beginnenden Historismus ist die in Pseudoromanik erbaute St.-Johann-Nepomuk-Kirche auf der Jägerzeile – übrigens das einzige sakrale Bauwerk dieser Zeit. Schloß Laxenburg mit seinen mittelalterlichen Bauteilen – aus der Zeit um 1800 stammend – und seinen damals berühmten Turnierfesten gehört auch in diese Zeitströmung. Die romantische Freude an alter Ritterherrlichkeit war in erster Linie bei den Studenten en vogue, denen man allerdings mit Mißtrauen begegnete. Doch bis in die allerhöchsten Kreise machte man die Mode mit, die plötzlich wieder nach alten Rüstungen und Baretten, nach Helm und Visier, nach Burgfräulein und künstlerischer Poeterei verlangte. Dergleichen ist wenig ernst zu nehmen, bricht in jeder Epoche einmal aus und läßt sich an genügend Beispielen als unausrottbare Zuneigung zu längst vergangenen Zeiten begreifen. Immer wieder dichten Heines und Eichendorffs von Altanen und Burgherrinnen-Schleiern, immer wieder entstehen Ratsherrenkeller in verkitscht einheitlichem Stil, immer wieder legen sich biedere Bürger, in geselligen Vereinigungen versammelt, plötzlich Namen zu, die entweder ironisierend oder beinahe-ernsthaft an König Artus' Tafelrunde erinnern. Diese Mode, der Überlieferung nach von der Wiener Schriftstellerin Karoline Pichler initiiert – es handelt sich um jene Dame, die einen eigenen Salon in einer Wiener Vorstadt führte und alle Musiker und Schriftsteller des Biedermeier bei sich zu Gast hatte, selbst häufig Schwierigkeiten mit der Zensur bekam –,

paßt bei oberflächlicher Betrachtung nicht ins Bild.

Bei Festen in Laxenburg, dann bei den legendären Turnieren zum Wiener Kongreß erschien man bei Hof in altdeutscher Tracht. Und ließ sich von Malern auch so porträtieren. In der von Franz I. im neugotischen Stil errichteten Franzensburg sieht man die Mitglieder des Erzhauses, von Kupelwieser, von Waldmüller, von Carl von Sales gemalt, und allesamt sind sie in Rüstung und Harnisch, als wäre die Ritterzeit wieder da.

Allerdings: Rittertum, wie es als modische Erscheinung bei Hof gestattet war und sich bis in die Gegenwart für gesellschaftliche Ereignisse, für Bälle und immer noch auch für gesellige Vereine als Hülle anbietet, war nur dort wohlgelitten, wo der Zensor keinen Einfluß hatte. Die bald nach den großen Adelsfesten in Reminiszenzen schwelgenden Herren Studenten wurden verdächtigt, damit revolutionäre Ideen in die Welt zu setzen. Ihre Vorliebe für Tafelrunden wurde als konspirativ angesehen. Und verboten, selbstverständlich.

Ein Beispiel für Kontinuität findet sich immer. Bei den Musikern wird es Antonio Salieri sein, der bei Gluck lernte und dann Beethovens und Schuberts Lehrer war. Für die Malerei bietet sich Rudolf von Alt an, der erst die Blätter seines Vaters Jakob Alt kolorierte, dann Veduten zu zeichnen begann und naturgetreue Bilder seiner Zeit hinterließ – und bis ins zwanzigste Jahrhundert lebte und wirkte. Ein bedeutender Biedermeier-Aquarellist, der im hohen Alter noch der Präsident und Schützer jener Künstlergemeinschaft wurde, die Makarts Zeit überwand und als »Secession« dafür sorgte, daß Wien auf dem Gebiet der bildenden Kunst nicht außer Kurs geriet. 1812 bis 1905 gelebt zu haben ist keineswegs nur eine Gnade für Rudolf von Alt gewesen, ein Beispiel jedenfalls für uns Spätere, die wir nach Wahrern der Kontinuität forschen und sie zu unserer Beruhigung immer wieder finden.

Beethoven, Schubert und »leicht faßliche Stücke«

»Die gestrige Akademie hat den Enthusiasmus für das Kompositionstalent des Herrn Beethoven auf keine Weise vermehrt. Es bilden sich wirklich Fraktionen pro und contra Beethoven. Gegenüber von Razumovsky, Apponyi, Kraft, welche Beethoven vergöttern, steht eine weit überzählende Majorität von anderen, die von des Herrn Beethoven Komposition gar keine Musik hören wollen!«

Der Konfidentenbericht, auf feinem Papier zur Zeit des Wiener Kongresses abgefaßt, beweist es: Ludwig van Beethoven, nach allgemein geltender Ansicht zu dieser Zeit bereits vergötterter Musiker Europas, war zumindest für Wiener Polizeispitzel noch eine umstrittene und keineswegs sichere Größe. Und den Zeitungsberichten aus jener Zeit ist gleichfalls nicht zu entnehmen, daß Beethovens Ruhm bereits unbestritten war. Erst wir Heutigen haben uns dieses Bild aus wenigen Passagen geschaffen, die man uns immer wieder in Publikationen liefert und die wir, wohl in der Meinung, das Bild des musikalischen Wien sei damit genau nachgezeichnet, ohne Kritik hinnehmen.

Zu diesen groben, klischeehaften Vorstellungen gehört unter anderem: Beethoven und seine Kompositionen waren die Freude der Aristokratie, die es sich etwas kosten ließ, den Meister in Wien zu halten. Schubert komponierte für seine bürgerlichen Freunde und war im übrigen ein verkanntes Genie, das vor allem hungerte.

Die nüchternen, realen Fakten werden neben diesen Schönfärbereien meist vernachlässigt. Etwa über Beethoven:

Ludwig van Beethoven, bis zu seinem Tode ein nur von einer Elite als Meister anerkannter Mann, lebte als ziemlich rastloser und eher unangenehmer Mensch in Wien. Als Wunderkind war er gekommen. Er hatte als Virtuose Furore gemacht und einen seiner Schüler, einen Erzherzog aus dem Hause Habsburg, für sich einzunehmen gewußt. Er war geschäftstüchtig genug, ein Angebot aus Deutschland im rechten Moment dazu zu nützen, sich eine Jahresrente aussetzen zu lassen, um deren Valorisierung er sich auch stets im rechten Moment zu kümmern wußte. Er war wegen seiner fortschreitenden Ertaubung bald gezwungen, ganz auf die Einnahmen als Solist zu verzichten, und lebte von da an allein von seinen Kompositionen – ein für die damalige Zeit sensationeller Fall, der auch heute nur auf wenige Komponisten zutrifft, damals aber, in einer Zeit ohne Urheberrecht, nahezu undenkbar war. Beethoven war ein schroffer, durchaus nicht ins Wiener Milieu eingelebter Mann, der kaum einem Zeitgenossen Sympathie abgewann. Bis an sein

Lebensende bediente er sich ganz und gar unwienerischer Ausdrücke, verwendete zum Beispiel das bis heute in Wien verpönte Wort »Tunke«, hatte also neben all den anderen Barrieren auch noch die Sprachbarriere zu überwinden.

Freilich, in den Augen einer kleinen Elite – und seiner selbst – war er das Genie der Zeit. Seiner Wildheit und Kompromißlosigkeit wegen war er einerseits gefürchtet, andererseits geachtet.

Die zuletzt genannte Wildheit ist auch ein beliebtes Beethoven-Klischee, das nur zum Teil treffend ist. Es gibt zwar Berichte von der Begegnung Beethovens und Goethes, bei der sich der Komponist schroff gab, was Goethe, wie Biographen nur ungern zugeben, nicht besonders billigte. Doch man weiß von dem so »kompromißlosen« Beethoven auch, daß er sich Theaterdirektionen und Verlegern immer wieder als Komponist »gefälliger« Gebrauchsmusik antrug und solche dann auch schrieb. Diese blieb dann zumeist unter seinem Niveau, das er doch so zu halten bestrebt war. Gerade was er für den Wiener Kongreß und, um seinem verehrten Goethe zu gefallen, schrieb, ist heute vergessen und wird höchstens zu Jubiläen und aus der Sucht, vollständiges museales Programm zu machen, also aus Verlegenheit, aufgeführt.

Weitere Tatsachen über Beethoven, die nicht ins Beethoven-Klischee passen:

Er war rastlos, bezog ungezählte Wohnungen, welchem Umstand Wien verdankt, zahllose Beethoven-Gedenkstätten zu besitzen. Zimmervermieterinnen, Nachbarn und selbst den treuesten Anhängern gegenüber war er unfreundlich und mißtrauisch, stieß Freunde von sich, wenn er die Laune dazu hatte. Einen durch und durch verzogenen Neffen verzärtelte er, wußte ihn mit nicht immer fairen Mitteln von der Mutter weg und an sich zu ziehen, trieb den labilen jungen Mann zu einem Selbstmordversuch und tat ihm aus welchen Gründen immer nicht eben Gutes.

Beethovens Haltung seiner Umwelt gegenüber ist aus zahllosen schriftlichen Äußerungen zu ersehen. Ebenso aus Zeugnissen derer, die mit ihm zu tun hatten. Er war von seiner Sendung überzeugt, nutzte jedermann, der seinen Zwecken dienlich sein konnte, und scheute sich nicht, rücksichtslos zu sein gegenüber seiner Ansicht nach minderen Zeitgenossen, weil dies, wie er dachte, einem Genie wie ihm zustünde. »Sie möchten sich ferner noch gerne einmischen, und ich will sie, diese Alltagsmenschen, ebensowenig für mich wie für meinen Karl«, schrieb er 1818 an Nanette Streicher über den Pädagogen Cajetan Giannatasio del Rio, bei dem der Neffe untergebracht war. »Alltagsmenschen« waren für Beethoven diejenigen,

die nichts schufen, was er als seinen Werken ebenbürtig anerkannte.

Doch im Umgang mit diesen Alltagsmenschen war er andererseits wieder unbeholfen und unpraktisch – ganz der alleinstehende, taube, mit Gott ringende Musiker, der sich im Alltag mit Fragen zu befassen hatte, die ihm niemand beantworten konnte: »Wieviel Pfund Fleisch rechnet man auf drei Personen? Für eine jede Person rechnet man ½ Pfund, macht für drei Personen 1 ½ Pfund Fleisch. Wieviel Brotgeld die Haushälterin und die Dienstmagd täglich? Die Haushälterin bekommt täglich Brotgeld zwölf Kreuzer, auch so die Küchenmagd. Wie mit Wein und Bier? Gibt man ihnen solches und wann? Weder Wein noch Bier werden gewöhnlichen Dienstboten anders als aus gutem Willen für ihr Wohl erhalten dann und wann beim Waschen, Fensterputzen, Ausreiben usw. gemacht.«

Die Tatsache, daß Beethoven Konversationshefte brauchte, um sich mit seiner Umgebung zu unterhalten, hat ungezählte Informationen über seine Alltagsprobleme auf uns kommen lassen. Andererseits hat die Entdeckung, daß sein erster Biograph diese Konversationshefte teilweise fälschte, um sich vor der Nachwelt eine besondere Position zu sichern, so gut wie jede Information über Beethoven in zweifelhaftes Licht gerückt. War er so, wie man es bisher gelesen hatte? Oder war er so, wie man in Pamphleten über ihn schrieb? Oder aber war er so, wie die Zeugnisse sowohl kritisch beobachtender wie musikalisch genügend geschulter Zeitgenossen – Grillparzer zum Beispiel – ihn uns schildern?

Er lebte in Wien, er komponierte für Wien, er war weit über die Grenzen der Stadt und des Landes angesehen, und er hatte sein finanzielles Auskommen. Die Korrespondenz mit deutschen Verlegern ebenso wie mit Gesellschaften, die bald bei ihm um Kompositionen nachfragten, zeigt, daß er für seine Zeit hohe Honorare verlangte und sie auch bekam. Die stets in ergebenem Ton gehaltenen Briefe an seine Freunde und Gönner in Kreisen der Aristokratie lassen erkennen, daß er Standesunterschiede als gegeben annahm und die Forderung, daß einmal alle Menschen Brüder würden, als ein Ideal, nicht aber als einen rasch herbeizuführenden Zustand ansah. Die grobe Art, die man ihm im Umgang mit von ihm abhängigen Menschen nachweisen kann, läßt an so manche Persönlichkeit der Gegenwart denken, die es auch als durchaus vereinbar mit ihren sozialen Grundsätzen ansieht, Dienstpersonal mitunter unhöflich und grob zu behandeln.

Beethovens Biographie liefert uns also eine Fülle interessanter Widersprüchlichkeiten und Ungereimtheiten. Er lebte im Wien des Biedermeier, in einer Stadt also, in der auf Ruhe, Ordnung und bescheidenes Lebensglück sozusagen amtlich Wert gelegt wurde, schrieb himmelstürmende Werke, die tatsächlich Ewigkeitswert zu haben scheinen, Streichquartette, deren Wildheit sich auch ein Jahrhundert später noch nicht in milde Schönheit gewandelt hatte. Er war bemüht, es Verlegern recht zu tun und von Fürstlichkeiten für Widmungsexemplare Ehrensold zu erhalten. Gleichzeitig aber bäumte er sich gegen den Zeitgeschmack auf und gab auf die schnöden Ansinnen seiner Umwelt unzweideutige Antworten: Die zur Inthronisation seines Schülers Erzherzog Rudolf gedachte Messe wurde nicht rechtzeitig geschrieben, weil Beethoven das Werk wesentlicher fand als den Anlaß und überzeugt war, es werde länger bestehen als sein Widmungs-

träger. Die Idee eines Verlegers, über ein recht banales Thema nicht nur von den populären Musikern der Zeit, sondern auch von Beethoven eine »Veränderung« zu erbitten, beantwortete der Komponist mit einem Werk, das sich mit den Variationen der anderen nicht vereinen ließ: Die Diabelli-Variationen sind ein Zeugnis von einmaliger Würde, Schönheit und Komponierkunst und dabei doch Beethovens Antwort auf eine ganz alltägliche Bitte. Beethoven hatte, wie jeder Komponist, nicht nur mit dem Publikum, sondern auch mit den Ausführenden seiner Zeit zu rechnen – in erster Linie also mit überforderten professionellen Musikanten und mit freundlichen, gutwilligen Dilettanten, aus denen ad hoc Ensembles zusammengestellt wurden, um Konzerte zu veranstalten, die heute von erstrangigen Orchestern bestritten werden. Doch er war nicht bereit, auf das Können der Ausführenden Rücksicht zu nehmen, schrieb also nicht nur nicht nach dem »Geschmack« der Menge, sondern auch über die Verhältnisse der Herren Geiger oder Pianisten Gehendes. Und wußte es und meinte hierzu, die dummen Musiker hätten sich nach seiner Musik zu richten.

Sein »Fidelio«, wenigstens in der Bearbeitung ab dem Jahre 1818 ein erwiesener Erfolg, machte sowohl dem Komponisten wie dessen Publikum klar, daß für ihn auf dem Theater Geld zu holen sei. Die besten Schriftsteller wurden um Libretti bemüht, diesbezügliche Diskussionen mit Grillparzer sind überliefert, doch zuletzt kam keine zweite Oper mehr zustande. Ganz ohne Zweifel war keines der vorgeschlagenen Themen geeignet, den Komponisten wirklich zu interessieren. Handlung und Charaktere nämlich waren ihm, das läßt sich selbst im »Fidelio« nachweisen, gänzlich uninteressant. Woran sein schöpferischer Impetus sich entzündete, das waren Hymnen – der an die Gattenliebe, der an die Menschenliebe, der an die Brüderlichkeit. Ein Werk, das ihm nicht Gelegenheit gab, solch ein Ideal zu verherrlichen, schien ihm nicht wert, geschrieben zu werden.

Zur gleichen Zeit, jedoch unter gänzlich anderen Umständen, lebte und komponierte in Wien Franz Schubert, dessen »Begegnungen« mit Ludwig van Beethoven alle Legende sind, nur in naiven Zeichnungen oder merkbar erfundenen Geschichterln existieren – und nicht zuletzt als falsch entlarvt werden durch die wahren Berichte

Eine Lithographie von Josef Kriehuber, dem fruchtbaren Porträtisten von Land und Leuten des Biedermeier: Der »Wurschtwagen« und dahinter das Panorama von Baden. Ausflüge der Wiener in die idyllische Umgebung der Stadt kamen in Mode. Tanzkapellmeister wie Johann Strauß wußten das ebenso zu nutzen wie die Ortschaften selbst, die stets mit dem Besuch »bester Kundschaft« rechneten.

von Schuberts großer Erschütterung beim Leichenbegängnis Beethovens und dem von Schubert geäußerten Wunsch, neben Beethoven begraben zu sein. Selbst von diesem Wunsch gibt es allerdings mehr als bloß eine tränenreiche Version; die wahre aber findet sich in einem Brief von Ferdinand Schubert an den Vater:
»Liebwertester Herr Vater! Sehr viele äußern den Wunsch, daß der Leichnam unseres guten Franz im Währinger Gotesacker begraben werde. Unter diesen vielen bin besonders auch ich, weil ich durch Franzen selbst dazu veranlaßt zu sein glaube. Denn am Abende vor seinem Tode noch

sagte er bei halber Besinnung zu mir: ›Ich beschwöre Dich, mich in mein Zimmer zu schaffen, nicht da in diesem Winkel unter der Erde zu lassen; verdiene ich denn keinen Platz über der Erde?‹ Ich antwortete ihm: ›Lieber Franz, sei ruhig, glaube doch Deinem Bruder Ferdinand, dem Du immer geglaubt hast, und der Dich so sehr liebt. Du bist in dem Zimmer, in dem Du immer warst, und liegst in Deinem Bette!‹ – Und Franz sagte: ›Nein, ist nicht wahr, hier liegt Beethoven nicht.‹ – Sollte dies nicht ein Fingerzeig seines innersten Wunsches sein, an der Seite Beethovens, den er so sehr verehrte, zu ruhen?! . . .«
Schubert wäre, hätte er nicht mit seinem Bruder so gesprochen, im Tode nicht nächst Beethoven gelegen, und erst einer sehr viel späteren Generation wäre es wohl vorbehalten geblieben, ihn voll Pietät in einem Ehrenhain zu betten. Schubert und Beethoven, in derselben Stadt, mit denselben Verlegern und Musikalienhändlern im Gespräch, und zweifellos mit denselben musikalischen Wie-

Drei Freunde: Johann Baptist Jenger, Anselm Hüttenbrenner und Franz Schubert, gezeichnet von Josef Teltscher »um 1827«. Schuberts Freundeskreis um diese Zeit war allerdings so groß, daß er kaum auf einem Bild hätte festgehalten werden können.

nern als Publikum, waren keine Freunde. Aber sie hatten doch auch Gemeinsames: das Bild Schuberts wurde von der Nachwelt ebenso verzeichnet wie das Beethovens. Die allgemein als grauenhaft angenommene Situation Schuberts war lange nicht so arg, wie man annehmen möchte, und wäre außerdem in den folgenden Jahren – Schubert erlebte es leider nicht mehr – gründlich zu ändern gewesen. Die Korrespondenz Schuberts mit Verlegern zeigt, daß es ihm, hätte er nur Beethoven genügend lange überlebt, trotz seiner so gänzlich anders gearteten Künstlerpersönlichkeit bald gelungen wäre, zu einem international anerkannten Mann zu werden.

Der in Wien geborene und aufgewachsene Musiker Schubert hat zeit seines Lebens kaum über die Grenzen seiner Stadt hinausgesehen, sich auch nicht aus der Stadt hinausgesehnt. Von einigen Reisen ins Österreichische schwärmte er, als habe es sich um Entdeckungsfahrten in ferne Kontinente gehandelt, und von Ideen, sich anderswo als in Wien zu etablieren, ist nie etwas bekanntgeworden.

Der einstige Zögling der Hofmusikkapelle, wo er gründliche musikalische Ausbildung und die Ahnung vom unermeßlichen Reich der Töne empfing, war mit dem biederen Freundeskreis und mit den Unterhaltungen zufrieden, die Wien zu bieten hatte. Er selbst trug als Komponist zu dieser Unterhaltung bei, was man seinen Werken zwar nicht anmerkt, was aber doch einer der Gründe dafür sein mag, daß diese sich nicht »durchsetzten«. Sie erschreckten nicht, sondern gefielen bloß. Was an ihnen außergewöhnlich war, das

fanden die Zeitgenossen nicht außergewöhnlich, entdeckten erst Spätere – etwa Schumann, der auf der Suche nach Schubert nach Wien kam und hier zahlreiche Werke auffand, die er an Größe über seine eigenen stellte. Was man als biedermeierliche Hausmusik, als biedermeierliche Vergnügungen ansieht, das war Schuberts Metier. Weshalb in keiner Wiener Milieustudie des Biedermeier Schubert und sein Freundeskreis fehlen dürfen. Die ungezählten Klavierkompositionen entstanden für die bei »Schubertiaden« gebotene Gelegenheit, sich selbst zu produzieren. Der Komponist Schubert war, wenn auch auf spezifisch wienerische Art, ein Gegenstück zu den reisenden Virtuosen seiner Zeit. Wie diese von Fürstenhof zu Fürstenhof, von Metropole zu Metropole reisten, so vazierte Schubert von Bürgerhaus zu Bürgerhaus, spielte für die Abendgesellschaft seine neuesten Ländler und Deutschen Tänze und blieb hernach auch am Klavier sitzen, wenn die anderen zu tanzen begannen. Daß er mit den nie improvisierten, sondern stets längst aufgeschriebenen oder wenigstens im Kopf »komponierten« Tanzketten dann auch bei Verlegern

unterkam, daß seine Musik sich in ungezählten Sammlungen aus der Zeit findet, und da in unmittelbarer Nachbarschaft mit den neuesten Walzern von Lanner und Strauß Vater, versteht sich. In einer Stadt, in der es zum guten Ton gehörte, daß in Bürgerhäusern bei geselligen Anlässen »kleine« Musik gemacht wurde, war die Nachfrage nach Kammermusik in jeder Form enorm.

Ebenso sind seine Lieder und Liedzyklen Anlaßkompositionen. Er schrieb sie, weil er Interpreten kannte, etwa den sehr ausdrucksstarken, jedoch nicht stimmgewaltigen Hofopernsänger Vogl, für den er ununterbrochen produzierte. Aber alle seine Lieder wurden auch – unter Verwendung von Abschriften oder vielverkauften Ausgaben des Musikalienhandels – von den »höheren Töchtern« gesungen und machten ihm in Wien Ehre, brachten ihm freilich keine großen Honorare, jedoch immerhin die eine oder andere hübsche Summe – und eine negative Würdigung, die außer ihm auch Beethoven zuteil wurde: Goethe wurde von seinen musikalischen Beratern davon abgehalten, die Schubertschen Vertonungen seiner Gedichte zu schätzen. Beethovens »Meeresstille und glückliche Fahrt«, zwei in ein Lied gegossene Gedichte Goethes, erhielten kein günstiges Echo aus Weimar. Dem »Erlkönig« Franz Schuberts erging es ebenso.

Auch die Sonaten und Quartette, ja sogar die kleineren Symphonien Schuberts wurden für den Gebrauch im Familien- und Freundeskreis komponiert und passen durchaus ins Bild einer »gemütlichen« und »empfindsamen« Zeit. Was an ihnen weit über ihre Zeit hinausreicht, was an neuer Erfindung und eigener Form in ihnen uns jetzt charakteristisch erscheint, das war ihrer raschen Verbreitung hinderlich und wurde Schubert als Fehler angekreidet. Womit es ihm nicht viel anders erging als Beethoven. Dem warf man unter anderem vor, er verstehe es nicht, korrekte Fugen zu schreiben. Ein Vorwurf übrigens, den

Komponisten immer zu hören bekommen und der
oft erstaunliche Musik als Antwort provoziert.
Es ist allerdings mit jeder neuen Musik so gewesen
und ist es auch heute noch: daß sie nämlich
abqualifiziert wird, wenn sie sich nicht in bereits
geheiligte Normen fügt, sondern gegen die eine
oder andere »Regel« verstößt. Daß große Musik
stets neue, eigene Regeln hat, ist kaum je von den
Zeitgenossen erkannt oder gar gewürdigt worden.
Mit den Messen, die Franz Schubert schrieb,
erwies er sich als Zögling der Hofmusikkapelle,
als Gebrauchsmusiker – und als hervorragender
Musikdramatiker, der wie vor ihm Mozart, nach
ihm Verdi aus dem erregendsten Stoff, den die
römisch-katholische Kirche den Musikern als
literarische Vorlage zu bieten hatte, stets neue
Dramen zu schaffen imstande war. Auch die
Messen entstanden nicht aus dem Wunsch, in die
Ewigkeit einzugehen, sondern einfach, weil ein
Bedarf gedeckt werden mußte. Es paßte ins
Konzept des »Systems«, wenn sich Gesangsfreu-
dige trafen, um zu erhebendem Zweck zu singen:
zur Begleitung des Gottesdienstes. Hier war
Schubert unwissentlich auch ein treuer Helfer
Metternichs. Sicher nur einer von vielen anderen,
die ins »Konzept« paßten. Mit seiner romantischen Haltung hätte er ebensogut auch ein Met-
ternich-Gegner sein können, wenn er ein politischer Mensch gewesen wäre.
Daß er unpolitisch war, beweist sein Freundeskreis, zeigen seine Lebensgewohnheiten, wenn
man will, auch seine Singspiele, mit denen er so
ganz und gar im harmlosesten Stil seiner Zeit blieb
und keinen Erfolg hatte. Daß die Singspiele
Schuberts im Wien des Biedermeier keinen Erfolg
hatten, lag wohl auch an der Dürftigkeit der
Libretti. Daran scheiterte ja auch in unserer Zeit
ihre oft versuchte Wiedererweckung. Zu Schuberts Zeit gab es sehr viele Stücke, die literarisch
oder dramatisch nicht gelungener waren und doch
für kurze Zeit die Häuser füllten. Sie waren,
wahrscheinlich, derber, mehr auf Effekt berech-

net. Zudem stammten die Texte für Schuberts
Singspiele zumeist von Dilettanten, denen die
enge Verbindung sowohl zu Direktionen wie zu
den wichtigen Rezensenten fehlte.
Allerdings: Es gibt auch Musikhistoriker, die auf
Schuberts politische Haltung hinweisen und
Zeugnisse vorlegen, die zeigen, daß er die Zensur
nicht mochte. Einer, der Literaten zu Freunden
hatte, müsse eine politische Meinung gehabt
haben, schließen sie.
Nicht vergessen darf werden, daß gerade Franz
Schubert ein Komponist war, dessen dramatischer
Impetus sich in der kleinen, gedrängten Form
eines Liedes äußerte und der es nicht verstand,
eine auf einen ganzen Abend ausgedehnte Dra-
matik zu erzeugen. Sein späterer Nachfolger
Hugo Wolf ist da ein weiteres, sehr ähnliches
Beispiel dafür.
Was Schuberts Beziehungen zu Direktionen oder
Rezensenten anlangt, so waren diese keineswegs
gestört, sondern so gut wie nicht vorhanden. Kein
Wunder bei dem Umfang seines Werks. Um bis zu
seinem frühen Tod zu komponieren, woran ein
anderer bis ins Greisenalter hätte arbeiten müs-

sen, mußte er zwischenmenschliche Beziehungen auf ein Minimum beschränken, durfte also nur kurze und oberflächliche Liebesbeziehungen eingehen und nirgendwo investieren, was man sonst im Überfluß vertut: die Zeit, die einem gegeben ist; Schubert wendete sie weder an Mädchen noch an Zeitungsschreiber, und wie sehr er jene wollte und diese gebraucht hätte, wissen erst wir, die wir uns Gedanken darüber machen, warum Schubert relativ unbekannt war, als er starb. Daß Schubert an der Schwelle zur Berühmtheit stand, haben wir vorhin schon gesagt. Aus seinem letzten Lebensjahr, 1828, gibt es eine Anzahl von Briefen, in denen deutsche Verlage bei ihm um Kompositionen anfragen und erklären, warum sie jetzt erst Zeit fänden, sich mit ihm zu befassen.

B. Schotts Söhne, einer der bis heute angesehensten Musikverlage, schrieb ihm: »Ew. Wohlgeboren sind uns bereits durch Ihre vortrefflich gearbeiteten Kompositionen seit mehreren Jahren bekannt, und wir hegten auch schon früher den Wunsch, von Ihren Arbeiten für unseren Verlag zu akquirieren, wenn wir nicht mit den Werken op. 121.122.123.124.125.127.128 & 131 des

seligen Beethoven, worunter manche sehr starke opus, zu lange Beschäftigung für unsere Arbeiter gehabt hätten. Wir sind nun so frei, Sie um einige Werke für unsern Verlag zu ersuchen. Klavier-Werke, oder Gesänge für eine oder mehrere Stimmen mit oder ohne Piano-Begleitung werden uns stets willkommen sein. Wenn Sie mehreres vorräthig haben, und wollten uns davon ein Verzeichnis senden, so wird uns dies auch sehr angenehm sein.«

Hätte Schubert auf dieses Angebot eingehen können, sein »Glück« wäre in wenigen Jahren gemacht gewesen. Denn außer Schott bewarben sich noch einige angesehene Verleger darum, Schubert herauszubringen, und die Art und Weise, wie ihm da geschrieben wurde, erscheint nur dem heutigen Musikfreund seltsam: »Haben Sie daher die Güte, mir, wenn Sie etwas Gelungenes vollendet, Lieder, Gesänge, Romanzen, die ohne Ihrer Eigentümlichkeit etwas zu vergeben, doch nicht zu schwer aufzufassen sind, solche einzusenden. Auch a 4/m einige Piecen in dem selben Genre für mich zu bestimmen«, schreibt aus Leipzig H. A. Probst am 9. Februar 1828.

Daß Herr Probst um nicht zu schwere Stücke für Klavier zu vier Händen bat, geschah aus gutem Grund. Denn er, wie alle anderen Verleger dieser Zeit, honorierte angenommene Kompositionen ein für allemal, übernahm allein das kaufmännische Risiko, konnte mit dem Werk eines Komponisten reich werden, aber auch auf den Noten sitzenbleiben, und durfte dann nicht von deren Schöpfer etwas zurückfordern.

Das heute übliche System der Verwertung – auch darüber ist oft geschrieben worden – ist zweifellos gerechter und hält vor allem für den geistigen Urheber die Chance bereit, an einem Welterfolg immer wieder zu partizipieren. Bevor es dieses System jedoch gab, gab es nicht nur schreiende Ungerechtigkeit, sondern auch ein höheres Verlegerrisiko. Ein Komponist, der sich einen Namen gemacht hatte, konnte bereits vor dem Erfolg eines neuen Werkes festsetzen, wieviel er vom Verleger dafür haben wollte.

Die Bitte, die Werke sollten zwar Schuberts Eigentümlichkeit haben, jedoch nicht zu schwer aufzufassen sein, war durchaus üblich. Die »Bedürfnisse« des Publikums illustriert am besten der

Oben: Zur feierlichen Grundsteinlegung des ersten Musikvereinsgebäudes in den Tuchlauben (Lithographie nach einer Zeichnung von Franz Weigl) erschien Erzherzog Rudolf.

Oben links: Moritz von Schwind zeichnete diese Szene aus dem Gedächtnis erst 1868, doch gilt er uns als Augenzeuge und verläßlicher Übermittler. »Ein Schubertabend bei Josef von Spaun« ist der Titel der Sepiazeichnung. Man weiß heute, daß sich schon damals für musikalische Abende mit Schubert die Bezeichnung »Schubertiade« eingebürgert hatte.

Folgende Seite: Das erste Musikvereinsgebäude in den Tuchlauben um 1835. Es beherbergte die Musikschule und den kleinen Konzertsaal, der im Revolutionsjahr auch als Versammlungsort diente.

Brief eines Karl Brüggemann aus Halberstadt, der sehr genau angab, was er haben wollte:
»Hochgeehrter Herr! Es erscheint bei mir seit einigen Monaten eine Sammlung von Klavier-Kompositionen, welche in monatlichen Heften herausgegeben wird und zur Hälfte Original- und zur anderen Hälfte arrangierte Sachen enthält. Ich bin so frei, bei Ew. Wohlgeboren ergebenst anzufragen, ob Sie geneigt sind, obiges Unternehmen durch Beiträge für das Pianoforte ohne Begleitung zu unterstützen. Die aufzunehmenden Original-Kompositionen müssen nicht zu schwer, können aber auch ganz leicht sein; ihre Form bleibt ganz den geehrten Mitarbeitern überlassen, ihre Ausdehnung dürfte nicht zwei Bogen überschreiten, da ein Heft nur aus 3 Bogen besteht. Kleinere Sachen als: kleine Rondos, Tänze u. dgl. sind ebenfalls ganz zur Aufnahme geeignet. Wenn Ew. Wohlgeboren geneigt sind, den obigen Wunsch zu erfüllen, so bitte ergebenst um baldige Nachricht und Bestimmung des Honorars, dessen Zahlung stets prompt erfolgen solle. Hätten Sie vielleicht etwas vorräthig, das sich zu obigem Zwecke eignete, so bitte ich, es Ihrer geehrten Antwort gleich beizufügen. Noch muß ich bemerken, daß die Tendenz des Unternehmens es wünschenswert macht, daß die Beiträge leicht faßliche, gefällige Musik enthalten.«
»Leicht faßliche, gefällige Musik« – niemand würde heute darunter die Musik eines Zeitgenossen von der Bedeutung Beethovens oder Schuberts vermuten. Niemand heute würde eine Komposition eines »ernsten« Komponisten nach solchen Kriterien zu untersuchen wagen. Für jedermann im neunzehnten Jahrhundert war das selbstverständlich. Also auch für Beethoven und Schubert.
Eine der Unterscheidungen, wie sie der Musikfreund bis auf den heutigen Tag zwischen Beethoven und Schubert macht – und im Programmheft

immer wieder zu lesen bekommt: Ludwig van Beethoven war Mitglied der Gesellschaft der Musikfreunde in Wien, wurde im Jahr vor seinem Tod noch zum Ehrenmitglied der Gesellschaft ernannt; für Schubert hatte man zu dessen Lebzeiten zwar einige Aufmerksamkeit, wählte ihn in den Repräsentantenkörper der Gesellschaft, übergab ihm auch einmal zum Dank für eine der Gesellschaft gewidmete Symphonie eine Geldgabe, die Ehrenmitgliedschaft jedoch blieb ihm verwehrt. Zu den Zelebritäten, die man 1826 ehrte und von denen man heute nur noch den Namen Beethoven kennt, gehörte der Wiener Schubert nicht. Er war nicht bekannt genug, um einer selbst noch jungen Gesellschaft Renommee zu bringen.
Wenn man freilich durch hundertfünfzig Jahre ein Bild von dem durchaus im Verborgenen oder nur im Freundeskreis geliebten Franz Schubert gezeichnet und anerkannt hat, dann wird es schwer, die neuesten Forschungsergebnisse richtig zu begreifen: Die Walter im Archiv der Gesellschaft der Musikfreunde in Wien, die die Aufführungsdaten der Gesellschaftskonzerte zu Lebzeiten Schuberts verglichen, kamen zu dem überraschenden Ergebnis, seine Kammermusik sei damals die nach Rossini meistgespielte gewesen, und ersahen aus den Sitzungsprotokollen des Repräsentantenkörpers, daß Schubert sogar die Möglichkeit gehabt hätte, aktiv in die Programmgestaltung der offiziellen Konzerte einzugreifen.
Es ändert unser traditionelles Schubertbild längst nicht so, wie es modische Musikwissenschaftler nun gern hätten. Doch es nimmt von der Stadt ein wenig den Vorwurf, sie hätte das Genie ganz mißverstanden, überhaupt nicht zur Kenntnis genommen: Wie der Spitzel zur Zeit des Kongresses einen gewissen Beethoven als nicht schon zum Titanen gewachsenen Musiker in Wien beschreiben durfte, so darf man Schubert als einen nicht in

völliger Bedeutungslosigkeit versunkenen Wiener Komponisten bezeichnen.

Die damals noch junge Gesellschaft der Musikfreunde, heute eine ehrwürdige und stolze Institution, wurde 1812 unter aufregenden Umständen gegründet, erfreute sich des Protektorats ebenjenes Erzherzogs, der auch Schüler Beethovens war, und hatte den »bewußten« Grafen Apponyi, der im eingangs zitierten Spitzelbericht als Parteigänger Beethovens genannt wurde, als besonderen Gönner und tatkräftigen Förderer. Doch ihre Geschichte wurde bereits von Bürgern der Stadt mitbestimmt, sie war bereits eine Institution, die in die Spätzeit des neunzehnten Jahrhunderts wies. Als sie im Lauf der ersten Jahrzehnte in finanzielle Schwierigkeiten geriet, als die zum Protektorat und Schutz angerufenen Adeligen langsam Lust und Laune an ihr verloren, da war der Bürgerstolz bereits stark genug, um zur helfenden Tat zu treiben und aus ihr eine Institution zu machen, die sich das große Haus in

Ringstraßennähe bauen konnte, das bis in die Gegenwart einen der Ruhepole im Musikleben Wiens darstellt.

Zu Anfang allerdings war man in Wien hinter vielen anderen Großstädten der Welt »zurück«. Die Gesellschaft hatte Vorbilder, war keine Eigenschöpfung. Ihre Gründung bewies, daß es mit dem musikalischen Unterricht der Bevölkerung noch haperte, denn eines ihrer erklärten Ziele war die Errichtung einer Musikschule, wie sie bis dahin in Wien fehlte. Und die Konzerte, die sie veranstaltete, waren längst nicht so zahlreich oder grandios, wie man das heutzutage annehmen möchte. In der Gesellschaft dominierten die gutwilligen Dilettanten, die zu großen Anlässen einmal im Jahr alle professionellen Musikanten Wiens aufboten, sonst aber in den Gesellschaftskonzerten ein eher mäßiges Niveau boten und gern »unter sich« blieben. Zweimal in der Geschichte der Gesellschaft im biedermeierlichen Wien gab es auch Klagen, die man beim Grafen

Ein berühmt gewordenes Schubert-Porträt von Wilhelm August Rieder. Es soll 1825 im Atelier Rieders entstanden sein, als Schubert sich bei einem Regenguß dorthin flüchtete. Rieder wohnte damals in Glucks Sterbehaus, Wiedner Hauptstraße 32. Auf dem Original findet sich der Vermerk »Nach der Natur«.

Noch einmal »Schubertiade bei Josef von Spaun« von Moritz von Schwind, diesmal aus anderem Blickwinkel. Wieder Schubert am Klavier und neben ihm der Interpret seiner Lieder, Hofopernsänger Michael Vogl. Die Skizze entstand ebenfalls 1868.

Sedlnitzky führte, weil Gesellschaftsveranstaltungen in öffentlichen Blättern kritisch besprochen worden waren und dies geeignet schien, die zahlenden Mitglieder abzuschrecken oder zu verärgern. Und tatsächlich wurde diesen Klagen Gehör geschenkt: 1817 erklärte die Zensurbehörde, sie sei einverstanden damit, daß künftig »nur solche Kritiken der intimen Konzerte passieren« sollten, »die vom Präsidenten der Gesellschaft oder dessen Stellvertreter vorher vidiert worden sind«.

Und 1834 gab es zum zweiten Mal ein Schreiben, das die Gesellschaft an die oberste Zensurstelle richtete, in welchem sie bat, man möge »der Unbescheidenheit der Rezensenten Grenzen setzen, die Nennung der Namen mitwirkender Dilettanten untersagen und dafür Sorge tragen, daß vor der Drucklegung von Aufsätzen, die sich mit den Konzerten der Gesellschaft befassen, die Zustimmung des Präsidenten oder des Sekretärs einzuholen sei«. Das Verhältnis der Gesellschaft zur öffentlichen Kritik hat sich seither gebessert, desgleichen freilich das Niveau der Gesellschaftskonzerte, die längst nicht mehr von Dilettanten, sondern von professionellen Musikern ausgeführt werden.

Zu Beginn aber, als man unter Geldnot ebenso litt wie unter Raumnot und die Komponisten – Beethoven ebenso wie alle anderen – ihre Werke nur von gutwilligen Musikfreunden aufführen lassen konnten, gab es in Wien nur zwei Ensembles, denen man höchstes Niveau nachsagen konnte: die Mitglieder der Hofmusikkapelle, die von der Gesellschaft nur zur Verstärkung bei den großen Konzerten im Redoutensaal angefordert werden konnten, und die Mitglieder des Hoftheaters, die allerdings auch nur um sündteures Geld zu haben waren. Die Konzerte der letzteren zu institutionalisieren, gelang spät, erst 1842, als Otto Nicolai die philharmonischen Konzerte begründete und damit eine Tradition ins Leben rief, die sich bis auf den heutigen Tag erhalten hat. Die Orchestermitglieder des Hoftheaters waren so routiniert und so sehr in der Lage, sich auch zu Proben zusammenzufinden, daß ihre fortan regelmäßigen Konzerte eindeutig und ohne jede Einschränkung als hochwertig anzusehen waren. Inzwischen ist eine fruchtbare Verbindung zwischen der Gesellschaft der Musikfreunde und den Philharmonikern entstanden. Die heutigen philhar-

monischen Konzerte finden im großen Saal der Gesellschaft statt und dürfen ganz gewiß als die angesehen werden, die das höchste Niveau wienerischen Musizierens darstellen.

Um wieviel tapferer und aufregender aber muß die Tätigkeit der Gesellschaft in den ersten Jahrzehnten ihres Bestandes gewesen sein, als sie in heftigen Diskussionen die Regeln schuf, nach denen eine Singschule und in der Folge dann ein ganzes (erstes) Konservatorium für die Stadt geführt werden sollten? Wie hektisch muß es zugegangen sein, als man darüber zu beschließen hatte, ob man die Erbschaft Erzherzog Rudolfs überhaupt antreten könne. Der hohe Protektor hatte der Gesellschaft seine Musikbibliothek und Sammlung vermacht, dabei aber nicht bedacht, daß die Mittel für die Heimholung der 90 Kisten zu je 250 kg Gewicht von Kremsier nach Wien nicht vorhanden waren. Die Gesellschaft war bereits nahe daran, den Kaiser zu bitten, die Musiksammlung doch lieber in die kaiserliche Bibliothek zu übernehmen, doch in letzter Minute brachte man das Geld auf und holte 1834 eine Erbschaft im Wert von 100.000 Gulden ins Haus.

Wie glückhaft muß trotz allem diese erste Zeit gewesen sein, in der man mit Ludwig van Beethoven wegen einer Komposition verhandelte, die zwar nie zustande kam, jedoch immerhin bis zur Ausarbeitung eines Textes gedieh und bis zur Übergabe einer ersten Anzahlung an den Komponisten, der sich dann außerstande sah, diesen Text zu komponieren? Franz Schubert gab es billiger, er war mit seinen leichteren Kompositionen bald in den Gesellschaftskonzerten vertreten. 1821 wurde sein »Erlkönig« von einem der Mitglieder gesungen; bei einem Abend im Jahre 1827 begleitete Schubert den Konzertsänger Titze in einem Gesellschaftskonzert selbst am Klavier, und zwischendurch wurde auch ein Männerquartett Schuberts aufgeführt, bei dem die erste Baßpartie Johann Nestroy sang, damals noch nicht Schauspieler und schon gar nicht der wienerische Aristophanes.

1826 erhielt Schubert von der Gesellschaft eine Remuneration, übersandte ihr seine – heute als »die kleine« bezeichnete – C-Dur-Symphonie und wurde im Jahr darauf zum Mitglied des Repräsentationskörpers gewählt, was ihn veranlaßte, dann auch seine zweite C-Dur-Symphonie der Gesellschaft vorzulegen. Man führte auch

»*Besuch Franz Schuberts im Atelier des Malers Josef Teltscher 1827*«, *eine aquarellierte Bleistiftskizze Teltschers, beweist die vielfältigen Beziehungen der Wiener Künstler untereinander.*

»Gesellschaftsspiel der Schubertianer in Atzenbrugg«, ein Aquarell von Leopold Kupelwieser aus dem Jahre 1821, zeigt die Runde bei einem Ratespiel. Eben wird pantomimisch die zweite Silbe des Wortes »Rheinfall«, nämlich »Fall«, durch den Fall des ersten Menschen dargestellt. Kupelwieser mimt den Baum der Erkenntnis, vor ihm Adam und Eva, die den Apfel von der Schlange (Schober) empfangen haben.

Moritz von Schwind: »Ballspiel vor Schloß Atzenbrugg«. Das Schloß, eine Herrschaft des Stiftes Klosterneuburg, war beliebtes Ausflugsziel der Schubertianer. Schobers Onkel war dort Verwalter und lud den Kreis häufig zu dreitägigen Festen mit »gemütlichen und geistigen Genüssen« ein. Die Szene zeigt, wie man sich bei solchen Anlässen beschäftigte. Die Viergruppe im Vordergrund zeigt von links nach rechts: Kraissl (geigend), Schwind, Vogl und Schubert. Der ganz links stehende Ballspieler ist Schober.

diese nicht auf. Das weitere Schicksal der Symphonie ist den Musikfreunden in aller Welt wohlbekannt. Die Partitur verschwand in einer Kiste, die bei Schuberts Bruder Ferdinand blieb und erst nach dem Tod des Komponisten anläßlich einer »Pilgerfahrt« von Robert Schumann entdeckt wurde. Schumann erkannte die Symphonie als ein Meisterwerk, führte sie in Deutschland auf und beschrieb sie mit einer seiner hymnischen Elogen, die bis auf den heutigen Tag falsch zitiert wird. Die Symphonie der »himmlischen Länge«, von der man immer sagt, sie habe so himmlische Längen – was Schumann, der an Jean Paul erinnern wollte, keineswegs meinte –, wurde erst 1850 zum ersten Mal in Wien vollständig aufgeführt.

Was zur Bedeutung der Gesellschaft der Musikfreunde und zum musikalischen Leben in Wien aus der Sicht der ziemlich pietätlosen Gegenwart zu sagen ist, hat in einem klugen Aufsatz ein deutscher Wissenschaftler gesagt. Als Finale seines Vortrages »War Wien im frühen 19. Jahrhundert das musikalische Zentrum Europas?« setzte er die Feststellung, es sei wohl nicht das Zentrum gewesen, denn anderswo hätte es bereits eine deutlich weiter entwickelte professionelle Konzerttätigkeit und eine entsprechende Beachtung auch der Komponisten gegeben. Doch konnte auch dieser Wissenschaftler nicht unterlassen, anzufügen: »Und so fühlt sich am Ende ein Nicht-Österreicher, auch wenn er zu dem Resultat gelangt, daß Wien nach sozial- und kulturgeschichtlichen Kriterien keineswegs die musikalische Hauptstadt des frühen 19. Jahrhunderts gewesen ist, immerhin zu dem Zugeständnis gedrängt, daß er die latente Qualität des eigentlich Musikalischen, die er mit dem Wienerischen koinzidiert, statt in Paris oder in Leipzig heimisch zu sein, zwar nicht vorzeigen, aber auch nicht leugnen kann.«

154

Eine Lithographie nach Jakob Gauermann: »Tanz nach der Trauung«. Das Bild kann daran erinnern, daß Musik auch vor hundertfünfzig Jahren im Leben der Menschen eine essentielle Rolle spielte. Feste oder familiäre Feiern, bei denen nicht »aufgespielt« wurde, gab es nicht. Und Studenten, die auf Reisen billig leben wollten, konnten sich durch ihre musikalischen Fertigkeiten Kost und Quartier verdienen.

Leipzig, das ist nicht einfach so hingesagt, das meint schon eine Art von Zentrum. Albert Lortzing, der noch vor 1848 als Kapellmeister am Theater an der Wien engagiert war und sich da gar nicht glücklich fühlte, schrieb ausgerechnet nach Leipzig seine bildhaftesten Briefe über den musikalischen Zustand Wiens.

»Ich bin jetzt ungefähr 15 Monate hier, kann mich aber in dem sogenannten schönen Wien noch nicht recht heimlich fühlen. Kommt es daher, daß ich 13 oder 14 Jahre an einem Orte gelebt und völlig eingebürgert war, oder liegt es daran, daß man älter wird und sich schwerer anschließt – genug – ich fühle mich nicht behaglich – wie in Leipzig. Der Musikgeschmack ist der verdorbenste, den man finden kann, trotzdem, daß Mozart, Haydn, Beethoven, Gluck usw. hier gelebt und gewirkt. Nur Mozart wird noch gesungen, die anderen kommen gar nicht vor, und bei Spohr und Marschner, welche das Kärntner Tor im vergangenen Jahre ehrenhalber einmal vorgeführt hat, langweilt sich das Publikum fürchterlich. Ich bin aber fest überzeugt, daß die guten Wiener lieber einen Strauß'schen Walzer oder eine Oper vom berühmten Meister Verdi hören.«

Lortzing, mit seinen Opern in Deutschland und Österreich gleichermaßen erfolgreich, sofern es »Zar und Zimmermann« und »Der Wildschütz« betraf, weniger glücklich aber mit »Undine« oder mit dem »Großadmiral«, hat treffende Bilder vom Theaterleben Wiens gezeichnet, dabei aber auch erkennen lassen, daß finanzielles Ungemach ihm ein wenig den Blick trübte. Ein heutiger Leser seiner Briefe kann wohl kaum etwas Ehrenrühriges am Geschmack der Wiener finden, die Mozart singen, Strauß mögen, Verdi schätzen und sich bei Spohr und Marschner langweilen.

Eines muß man bedenken: Lortzing ist erst sehr spät, mit einer ausgereiften kompositorischen Handschrift und mit festen musikalischen Ansich-

Die Kunsthandlung Artaria auf dem Kohlmarkt im Haus »Zum Englischen Gruß« nächst dem Michaelerplatz – die Firma existiert heute noch – war seit 1805 zum Musikverlag erweitert worden und erlangte unter ihrem Besitzer Domenico Artaria Weltruf. Hier wurden die Werke von Haydn, Mozart, Beethoven, Schubert, Bach, Gluck und Rossini verlegt.

ten nach Wien gekommen. Sein Bericht über die Opernverhältnisse im Jahr 1848 ist interessant zu lesen:

»Hier herrscht eine förmliche Anarchie. Pokorny, schon seit langer Zeit mit seiner Gattin zerfallen, hat die Oper bis zum September entlassen, wozu ihn seine Ehehälfte (jetzt Mitregentin) gezwungen. Sie hatte sich nämlich verpflichtet, die Rückstände zu garantieren, wenn die Oper aufhöre. Er ging darauf ein. Nun mangeln ihr aber die Moneten, und so glaubt Pokorny (sich) seiner Verpflichtung entbunden. Wir geben daher dann und wann immer wieder Opern mit unseren geringen Kräften; denn unser ganzes Opernpersonal besteht aus den Herren Bielschitzky, Radl, Schütky und Reichmann, welche nicht mehr in Gage stehen, sondern dann und wann einen Teil der Einnahme erhalten, welcher kläglich genug ausfällt . . . Das Pokornysche Ehepaar tut sich nun gegenseitig alles zum Possen. Was er engagiert, entläßt sie und umgekehrt. Das Regiment der Oper ruht jetzt in unseren Händen, Suppés und den meinigen. Fällt es mir heute ein, eine Oper, die zu besetzen ist, einzustudieren, so

geschieht's . . . Staudigl ist Chef der Oper am Kärntnertore, denn Blochino mußte bekanntlich noch in den März-Tagen abtreten, weil man keinen Italiener mehr wollte. Die italienische Oper war bereits angekündigt, da drohte man das Haus in Brand zu stecken, die Italiener mußten abziehen, und das Theater wurde einen Monat geschlossen. Nachdem sich viele Konkurrenten um das Operntheater gemeldet, vereinigte man sich, bis auf bessere Zeiten auf Teilung zu spielen . . . Unsere Einnahmen waren lange Zeit die besten. Es wurde im Schauspiele ungeheuer gearbeitet, und die Freiheitsstücke ›das bemooste Haupt‹, die Jesuitenkomödien machten in den ersten Freiheitswochen tüchtige Einnahmen. Nach und nach aber schwand der Sinn für's Komödienspiel gänzlich, und in allen Häusern herrscht die schauerlichste Leere mit Ausnahme des Carl-Theaters, wo ein neues Stück von Nestroy »Freiheit in Krähwinkel« das Publikum durch dreißig Vorstellungen anzog. Es ist ein zusammengewürfeltes Machwerk, hat aber viele komische Situationen und läßt natürlich alle Saiten der Zeitumstände erklingen. Die Josephstadt hat Stöger vom 1. Oktober an gepachtet. Er gibt alles, nur keine Oper. Geschlossen ist die Bühne schon seit dem Juni, und die Mitglieder, welche sich mit Pokorny in öffentlichen Plakaten (nach jetziger Mode) an allen Straßenecken heruntergeschimpft haben, spielen in einer sehr schönen neu erbauten Arena bei Hernals, dicht vor dem Tore. Das Burgtheater bleibt das K. K. Burgtheater, das heißt: es leuchtet den großen Künstlern (die Jahre lang diese Unsummen bezogen haben) ein, daß man Louis Philippe, Metternich, Sedlnitzky usw. davonjagen, daß man die Einnahmen der kleinsten Beamten infolge der Ereignisse reduzieren konnte, daß aber die Möglichkeit eintreten könnte, ihre Gagen zu schmälern, ein so verbrecherisches Verfahren ist ihnen nicht denkbar, dafür sind sie die weltberühmten Hofburgtheater-Künstler. So, mein lieber Bruder, steht es um die hiesigen Theater.«

Lortzing ist deshalb ein guter Zeuge, weil er als Nicht-Wiener fern von jedem Lokalpatriotismus urteilt. Als Opernkomponist mußte ihn die Bevorzugung der Italiener stören oder die Tatsache betrüben, daß die Oper nicht zog. Die er nicht gelten ließ, ihnen aber volle Popularität zugestand, das waren die Walzerkomponisten und Dirigenten Lanner und Strauß, über deren Wirkung er zwar unglücklich war, von deren positivem Wirken er, wie auch andere Musiker der Zeit, die in Wien nur zu Besuch waren, gerne Zeugnis ablegte.

Was Lortzing nicht erwähnt, das ist eine musikalische Tradition, die sich von der Zeit vor 1815 bis in die Jahre lange nach 1848 hielt und von Persönlichkeit zu Persönlichkeit weitergereicht

hovens »Wellingtons Sieg« – er leitete dabei die »Trommeln und Kanonaden« – und er wurde Mitglied des Leitenden Ausschusses und des Konzert-Komitees und Leiter der Chorübungsschule der eben gegründeten Gesellschaft der Musikfreunde, für die er bis zu seinem Tod 1823 mitverantwortlich blieb. Noch in seiner Amtszeit war ein aus Budapest gebürtiger Violinvirtuose, Josef Böhm, an die Anstalt gekommen und hatte eine Geigerklasse gegründet, zu deren ersten Schülern der Wiener Georg Hellmesberger gehörte, der in der Folge 1821 Adjunkt und 1826 Professor wurde – und außerdem dem Wiener Musikleben noch zwei Söhne schenkte, die gleichfalls Geiger wurden, dirigierten und insgesamt schuld daran sind, wenn man anhand des Namens Hellmesberger auf achtzig Jahre Wiener Musiktradition und Wiener Geigenschule hinweisen kann.

Es ist in kaum einer Kunst so viel von Tradition zu sprechen wie in der Musik und in der Musikaus-

Oben: Antonio Salieri, Schüler von Gluck, Lehrer von Beethoven, Schubert und Meyerbeer, Rivale Mozarts, bis 1824 Leiter der Hofsängerkapelle und bis zu seinem Tode (1825) im Musikleben Wiens eine bedeutende Persönlichkeit.

und gepflegt wurde, was anhand der Berichte der Gesellschaft der Musikfreunde nachgewiesen werden kann.

Antonio Salieri zum Beispiel war Bratschenspieler bei der legendären Uraufführung von Haydns »Schöpfung« im Palais Schwarzenberg am 30. April 1798, er selbst leitete eine Aufführung dieses weltlichen Oratoriums 1808 in der Universität (heute Alte Universität), bei der Haydn zum letzten Mal in der Öffentlichkeit erschien. Er war Subdirigent bei der ersten Aufführung von Beet-

Links: Eine Festaufführung der »Schöpfung« im Saal der Alten Universität am 27. März 1808. Aquarell auf einer Kassette aus dem Besitz Joseph Haydns. Bei dieser Aufführung wirkte Antonio Salieri als Instrumentalist mit.

Rechts: Wenzel Müller. Der Komponist kam aus Mähren nach Wien, fand eine Anstellung am Leopoldstädter Theater und komponierte die Musik zu 250 Singspielen. Als Komponist der Musik zu Raimunds Zaubermärchen ist er weit über den Kreis jener wenigen Musikfreunde, die noch seine »Schwestern von Prag« kennen, vielen im Gedächtnis geblieben.

übung. Wenn bis in die Gegenwart erklärt wird, es gäbe in den Wiener Orchestern eine eigene, unverwechselbare und sozusagen authentische Art, die Meister der Wiener Klassik zu spielen, dann hat das erstens seine Berechtigung und ist zweitens in interpretatorisch-technischen Details unerhört schwer nachzuweisen. Doch jeder Musiker, der aus dem Ausland kommt und mit dieser besonderen Art des Musizierens intimer wird, kann bestätigen, was als latente Musikalität und als lebendig erhaltene Überlieferung nur vage beschreibbar ist. Es gibt dieses Phänomen. Jeder spürt es, und niemand, wirklich niemand kann's bestreiten. Und wer sich mit der Geschichte der Musikausübung in Wien befaßt, der kann auch die Namen einer langen Reihe bester und langlebiger Pädagogen in Wien aufzählen.

Es mag gerade in der Zeit des Biedermeier eine Generation lang in Wien kein bedeutender Komponist residiert haben. Daß alle bedeutenden Männer der Zeit aber als Interpreten eigener Werke da zu Gast waren, bezeugen die Konzertverzeichnisse. Daß man alle musikalischen Moden mitmachte, kann man an den Spielplänen des Hofoperntheaters ablesen. Daß man von den jeweils neuesten Genies wußte, läßt sich aus Briefen wie aus den Theaterzeitungen nachweisen.

Die Gesellschaft der Musikfreunde verlieh ihre Ehrenmitgliedschaft 1826 an Ludwig van Beethoven, Josef Eybler, Adalbert Gyrowetz, Johann Nepomuk Hummel, Franz Krommer, Dr. Friedrich Rochlitz, Giacomo Rossini, Ignaz Ritter von Seyfried, Abbé Maximilian Stadler, Ludwig Spohr, Michael Umlauff, Karl Maria von Weber und Josef Weigl. Ein Jahr darauf erweiterte man die Liste noch um zwei Namen. Maria Luigi Cherubini und Karl Friedrich Zelter wurden die Ehrungen zuteil. Und wen von diesen Musikern kennt der geneigte Leser heute noch? Ahnt er, daß da zwei wesentliche Hofkapellmeister dabeiwaren, von denen sich die Gesellschaft vergeblich Kompositionen erhoffte? Ist er erstaunt, wenn er erfährt, daß die Herren Umlauff und Weigl ihre Ehrung zwar annahmen, jedoch für die Gesellschaft ebensowenig etwas schrieben wie ihr Kollege Beethoven?

Aus der Liste der Virtuosen, die allein im Dezennium 1838 bis 1848 im Konzertsaal des Musikvereins auftraten – er war in Revolutionszeiten dann Versammlungssaal und ist keineswegs mit dem großen Saal des Jahrzehnte später erbauten Hauses auf dem Karlsplatz identisch – kann man Hellmesberger – beide Söhne des schon erwähnten berühmten ersten Hellmesberger –, Vieuxtemps, Joachim, Neruda (alles Geiger), Rubinstein, Moscheles, Liszt, Klara Schumann und Litollf (Pianisten) anführen. Das waren schon die Besten Europas, die da zu Besuch waren.

Im gleichen Zeitraum wirkten Lanner und Strauß, spielten nicht nur auf den Bällen der Gesellschaft der Musikfreunde, sondern auch bei ungezählten Konzerten ihre neuesten Werke. In dieser Zeit war Ferdinand Raimund so musikalisch, daß ihm zu seinen Stücken Melodien einfielen, die man heute getrost als unsterblich bezeichnen kann. Etwa das berühmte »Brüderlein fein« oder das »Aschenlied« aus seinem »Bauer als Millionär«. In dieser Zeit schrieb ein Lokalheros mit Namen Wenzel Müller nicht nur das patriotische Duett aus »Aline«, einer Volks- und Zauberoper von Adolf Bäuerle, in dem der Refrain die Urform mehrerer späterer Variationen ist: »O das muß ja prächtig sein, dort möcht ich hin. Ja nur ein' Kaiserstadt, ja nur ein Wien!« In dieser Zeit schrieb dieser Wenzel Müller auch für Raimund und Nestroy und für sehr viel weniger bedeutende Dramatiker herrliche Melodien. In dieser Zeit war aber mit dem Herrn von Grillparzer auch ein Pionier einer Kompositionsart am Werk, die man erst in der Gegenwart, jedenfalls erst in der zweiten Hälfte des zwanzigsten Jahrhunderts, als solche anerkannte. Grillparzer schildert einmal sehr einprägsam, wie er sich ans Klavier zu setzen pflegte und anstelle eines Notenblattes eine Zeichnung hinlegte, dann aber improvisierte, was ihm beim Anblick der verschlungenen Linien und der Striche in den Sinn kam.

Heute gibt's erbitterte Diskussionen um den Begriff »musikalische Graphik«. Die sich da befehden, würden staunen, wüßten sie, wen sie in Wahrheit als einen der Ahnherren dieser Kompositionsmethode anzusehen haben: einen dichtenden Hofrat.

Die
gefesselte Phantasie

Man kann ganz gewiß von der Musik, mit Einschränkungen von der Malerei und mit nur wenigen Ausnahmen von der Handwerkskunst des Vormärz reden, ohne gleich mit der beliebten Phrase von der »unterdrückten Menschheit« kommen zu müssen. Nicht jeder Untertan Franz' I. und Ferdinands I. fühlte sich bespitzelt oder in seiner Freiheit eingeengt, nicht jeder fleißige Wiener fand es würdelos, daß eine planende Staatsgewalt für ihn die Auswahl der Genüsse des Lebens traf. Die überfüllten Tanzsäle, die von aller Welt mit Staunen rapportierten Freßorgien, die von jedermann mit Rührung beobachteten musikalischen Abende in Bürgerhäusern beweisen es: Es gab den zufriedenen Bürger, das zufriedene Publikum. Und es gab in einer Zeit, die nach Kriegen und einem teuren Kongreß Pause zum Atemholen gewährte, Fortschritt auf vielen Gebieten.

Wo hingegen eine Beschreibung der Kunst des Vormärz ohne Anführung der herrschenden Unterdrückung nicht auskommt, das ist das weite Feld des geschriebenen Wortes. Die Zensur, von der Metternich in privatem Kreise sagte, sie sei eine selbständige Behörde und längst seinem Einfluß entzogen, war tatsächlich so allgegenwärtig, wie die schärfsten Kritiker damals behaupteten. Sie war so existent, daß nicht einmal die offiziellen Geschichtswerke, etwa das 1876 erschienene „Geographisch-statistische Handbuch mit besonderer Rücksicht auf politische und Cultur-Geschichte«, das verschweigen konnten: »Die gleichzeitige Förderung der Presse und literarischen Thätigkeit überhaupt von Seiten Kaiser Joseph II., der Österreich auch auf diesen Gebieten von lastenden Fesseln befreite, rief keine großen Talente wach. Um so erfreulicher und bewundernswerter muß es daher erscheinen, wenn in den ersten Decennien unseres Jahrhunderts trotz behördlicher Einschränkungen und

Bevormundung eine ansehnliche Schaar von Dichtern auftrat, deren Namen zum Theil den bedeutendsten des jüngeren Deutschland überhaupt zuzuzählen sind.«

Und von den Dichtern, die »trotz behördlicher Einschränkungen und Bevormundung« ans Licht der Öffentlichkeit traten, nennt das Werk in der ersten Linie Ladislaus Pyrker, Nicolaus Lenau, Anastasius Grün, Karl Egon Ebert, Franz Grillparzer, Friedrich Halm, Eduard Bauernfeld. Gleich danach rangieren nach Meinung der Autoren J. L. Deinhardstein, Ferdinand Raimund, Joh. Gabriel Seidl, Joh. Nep. Vogl, Freiherr von Zedlitz, Alfred Meißner, Karl Beck, Moritz Hartmann, Robert Hamerling.

Die Allgegenwart der Zensur kann leicht dadurch bewiesen werden, daß selbst einer der oben genannten Autoren, nämlich J. L. Deinhardstein, Regierungsrat und Zensor war. Der Leser von Karoline Pichlers »Denkwürdigkeiten« findet im Vorbericht den Namen jenes Deinhardstein wieder. Er war der erste Zensor der Memoiren der Karoline Pichler, und sein Gutachten vom 23. September 1843 enthielt zwar etliche Liebenswürdigkeiten, die er der ihm einst persönlich bekannten Schreiberin schuldig zu sein glaubte, aber eben auch sehr viele Anmerkungen über Stellen, mit denen er sich als Zensor nicht

Vorhergehende Seite: »Freiheit in Krähwinkel« war Nestroys erste Reaktion als Dramatiker auf die Revolution – ein Stück, dem man satirische Schärfe oder relative Harmlosigkeit nachsagt. Einer der Gegner Nestroys, der Journalist M. G. Saphir, verriß das Stück, Nestroy revanchierte sich. Die kolorierte Lithographie ist heute eine Kostbarkeit in Antiquariaten.

einverstanden erklären konnte: »Die Memoiren der Fr. v. Pichler sind als Mittheilungen der Erlebnisse und Ansichten einer achtbaren Frau und Schriftstellerin zu berücksichtigen, demungeachtet erscheinen nachfolgende Veränderungen und Weglassungen durchaus nothwendig«, heißt es da. Doch bei den von Deinhardstein angeregten Weglassungen blieb es nicht, weitere Kanzleien wurden eingeschaltet, und selbst nach dem Erscheinen der »Denkwürdigkeiten« war es noch möglich, bei Staatskanzler Metternich die Verfügung durchzusetzen, bei einer möglichen zweiten Auflage hätten die und die Stellen gleichfalls wegzubleiben.

Und da wir bereits unbekümmert durch die Zeiten und über die Jahrzehnte springen, was gerade bei der Dichtkunst durchaus zulässig ist: Wieder fünfzig Jahre nach dem Handbuch, das die Zensur nicht totschweigt, hat ein Freund Egon Friedells ein Buch geschrieben, das in Haß und Liebe das

Links: Der Schriftsteller Johann Ludwig von Deinhardstein, der im Salon Karoline Pichlers freundschaftlich mit seinen Schriftstellerkollegen verkehrte, daneben aber trotzdem das Amt eines Zensors ausübte – ein »typischer« Wiener also. Auf die Nachwelt ist er in letzterer Funktion gekommen, seine Werke sind vergessen.

Unten: Grillparzers Wohnzimmer in der Spiegelgasse 21. Der Dichter hatte nichts dagegen, daß der fleißige Franz Alt 1872 sein Wohnzimmer aquarellierte. Er lebte, bis zu seinem Tod Veränderungen abhold, im Biedermeierstil.

Links: Moritz Michael Daffinger schuf 1828 dieses Aquarell, Franz Grillparzer darstellend. Der Dichter, der uns auf alten Photographien als vergrämter Greis erscheint, war in jüngeren Jahren von der Damenwelt umschwärmt, was man bei Betrachten von Daffingers Porträt durchaus begreiflich findet.

Rechts: Ebenfalls von Daffinger stammt das Aquarell, das die Schauspielerin Wilhelmine Schröder 1837 als Medea in Grillparzers gleichnamigem Drama zeigt. Ihr Kostüm ließe eher auf eine Kriemhild schließen – historische Treue nahm man damals offenbar nicht so wichtig.

Thema Österreich behandelt. Hans Sassmanns »Das Reich der Träumer« nimmt auf die Zensur natürlich ganz besondere Rücksicht, und der Angriff, den Grillparzer laut Tagebuch bereits 1826 erwartete und zu parieren hoffte, wird da erst recht wieder vorgetragen:

»Trotz der Metternichschen Zensur wurde das Wiener Burgtheater die erste Bühne Deutschlands und dichtete der einzige und größte Philosoph der österreichischen Barocke, Johann Nestroy, in Wien seine genialen Possen, die kulturhistorisch dadurch interessant sind, daß ihre Gestalten nie ihren Beruf ausüben, sondern ihn als Symbol des Weltgeschehens philosophisch betrachten ... Unter dem Druck der Zensur Metternichs wuchs auch das stärkste dramatische Genie Österreichs, Ferdinand Raimund, heran, dessen charakterkomischen Gestalten und Szenen shakespearescher Schöpferkraft entstammen. Raimund war ein fanatischer Bewunderer Grillparzers, den er als den Größeren ansah. Grillparzer aber, den die Literar-Historik des altösterreichischen Liberalismus gern als das österreichische Genie proklamiert, war kein Genie, sondern nur ein hausbackenes Talent ... Grillparzer war nämlich Hofrat. Nun ist es aber das Merkmal des Genies, dass es sich durch niemand und durch nichts zum Schweigen bringen läßt, am wenigsten durch die Sorgen um eine Beamtenkarriere. Ein unterdrücktes Genie ist keines, das Genie findet immer eine Form, zu sagen, was es zu sagen hat. Ein Beispiel dafür war Nestroy. In den ›Wachtern‹ seiner Possen wird unter den Augen der Zensur das ganze vormärzliche Polizeisystem an die Rampe gestellt, und Raimund war sogar waghalsig genug, in seiner Zauberkomödie ›Der Diamant des Geisterkönigs‹ Kaiser Franz satirisch beleuchtet auf die Bühne zu bringen. Der Genius Nestroys und Raimunds entzog sich eben der Staatsmacht, der sich ein dichtender Hofrat natürlich unterwerfen mußte.«

Die Akten über diesen »Fall« sind keineswegs geschlossen. In einer Zeit, in der man wiederum von Zensur redet und von unterdrückten und verfolgten Schriftstellern, urteilt man etwas weniger leichtfertig über die Qualen, die Franz Grillparzer gelitten hat, und ist zugleich auch einverstanden mit der Formulierung Hans Sassmanns, daß der Genius auch in der Diktatur des Geistes einen Weg findet, sich zu offenbaren. Womit auf

österreichisch festgestellt wäre, daß beide Standpunkte richtig sind.

Ein Kenner der österreichischen Literatur wie der Triestiner Claudio Magris, der sich in unserer Gegenwart zum Thema Grillparzer und also auch zum Thema Vormärz geäußert hat, sieht den dichtenden Hofrat wiederum anders und bezeichnet ihn als Dichter, in dessen Werk und Empfindungswelt sich ganz Österreich »samt seiner widerspruchsvollen, bis zum Zusammenbruch des Jahres 1918 ungelösten Problematik« widerspiegele.

Man kann sich also, wenn man die Literatur des Vormärz in Wien beschreibt, wohl ausführlich auslassen über die Volkskomödie, über den Wiener Aristophanes Nestroy, über die beschaulichen Poeten und über die an Wien einen Narren fressenden Dichter der deutschen Romantik. Aber Franz Grillparzer darf dabei nicht zu kurz kommen. Sein Schicksal, seine Persönlichkeit, seine Dichtung liefern weitere wichtige Hinweise zur Literatur und zu den Zuständen der Vormärz-Epoche. Grillparzer war ein Beamter, und zwar einer, wie ihn das Haus Habsburg gern hatte. Seine Untertanentreue im Dienst stand für ihn außer jedem Zweifel. Er kannte alle Pflichten des Beamten – aber auch alle Rechte. Weshalb es für uns nicht ohne Reiz ist, seine aufgrund genauer Kenntnis der Vorteile und Vorrückungen, die er sich als treuer Diener des Kaisers erwarten durfte, verfaßten Gesuche zu lesen. Tatsächlich ließe sich ein Bild Grillparzers aus seinen amtlichen Eingaben rekonstruieren. Er bewarb sich oft um neue oder bessere Stellungen und kam häufig um Urlaub ein. Er bestand auf Gewährung aller Vergünstigungen, die ein gebildeter Mensch im Amt erwarten durfte, und wies bei jeder sich bietenden Gelegenheit nicht nur auf seine guten Dienste hin, sondern auch auf seine schriftstellerische Bedeutung, um Verständnis bei seinen Vorgesetzten zu finden, wenn er wieder eine Gehaltsaufbesserung oder einen längeren Urlaub bekom-

men wollte. Weshalb der Band 16 der Grillparzer-Gesamtausgabe, der »Briefe, Amtliche Aktenstücke und Berichte« umfaßt, bei den Kennern ebenso geschätzt ist wie die vorangegangenen 15 Bände. Aus ihm spricht der Privatmann und Beamte Grillparzer.

Neben Privatbriefen enthält dieser Band auch Briefe an den gefürchteten Grafen Sedlnitzky. 1828 wurde Grillparzer gegenüber auf die erstaunlichste Art Zensur geübt, indem nämlich der Kaiser den Dichter wissen ließ, er wünsche dessen jüngst uraufgeführtes Stück »Ein treuer Diener seines Herrn« für sich allein zu besitzen; Grillparzer solle also mitteilen, was ihm die weiteren Aufführungen dieses Stückes eingebracht hätten, und er werde diesen finanziellen »Verlust« ersetzt bekommen. Das Stück aber gehöre dann gleichsam mit Haut und Haaren dem Kaiser, und dieser allein habe darüber zu befinden, ob er es noch einmal auf der Bühne sehen wolle.

Grillparzer, der erkannte, daß es sich bei diesem kaiserlichen Wunsch um diffizile Zensur handelte, schrieb am 5. März 1828 an Sedlnitzky, zu Beginn des Briefes als durchaus kaufmännisch denkender Mann über die finanziellen Erwartungen, die er in die diversen Aufführungen hätte setzen können, dann aber als kluger Schriftsteller seiner Zeit auch zum eigentlichen Thema:

»Diese meine Angaben sind natürlich keine Bedingungen, sondern Erfüllungen der an mich ergangenen Befehle. Weit entfernt hier einen Vorteil zu suchen, würde ich, bei ganz freier Wahl, tausendmal die ungehinderte Verbreitung meines Stückes, wenn auch nur bei halbem Geldgewinne, jedem möglichen Geldgewinne vorziehen . . . Aber auch so, wenn Seine Majestät für gut befänden, jede meiner Erwartungen auf äußern Vorteil überschwänglich zu erfüllen, würde ich immer nur durch die Hoffnung aufrecht erhalten, daß nach dem Vorübergehen gebieten-

der, mir zur Zeit unbekannter Umstände die Verbreitung meines Stückes ohne weitere Anstände werde erfolgen können. Der Tadel Esaus würde gleich groß sein, wenn er seine Erstgeburt statt um ein Linsengericht um Tonnen Goldes hingegeben hätte.«

Das ist eine doch offene Sprache für einen Schriftsteller, dem man eben bedeutet hatte, sein neuestes Stück wolle der Kaiser nicht auf der Bühne sehen.

Es finden sich in dem bewußten Band aber auch wirkliche Akten, wie sie von Grillparzer en masse geschrieben wurden. Und in diesen ist, liest man einmal genauer, ein Ton festzustellen, den man bei dem Dichter auch anderswo antrifft. Grillparzer beherrschte die geforderte Kanzleisprache. Doch die Kanzleisprache beherrschte mitunter auch Grillparzer. Und an gerade diesem Kreuzungspunkt zwischen Kanzleistil und Dichterischem steht Grillparzer, wo seine Kritiker – sowohl zu seinen Lebzeiten wie auch in den ihm gegenüber unehrerbietigen zwanziger Jahren unseres Jahrhunderts und dann wieder in der Gegenwart – ihn angreifen und ihm nicht zugestehen wollen, was er doch selbst von sich mehr als einmal feststellte. Tat er dies 1834 bei einem Gesuch noch freundlich: »Meine literarischen Verdienste dürften freilich manchem etwas veraltet und meine neuere Tätigkeit nicht ganz mit der früheren übereinstimmend scheinen. Auch hiervon liegt mir ob zu sprechen, auf die Gefahr, dem bösen Willen dadurch Waffen gegen mich in die Hände zu geben. Durch den Zufall in die Beamtenkarriere geworfen, befriedigt mich meine gegenwärtige Anstellung im Archiv der k. k. Hofkammer als Beamter, ja als Mensch vollkommen; von dem Schriftsteller aber läßt sich nicht ein Gleiches sagen«, so klingt das in seinem Abschiedsgesuch 1856, das er an Kaiser Franz Joseph richtete und in dem es in der Substanz vor allem um eine angemessene Pension ging, schon ganz anders. Er redet dabei von sich in der dritten Person: »Nun hat er aber außer seinen Amtsgeschäften sich auch literarischen und vor allem dramatischen Arbeiten hingegeben. Was er in letzterem Fach geleistet, dürfte leicht unter das Beste gehören, was seit Schillers Tode in Deutschland erschienen ist.«

Paßt diese Formulierung in einem offiziellen Gesuch, von dem der Archivar Grillparzer wissen

Links: Eine Lithographie von Kriehuber zeigt uns Ferdinand Raimund als Aschenmann in seinem Stück »Das Mädchen aus der Feenwelt oder Der Bauer als Millionär«. In dieser Rolle, die die schönste ist, die er sich geschrieben hat, haben nach ihm noch viele Wiener Volksschauspieler von der Jugend Abschied genommen und dann das Aschenlied gesungen.

mußte, daß es nicht verlorengehen würde, zu dem Bild eines allzeit untertänigen und liebedienerischen Beamten? Es erinnert wiederum an das Bild von Esau, das Grillparzer schon Sedlnitzky gegenüber wagte, und beweist, daß er sich seines Wertes bewußt war und diesen Wert auch von anderen anerkannt sehen wollte. Immerhin, Grillparzer arbeitete als Beamter, schrieb als Dichter in einer aufregenden Zeit. Er hatte auf dem Theater zu bestehen, als das Publikum hellwach war und sich darauf verstand, jede Anspielung ernst zu nehmen. Er war als eine sozusagen angesehene Persönlichkeit doppelt den Beobachtungen ausgesetzt, und daß man ihm seiner Stellung als Burgtheaterdichter wegen nichts nachsah, sondern ihn einmal ebenso aus dem Schlaf holte wie andere und seine Schriften und Dokumente überprüfte, muß ihn mehr als geärgert haben. Daß ihn nicht eigentlich die Zensur zu Fall brachte, sondern das Publikum, das 1833 sein Stück »Weh dem, der lügt« auspfiff, woraufhin der Dichter nichts mehr für die Bühne freigab, muß gerechtigkeitshalber gesagt werden.

Über seine komplizierten Lebensumstände, seine stark wechselnde Einstellung der Umwelt gegenüber, wie sie sich uns aus bösen Aphorismen, bissigen Vierzeilern und dann wiederum aus Huldigungsgedichten darstellt, ist genug geschrieben worden. Daß er stark vereinfacht als »Hagestolz« bezeichnet wird – dabei war er nicht so sehr Einsamkeitsfanatiker als vielmehr ein Mensch, der eine wirklich enge Bindung, wie sie nun einmal eine Ehe darstellt, nicht in seiner Ordnung unterbringen konnte. Daß er ein Freund der Musiker und ein, selbst für das Niveau seiner Zeit, sehr artiger Klavierspieler war, daß er beinahe für Beethoven eine Oper geschrieben hätte, für Konradin Kreutzer eine schrieb, die »Melusine«, die 1835 am Josefstädter Theater durchfiel, daß er den Dramatikern seiner Zeit freundlich gesinnt war – mit Ferdinand Raimund hat ihn viel verbunden – und ihm nebstbei Zeit blieb, in Gesellschaft zu gehen, Reisen zu unternehmen und Briefe in der damals üblichen Sorgfalt in großer Zahl zu schreiben, sollte uns einmal überdenken lassen, wie emsig doch die Menschen jener als gemütlich charakterisierten Zeit sein mußten. Das Tagespensum Franz Grillparzers, auch wenn er im Amte vielleicht nicht mit äußerster Ausdauer werkte, muß bedeutend ge-

wesen sein und durchaus dem eines Autors unserer Tage überlegen. Und doch ist in seinen Notizen, seinen privaten Briefen, seinen Aktenaufzeichnungen wohl von sehr vielen widrigen Umständen die Rede, nie aber davon, daß er zuviel arbeite, zu fleißig sei.

Man muß sich fragen, angesichts Grillparzers Lebenswerk und dem so vieler anderer, ob es denn im Vormärz wirklich so geruhsam und beschaulich zuging. Kein Zweifel, wir sind schreibfaul geworden im ausgehenden zwanzigsten Jahrhundert. Keiner vollbringt heute noch die Schreibleistung, die man bei einem Autor damals als selbstverständlich ansah. Weder Grillparzer mit seinem jetzt in 16 Bände vorliegenden literarischen Werk noch Karoline Pichler mit immerhin an die 60 schmäleren Bänden wurden ihrer Emsigkeit wegen gerühmt. Man schrieb damals eben mehr.

Auch die Autoren der Vorstadtbühnen, deren Namen schon genannt wurden, waren ja nicht nur inspiriert oder genial oder – jetzt denke ich an andere als Nestroy und Raimund – ihrem Publikum gefällig. Sie waren außerdem auch fleißig. Die Gesamtausgabe Nestroys etwa läßt sich auch dem Umfang nach als stattlich bezeichnen, und er – sowie Raimund – war Dichter nur im Nebenberuf, schrieb die Stücke ja nur, um seinem eigentlichen Beruf, dem des Schauspielers, nachgehen zu können.

Das folgende »Beiseite«, wie man auf dem Theater die kaum zur Handlung gehörenden, jedoch dem Zuschauer direkt zugedachten Sätze mitunter nennt, muß auch hier gestattet sein: Lange vor der Erfindung der Schreibmaschine schrieb der Mensch mehr und ausdauernder als heute. Und zumindest bis zur Erfindung des Telephons *wollte* er auch noch schreiben. Einmal wird zu untersuchen sein, wann der verhängnisvolle Augenblick kam, da der Mensch verlernte, sich ausführlich des geschriebenen Wortes zu bedienen, und das Tag für Tag. In der Gegenwart ist es kaum mehr üblich, der Geliebten einen Brief zu schreiben, das Geschehen eines Tages zu notieren oder eine ganze Zeitschrift nicht nur selbst zu redigieren, sondern auch zu schreiben. Im Vormärz gab es das noch, und die Menschen, die es taten, fanden ihre Leistung nicht respektgebietend. Andere waren ebenso fleißig, mußten es sein. Die finanziellen Verhältnisse der Allgemeinheit waren nicht glän-

zend, und um zufrieden und bescheiden leben zu können, mußte man schon etwas leisten.

Und Nestroy? Und Raimund? Auch sie hätten von Stücken allein nicht leben können, wären als Schauspieler allein nicht imstande gewesen, sich alle ihre Wünsche zu erfüllen. Daß sie so produktiv waren, ist nicht nur ihrer Phantasie zu danken und nicht nur dem Wunsch des Publikums nach immer neuer Unterhaltung. Es entsprang durchaus auch einer Lebensnotwendigkeit.

Daß es dabei mitunter zur Vernachlässigung der besonderen Sorgfalt kam, darf niemand Wunder nehmen. Daß einige der Stücke Nestroys nicht durch und durch Meisterwerke der Sprache sind, daß Nestroy und Raimund – und auch viele andere Theaterdichter dieser Zeit – sich nicht immer um eine »Originalidee« bemühten, vielmehr die Handlungen voneinander bezogen und von jedermann abschrieben, der ihnen in die Hände geriet, kann nur noch Wissenschaftler in

Erregung treiben. Es gab weder den Begriff des Urheberrechts in jener Zeit noch wirklich geregelte Tantiemen, es gab den Ausdruck Plagiat noch nicht, und wie man damals seine Werke zu Geld machte, das mutet uns heute höchst abenteuerlich an.

Unter solch seltsamen Umständen entstanden Werke, die bis auf den heutigen Tag in lebendiger Erinnerung geblieben sind – und unzählige andere, von denen wir weder den Autor noch den Titel

Oben: Die Zeichnung von Joseph Schmutzer zeigt die große Szene im 4. Aufzug von Grillparzers »Der Traum ein Leben«. Dank fleißiger Chronisten und der Unterstützung, die das Metternichsche System der Theaterberichterstattung zuteil werden ließ, verfügen wir über unerhört viele Zeugnisse vom Theaterleben im Vormärz.

»Staberl« hieß die von Adolf Bäuerle erfundene populäre Figur, die auf dem Wiener Vorstadttheater Furore machte und daher vom produktiven Autor durch immer neue Abenteuer und immer neue Erfolgsstücke gehetzt wurde. »Staberl in Floribus« (Szenenbild nach einer Zeichnung von Johann Christian Schoeller) hieß eine der vielen Folgen. Während das Publikum sie sah, bastelte Bäuerle schon an einer neuen.

behalten haben. Die damaligen Kriterien der Beliebtheit sind uns vielfach nicht bekannt. War ein Autor nur deshalb beliebter, weil er den Schauspielern mehr Freiheit ließ oder weil er besonders rasch arbeitete? Oder weil er die Zensur, die auf dem Theater selbstverständlich gefürchtet war, zu umgehen wußte? Oder weil er – das immerhin ist ein Kriterium, das man gelten lassen könnte – in seinen Stücken eine originale, eine unverwechselbare Figur einführte, die wenigstens dem Namen nach auf uns gekommen ist? Da wäre – wiederum als ein Vielschreiber, und ein erfolgreicher dazu – erst einmal Adolf Bäuerle zu nennen, der an anderer Stelle als Redakteur der »Theaterzeitung« und als Herausgeber eines pa-

triotischen Sammelsuriums aufscheint, dessen Stärke aber zweifellos das Abfassen von »Localstücken« jeder Art war. Man nannte ihn »den eigentlichen Dichter der Wiener Volksbühne ohne ideale Ansprüche«, und von seinen an die 80 Werken hat sich keines in unsere Zeit herübergerettet. »Die Bürger von Wien« kam 1813 auf die Bühne. Die Fortsetzung dieses Erfolgsstückes hieß bereits nach der im ersten Stück so erfolgreichen Figur »Staberls Hochzeit oder der Courier« und ließ schon 1814 erkennen, daß der »bürgerliche Parapluiemacher Chrysostomos Staberl« zu einer für viele weitere Folgen verwendbaren Person geworden war. »Ach, wenn ich nur was davon hätte«, hieß der Satz, den Staberl in allen Stücken unter lebhafter Zustimmung des Publikums zu sagen hatte. Es war pessimistisch gemeint und schien den Wiener Charakter ein für allemal darauf festzulegen, daß er zwar die Weltgeschichte beobachte und klug zu kommentieren wisse, für sich selbst aber viel zu wenig Gewinn daraus zu ziehen vermeine.

Staberl unterscheidet sich von seinen Vorläufern

Szenenbild aus Adolf Bäuerles Zauberspiel »Glück in Wien«. Der Hauptdarsteller singt soeben den Liedschlager des Abends, der natürlich – wie später in jeder Wiener Operette obligat – ein Loblied auf Wien enthalten mußte. Im vorliegenden Fall entstammt der Held des Stückes dem Fuhrmannsstand, und sein Refrain lautet: »Hottoho, hottoho! Schimmerl, rechts um. Uibers Eck langsam, sonst werfen wir um.«

dadurch, daß er kein Hanswurst und auch kein aus dem Italienischen eingewanderter Bernadon ist, sondern ein Wiener. Das sagt er einmal sehr deutlich: »Ich bin ein kleiner Mensch, ich bin ein guter Mensch, wenn ich aber anfang', so bin ich ein Vieh!« Gibt es eine treffendere Selbstcharakterisierung des Wieners?

Der hinter Staberls politischem Engagement, das eigentlich bloßes Kiebitztum ist, nur schlecht versteckte Egoismus scheint uns bereits charakterverwandt mit den Zügen einer viel späteren Wiener Figur: des »Herrn Karl«. Zudem hatte Staberl, der Aktualität der preußischen Präsenz auf dem Wiener Kongreß Rechnung tragend, der »Antipreuße« in Person zu sein. Auch als solcher hat er viele Nachfolger.

Bäuerles Staberl-Komödien waren erfolgreich. Allein die erste der langen Reihe stand von 1813 bis 1831 nahezu pausenlos auf dem Spielplan der Wiener Bühnen. Der Besucher konnte sich hier konterfeit sehen, belachen und gleichzeitig meinen, er selbst sei ja gar nicht so.

Bäuerle kannte jene Schwierigkeiten, die man heute unter dem Begriff Inkompatibilität allen Theaterschriftstellern, die einmal fürs und dann wieder über das Theater schreiben wollen, zugesteht, nicht. Er konnte erfolgreiche Stücke schreiben und zu gleicher Zeit andere kritisieren, wurde deshalb weder von seinen Konkurrenten getadelt noch von sich selbst als moralisch gefährdet angesehen. Er war im Gegenteil bis zu einem gewissen Grad moralische Instanz in Theaterdingen in Wien – im Gegensatz zu Moritz Gottlieb Saphir, der anfangs in Bäuerles Zeitschrift schrieb, dann nach Deutschland ausweichen mußte und sich schließlich mit einer eigenen Zeitschrift ab 1837 in Wien als humoristische und bitterböse Instanz etablierte.

Das Theater an der Wien »festlich geschmückt« im Jahre 1832. Für ein Vorstadttheater hatte es, wie das Bild zeigt, ein erstaunlich großes Orchester. Das Publikum kam hierher, um Oper und Singspiel zu sehen.

Dieser galt als intrigant, bestechlich und eitel. Bäuerle war, was bei einer Produktion von 80 Stücken nicht verwundern darf, in allen Unterabteilungen des Genres Volksstück tätig. Er schrieb »Zauberopern«, »Zauberpossen«, »Possen«, »Parodien« und »Thierkomödien«. Die sprichwörtliche Vergnügungssucht des Wiener Publikums war zu dieser Zeit nur zu befriedigen, indem man ihr ständig neue Ware anbot und, wenn sich die eine oder andere etwas zu sehr abnutzte, rasch auf eine neue Linie hinüberwechselte. Nicht nur Bäuerle war da auf der Höhe seiner Zeit, auch all die anderen – Nestroy und Raimund mit inbegriffen. Und alle waren sie imstande, in ihren Stücken in allegorischer Form zu sagen, was sie der Zensur wegen deutlich nicht zu sagen wagten. Es ist ein eigenes Kapitel der Wiener Theatergeschichte, in wieviel Verkleidungen, direkten oder elegant versteckten Andeutungen man da gegen die »Obrigkeit« loszog. So etwas wie »Kleinkunst« oder »Brettl« gab es noch nicht, das Theater als moralische Anstalt war durchaus imstande, selbst die notwendige Portion Satire und Zeitkritik zu liefern.

Bäuerle ist als Verfasser von Biographien – der Therese Krones und Ferdinand Raimunds – und seiner eigenen Lebenserinnerungen bereits verwandt mit gewissen Vielschreibern unserer Zeit, die ständig auf der Suche nach gängigen Themen sind.

Indem wir, von Franz Grillparzer ausgehend, auf Adolf Bäuerle zu sprechen kommen, haben wir die Innere Stadt in Richtung auf die Vorstädte verlassen. Dort war mehr noch als Adolf Bäuerle ein Mann am Werk, dessen Opus für uns unvorstellbare Dimensionen hatte, einer, der die Literaturfabrik der Familie Dumas an Produktivität weit in den Schatten stellte. Josef Alois Gleich, 1772 in Wien geboren, schrieb an die 300 Ritter-, Räuber- und Geisterromane unter dem Pseudonym

Dellarosa und produzierte außerdem nahezu 200 Theaterstücke, die Sagen, Volksmärchen und die Historie als Handlungsgrundlage nahmen und auch alle aufgeführt wurden. Man kennt keinen der Romane, keines der Theaterstücke mehr, doch einige von ihnen dienten Begabteren als Vorlage und sind so – etwa durch Nestroy – doch auf die Gegenwart gekommen.

Dem Namen nach dürfte Karl Meisl noch ein Begriff sein, den die Literaturgeschichte als einen Nachfolger Gleichs bezeichnet, der es immerhin auch auf gut 300 Theaterstücke brachte, sich aber insofern von Gleich unterschied, als seine Spezialität die Parodie wurde – eine sehr wienerische Spielart dieser Gattung, die niemand und nichts verschonte.

Die Parodie ist nicht erst im Vormärz erfunden worden, hatte aber in dieser Zeit ihren Höhepunkt. Shakespeare ist mit allen seinen Dramen parodiert worden, man weiß von einem »travestierten Hamlet«, man kennt mehrere Parodien des »Othello«, und was mit Goethes Faust getrieben wurde, bedürfte sehr langer und ausführlicher Beschreibung. »Werthers Leiden« von einem uns unbekannten Herrn Kriegsteiner ist ein weiteres Beispiel für eine ganze Reihe von Parodien von Goethe-Werken. In diesem Fall wurde ein Roman parodiert, von dem man sonst vor allem zu berichten weiß, daß er ein romantisches Selbstmordfieber unter deutschen Jünglingen auslöste; in Wien jedoch hatte Goethes Werther keineswegs nur diese sentimentale Wirkung, sondern – als bitter-lustige Folge – eben auch die Geschichte von dem Kupferschmied Werther aus Krems, seinem Gesellen Lenzl, der Harfenistin Lotte und Albert, dem Vorsteher der Lampenanzünder.

Meisl hat dann Kriegsteiners Parodie ausgestaltet und eine ganze Reihe wienerischer Figuren mit in die Handlung gebracht; es kommen nun ein Käsestecher Schnepf, ein Friseur Tiegel, ein Musikant Dudelsack, ein Schuster Pfundleder und auch drei Genien vor, wodurch es zu einer Mixtur aus Parodie und Zauberspiel wurde. Nagls »Deutsch-Österreichische Literaturgeschichte« führt für die zwanziger Jahre des 19. Jahrhunderts zwei Übersetzungen französischer Werther-Parodien an und verzeichnet noch in den fünfziger Jahren das Auftreten Nestroys in einer Posse, die wiederum »Des Werthers Leiden« hieß.

Die Parodien, die in den Vorstadt-Theatern selbstverständlich mit Musik gegeben werden mußten, verschonten natürlich auch nicht die Oper. Und eine der allerhübschesten Geschichten über diese Gattung erzählt man sich über eine der zahlreichen Opern-Parodien. Johann Nestroy war der Autor einer Parodie auf Richard Wagners »Tannhäuser«, die in Wien gegeben wurde, bevor man an einem Wiener Opernhaus die Oper selbst vorgeführt hatte. Es ist verbürgt, daß bei Nestroys Parodie, deren »Original« noch niemand kannte, trotzdem viel gelacht wurde, daß aber auch bei der Erstaufführung von Wagners Oper dann eitel Heiterkeit herrschte. Und zwar beim Lied des Hirten, der im entscheidenden Moment des ersten Aktes anzeigt, daß man sich nicht mehr im Venusberg, sondern nun wieder auf der Erde befinde. Der bei Wagner gar nicht komische Hirte wurde, weil sein Part bei Nestroy umwerfend lächerlich gewesen war, auch in der Oper bei seinem Auftritt erst einmal mit großem Jubel und Gelächter aufgenommen.

Man bedenke: Die erfolgreichen Parodien gaben sich nicht mit Bildungsgut, mit Schulstoffen ab, sie holten Zeitgenössisches vom Podest. Johann Nestroy also. In älteren Beschreibungen wird er »die parodistische Folie Raimunds« genannt, was allerdings eine in neuerer Zeit nicht mehr gängige Charakterisierung ist. Nestroy war von den beiden der kompliziertere, aufregendere. Er wurde 1802 in Wien geboren, stammte aus sehr gutem Haus, sein Vater war der Hof- und Gerichtsadvokat Dr. Johann Nestroy, und erhielt eine Erziehung, die ihn zu einer Laufbahn ähnlich der Grillparzers prädestiniert hätte. Er besuchte das Gymnasium, inskribierte anschließend an der Wiener Universität, wo er noch zwei Semester Jurisprudenz hörte, bevor er endgültig für eine bürgerliche Laufbahn verloren und dem Theater verfallen war.

Seine Theaterbesessenheit aber begann auf sozusagen hohem Niveau: er trat als Sänger auf, war

Rechts: »Der böse Geist Lumpazivagabundus« gilt bis auf den heutigen Tag als die beste »Zauberposse« Johann Nestroys. Durch dieses Stück wurde, berichtet die Legende, Raimund auf die seinem Naturell konträren, erfolgverheischenden dramatischen Fähigkeiten seines Konkurrenten aufmerksam. Der Stich von Andreas Geiger zeigt die drei Helden Knieriem, Leim und Zwirn.

Sarastro in einer »Zauberflöten«-Vorstellung, Hofopernsänger am Kärntnerthortheater, hatte gute Kritiken und wäre vielleicht ein Künstler geworden, zu dem man nach heutigen Begriffen »Herr Kammersänger« zu sagen hätte, wären da nicht »seine Neigungen zum Extemporieren und sein Übertreiben im Spiel« – so eine der frühesten Kritiken – gewesen.

Nestroy, aus gehobener und intellektueller Schicht stammend, blieb sein Leben lang ein Mensch »auf der Höhe seiner Zeit«, kannte die ausländische Literatur, und keineswegs nur die des Theaters. Er übernahm, noch als Sänger, bereits einige Verpflichtungen zu Mitwirkungen im Schauspiel, auch im Ausland, fand auf dem Weg über Graz nach Wien und auf dem Umweg über die Darstellung von Figuren Ferdinand Raimunds zu seinen eigenen Stücken. Er spielte etwa in Graz in Stücken von Gleich, Meisl und Bäuerle; er verkörperte 1826 den Longimanus im »Diamant des Geisterkönigs«; und von 1831 bis 1854 schrieb und spielte er in der Leopoldstadt und im Theater an der Wien und wurde zum Wiener Aristophanes – welchen Titel er spätestens seit Karl Kraus unbestritten trägt.

Daß es auch eine Zeit gab, in der über Nestroy abfällig oder zumindest etwas abschätzig geurteilt wurde, darf einen verwundern. Gerade in Nagls Literaturgeschichte kann man lesen: »So ist denn, was in Nestroys Talent vom Dichter vorhanden war, vom Komödianten erschlagen worden. Die Dichterkrone, die Raimund ziert, muß ihm versagt werden: aber einer der ersten Possenschrei-

Folgende Doppelseite: »Juchee« nennt man in Wien die oberste Galerie eines Theaters. Szene auf dem Juchee einer Vorstadtbühne. Die Theaterbesucher waren laut, lebhaft und mitunter in der Stimmung, sich »ihr Theater« selber zu machen.

Ferdinand Raimund als »Waderlmacher« (Fächermacher) in der Posse »Der verwunschene Prinz« – kein Stück von ihm, es ist längst in Vergessenheit geraten. Raimund war ein für seinen stillen Humor geliebter Schauspieler, der nicht nur vom Publikum, sondern auch von seinen Kollegen anerkannt wurde. Der Schauspieler Nestroy arbeitete mit weitaus plakativeren Effekten.

ber Deutschlands ist er, der auf seinem Gebiete Typen von dauerndem Werte geschaffen.«

Und die Zeitgenossen urteilten noch wesentlich härter. So Glasbrenner 1836 in »Bilder und Träume aus Wien«:

»Nestroy bringt zwar zuweilen eine dramatische Arbeit, die ein besseres Ansehen hat; aber sein Talent ist auch nichts mehr, als eine kleine Blume auf einem großen Misthaufen. Man muß Wüsten voll Trivialitäten durchwandern, bis man zu einer kleinen Oase gelangt, und auch auf dieser sind Witz und Poesie schon ziemlich verdorrt. Nestroy ist kein Volksdichter, sondern ein Pöbeldichter. Es gibt Leute, die man für witzig hält, weil sie viel mit reisenden Handwerksburschen umgegangen sind; zu diesen gehört jener Held des stinkenden Theaters an der stinkenden Wien. Sein Witz ist keine geistige Erfindung, keine angeborne Eigenschaft seines Geistes, sondern speculativ, gemacht; alle seine Scherze haben eine stereotype Form, und sie müßten auch ohne die Gemeinheit dieser Form anekeln . . .«

Kollege Raimund kam da weit besser weg:

»Wie anders dagegen ist Raimund, jener trübsinnige Mann, der langsam den Prater hinunter wandelt! Seine dramatischen Gemälde sind zwar skizzenhaft, ohne künstlerische Form, aber jeder Strich ist Poesie, jede Farbe ist die frische, wohltuende eines weltumfassenden Gemüths, eines schönen Herzens. Man hat ihm vielfach vorgeworfen, daß er die Allegorie in die Volksspiele gebracht . . . Je kindlicher ein Volk ist, je mehr müssen seine Dichter durch das Sinnbildliche Verstand und Herz anregen . . . Das österreichische Volk ist aber noch ein kindliches, und Raimund ist sein einziger Dichter.«

Auch Nestroy, klug und gerissen, wie er war, kam mit der Zensur immer wieder in bösen Kontakt. Die pointenreichsten Geschichten kennt man; sie handeln von seinen Schwierigkeiten, die sich selbstverständlich nicht aus den vorfabrizierten Texten, sondern aus den Extempores ergaben, für die er, wie jeder Wiener Schauspieler der Zeit, bereit war, sich einsperren zu lassen. Dabei sind seine Texte bereits ohne Zugabe voll der brillantesten Formulierungen! Doch wenn man die Geschichten rund um seine Bühnenauftritte nachliest, gewinnt man den Eindruck, er habe seine Texte gar nicht gesprochen, sondern genial improvisiert. Und ist versucht, ihn in die Reihe jener

legendären Wiener Volksschauspieler zu stellen, die Autoren zu lustigen Stücken inspirierten, deren schönste Pointen von ihnen selbst stammten und auf der Bühne *ex tempore* serviert wurden. Daß Nestroy als Dichter, als Autor ernster zu nehmen ist, als man es noch um die Wende zum 20. Jahrhundert tat, ist ein Verdienst der Forschung und der Bemühungen, vollständige Ausgaben seiner Werke herauszubringen. Man weiß es heute besser, man weiß, daß er mehr als ein Schauspieler, mehr als ein Parodist, mehr als ein zeitgebundener Satiriker war. Man weiß es, denn man kann seine Stücke spielen, ohne beim Publikum die Kenntnis der Zeitumstände voraussetzen zu müssen. »Lumpazivagabundus« war jenes Stück, das, wie eine ungesicherte, jedoch immer wieder nacherzählte Geschichte behauptet, Ferdinand Raimund gesehen und an dem er gelitten habe:

»Als die Komödie zu Ende und sich alles erhob, erwachte er förmlich wie aus einem Traum, stand auf, fuhr sich mit zitternder Hand über die Stirne und sagte zu seiner Begleiterin: ›Das kann i nit! Aber ich sieh', das g'fallt, i hab' selber lachen müssen – na so is 's halt mit mir und meine Stück gar. Alles umsonst.«

Friedrich Schlögl hat es so beschrieben. Es gibt wichtige andere, die ihm widersprechen, ein Zeugnis Bauernfelds etwa, der Raimund schon beim Lesen des Theaterzettels von »Lumpazivagabundus« sagen läßt: »So einen gemeinen Titel hätt' ich nicht niederschreiben können.« In einem Punkt aber sind sich die Zeitgenossen und die unmittelbaren Nachfahren einig: Nestroys berühmteste Posse wurde Raimunds großes negatives Erlebnis. Nestroys unsterblicher Erfolg war etwas, was Raimund nicht verwinden konnte.

Es spricht dies für das Stück und für Nestroy, aber auch für den Theatersinn Raimunds, der klar erkannte, daß dieses nach keinen gültigen Gesetzen der Dramatik, nach ungezählten Vorlagen und in genialer Unbekümmertheit konzipierte und geschriebene Stück überdauern, zumindest aber den großen und lang anhaltenden Erfolg haben werde, den sich ein Theaterdichter jener Zeit als Höchstes wünschen konnte.

Ferdinand Raimund, »poetisches Pendant« Nestroys, machte seine Karriere nicht viel anders als der große Possenreißer, wiewohl er sich nach Herkunft und Gedankenwelt sehr von diesem

unterschied. Als Sohn des Kunstdrechslers Jakob Raimann 1790 in Mariahilf geboren, wuchs er in einfachsten Verhältnissen auf und verlor seinen Vater, als er vierzehn war. Seine Welt war die Vorstadt. Er wuchs in Gumpendorf und Margareten auf, war Zuckerbäckerlehrling und verkaufte als »Numero« am Abend Zuckerln im Burgtheater.

Er war in einer Gegend daheim, die einerseits betriebsam und arm war, andererseits den »Apollosaal« als eine Art Feerie zum Zentrum hatte. Die Sprache seines Standes war anders als die, die er bei seiner nächtlichen Arbeit im Burgtheater hörte; die Menschen, die er kannte, waren anders als die, die er auf der Bühne sah und hörte. Das Theater war ihm kein intellektuelles Vergnügen, keine Tribüne, sondern eine Art Himmelreich.

Raimunds Versuche, zum Theater zu kommen, waren nicht so rasch und nicht so grandios erfolgreich wie die Nestroys. Er wurde als Schau-

Oben: »Die Jägerzeile«, Öl auf Leinwand, 1824, von Franz Scheyerer. Die Jägerzeile, die heutige Praterstraße, wurde als Prachtstraße angelegt und war die große Ausfallstraße in Richtung Prater.

Rechts: Ein Stich aus einem der schon so oft zitierten Eipeldauer-Hefte, die Theaterleidenschaft der Wiener karikierend: ». . . die Köchin ist hint aufg'stigen wie ein Bedienter und ist mit hinausg'fahrn ins Theater.« »Hinausg'fahrn« deutet darauf hin, daß es sich um eine Vorstadtbühne handelt. 1819, in dem Jahr, aus dem das Bild stammt, waren laut zeitgenössischem Bericht nur die Vorstadtbühnen ertragreich.

184

spieler abgewiesen, diente sich – immer gegen sein Stottern kämpfen müssend – durch die Provinz bis ans Theater in der Josefstadt hoch und holte sich auch dort noch lange schlechte Kritiken, bevor er 1817 ein beliebter Mann wurde. Man schätzte ihn von da an als einen Darsteller im »komischen Charakterfach«, was auch nicht eben seinen wahren Intentionen entsprach.

Er debütierte als Autor mit dem »Barometermacher auf der Zauberinsel« und schrieb seine Stücke, von denen wir alle zu kennen glauben, in einer Tradition, die wir keineswegs mehr kennen. Die Zauber- und Feenmärchen, aus denen die Figuren Raimunds kommen, sind vergessen; die Vorbilder, die er für seine Stücke nützte, kennt man heute kaum noch. Den »Diamant des Geisterkönigs« (1824) schuf er als eine originale Arbeit, das Stück ist aber, was man heute ein unwissentliches Plagiat nennen würde. Erst »Das Mädchen aus der Feenwelt oder der Bauer als Millionär« ist ein Stück ganz von ihm selbst.

Die Wissenschaftler können zwar unschwer nachweisen, daß auch da noch Figuren drin sind, die vorher schon Meisl auf die Bühne brachte, und Feen, die man anderswo lange vorher gesehen hat. Aber auch sie können es nicht ändern: das Stück ist genial.

Man bedenke die Naivität, mit der da gedichtet wurde, die wunderbare und aufrichtige Naivität, deren Raimund fähig war. Indem er einerseits Elemente aus Zauberstücken und Volksstücken nahm, wie sie sich ihm auf den Wiener Vorstadtbühnen als Klischees anboten, diese dann einfach »ein bisserl weiter« dichtete, machte er daraus etwas, dem man heute nicht nur in Wien weltliterarisches Format zuerkennt.

Auch in seinen folgenden Stücken findet sie sich wieder: die himmelstürmende Naivität des Dichters, die aus den überlieferten einfachen Situationen neue, bessere Stücke machte als die unzählbaren, die ringsum geschrieben und aufgeführt wurden. »Moisasurs Zauberfluch« hat sehr präzise Vorbilder, »Die gefesselte Phantasie« selbstverständlich auch, und erst gegen sein Ende zu läßt Raimund, nun schon ein populärer, geliebter und wahrscheinlich auch mißverstandener Wiener Held, sich Eigenes einfallen. Und geht mit »Alpenkönig und Menschenfeind« und mit dem »Verschwender« geradenwegs in die Ewigkeit ein.

Ferdinand Raimund war ein zutiefst unglücklicher, aber kein gluckloser Mensch. Er kam durchaus noch zu Lebzeiten zu Erfolg und äußerer Anerkennung. Er konnte sich ein Landhaus lei-

Nestroys Stücke waren natürlich stets herrliche Gelegenheiten für ihren Autor, auch als Schauspieler zu brillieren. Neben Nestroy konnte sein beliebter Kollege Wenzel Scholz die Nestroy-Rollen spielen. Die drei Aquarelle zeigen die beiden »Kasperln« der Wiener Bühne in Aktion. Von links nach rechts: Nestroy als Agent Schnoferl in »Weder Lorbeerbaum noch Bettelstab«, Wenzel Scholz als Gärtner Plutzerkern im »Talisman« und als Melchior in »Einen Jux will er sich machen«.

sten, auf die tägliche Arbeit am Theater verzichten, gastierte als Schauspieler im Ausland, in München, in Berlin, in Hamburg. Wenn er nach mehr, nach »Höherem«, nämlich dem Burgtheater, strebte, so ist das leicht zu begreifen, wenn man einmal liest, was ein Zeitgenosse kritisch über die Umgebung zu sagen hat, in der sich Raimunds Erfolge abspielten:

»Der größten Gunst aber erfreut sich das Leopoldstädter Theater oder, wie es die Wiener nennen, das ›Kasperltheater‹. Dort wirkt als erste Kraft Herr Schuster, dessen Äußeres, er ist

häßlich und bucklig, Lachsalven hervorruft, bevor er noch zu sprechen beginnt. Herr Bäuerle, der Hausdichter des Leopoldstädter Theaters, liefert allmonatlich ein neues Stück. Da diese Possen nur Zoten enthalten, sind sie nach österreichischer Ansicht harmlos und passieren die Zensur ohne Schwierigkeiten . . . Alle Wiener Theater leiden unter schlechten Einnahmen, bloß das Leopoldstädter Theater wirft jährlich mehr als fünftausend Pfund Sterling ab, für österreichische Verhältnisse ein bedeutendes Erträgnis.«

Selbstverständlich ist das ein Bericht aus der Distanz. Sein Autor Charles Sealsfield hat sich mit dem Volkstheater nicht sehr abgegeben, seine größere Aufmerksamkeit galt dem Burgtheater und Franz Grillparzer, den er »einen der größten deutschen Dichter« nannte und weit über Alxinger, Heinrich und Collin stellte, die für ihn immerhin noch »beachtenswerte Talente« waren. Raimunds Theaterwelt also, in der Erfolge zu verzeichnen waren, war vom hohen Geistesleben ausgeschlossen; eine scheue Freundschaft, die Raimund mit Grillparzer verband, war immerhin ein Zeichen dafür, daß sich dem einstigen Zuckerbäckerlehrling doch die Hand aus der von ihm verehrten Burgtheaterwelt entgegenstreckte. Nur: dichten konnte und mußte Raimund für die Vorstadt. Und seine »innere Zerrissenheit«, seine privaten Schwierigkeiten, seine Menschenscheu mußte er in einer Umwelt zu ertragen versuchen, die ihm stets als verlassenswert erschien. »Nervöse Anfälle und Wahnvorstellungen« waren bei ihm festgestellt worden, bis er eines Tages meinte, der Haushund, der ihn gebissen hatte, leide an Tollwut. Raimund reiste in großer Angst von Gutenstein nach Wien, wurde in Pottenstein durch ein Gewitter an der Weiterfahrt gehindert, jagte sich eine Kugel in den Kopf, rang sechs Tage mit dem Tod, bevor er am 5. September 1836 starb.

»Die Trauer Wiens an seinem Grabe war unbeschreiblich«, heißt es offiziell und in nichtssagender Dürre. Ferdinand Raimund kam, wie vor und nach ihm noch viele Genies Wiens, zu einem Begräbnis, durch das man ihm endlich seine Größe bescheinigte.

Franz Grillparzer hat mehrfach zum Ausdruck gebracht, wie man aus der Sicht der Innenstadt Ferdinand Raimund zu dessen Lebzeiten und in der Zeit nach seinem Tod einschätzte:

»Man hat oft bedauert, daß es Ferdinand Raimund, dem beliebten Volksdichter, an Bildung fehle; wenn diese noch dazu gekommen wäre, stünde der leibhaftige Shakespeare noch einmal da. Ich glaube, es fehlt Raimund nicht sowohl an Bildung, als an der Fähigkeit, sich eine Bildung zu nutze zu machen. Andererseits merken seine Bewunderer nicht, daß gerade dieser Zusammenstoß von geahnet-Poetischem und gemein-Unkultiviertem es ist, was den Hauptreiz von Raimunds Hervorbringungen ausmacht. Das Barocke ist sein Verdienst, aber sein großes Verdienst.«

Dies schrieb Grillparzer, seelenverwandt mit Raimund und dessen Rappelkopf, verwandt auch im Schicksal und in der Lebensführung, wenigstens was die Beziehungen zu den Frauen anlangt: Nicht nur Grillparzer hatte seine Schwierigkeiten im Umgang mit dem weiblichen Geschlecht. Raimund, der Affären hatte, unter dem Druck »seines« Publikums heiratete und so für knappe zwei Jahre Schwiegersohn des Theaterdichters und -direktors Gleich wurde, schließlich ein nervenzerrüttendes ehegleiches Verhältnis zu einer »bürgerlichen« Tochter unterhielt und auch daran nicht froh wurde, hat vielleicht dem äußeren Anschein nach mehr »Glück« bei den Frauen gehabt, doch in Wahrheit neben ihnen ebenso gelitten wie Grillparzer.

Und noch eine Duplizität der Fälle: Beide Dichter hatten die Genugtuung, von jungen Mädchen angebetet und über den Tod hinaus vergöttert zu werden. Im Leben Grillparzers und im Leben Raimunds findet sich eine Episode mit idyllisch-tragischem Ausgang. Beide erfuhren – zu spät – davon, daß sich für ihr Genie ein junges Mädchen aus bürgerlichem Haus hätte opfern wollen und daß dieses junge Mädchen über dieser Liebe gestorben war.

Bei Franz Grillparzer finden wir die Episode in seiner Autobiographie erzählt. Die Eltern des Mädchens waren die Überbringer der traurig-schönen Botschaft, und Grillparzer war gerührt und ließ in seinen Zeilen doch nicht besondere Wehmut darüber anklingen, daß ihm da eine verklärte Liebe entgangen war. Raimunds entsprechende Episode berichtet sein Freund, Verehrer und inoffizieller Biograph Reiberstorffer: Noch in seiner Zeit als Schauspieler hatte ein »empfindsames Wiener Bürgermädchen mit unendlicher Mühe die Einwilligung der Eltern zu der vermeintlichen Mißheirat mit dem liebenswerten Komödianten durchgesetzt. Aber der lange Kampf hatte den kleinen Körper aufgerieben, die kleine Heldin starb, just als ihr und dem Geliebten der Lohn der Treue zu winken schien«. Sehr viel besser erging es übrigens, wenn wir bei diesem delikaten Punkt noch etwas verweilen wollen, auch den anderen Schriftstellern nicht. Johann Nestroy, der Raimund zwar nicht von den Bühnen fegte, doch mit seinem Auftreten die Aufmerksamkeit von ihm ablenkte, ist gleichfalls nicht als glücklicher Ehemann in die Geschichte eingangen, und die Schwierigkeiten, die Adalbert Stifter im Umgang mit Frauen hatte, wären nicht minder erwähnenswert. Es gibt genügend Deutungen für diesen seltsamen Makel. In der Zeit selbst hat man wenig Kenntnis davon genommen, den einen Hagestolz genannt und den anderen als Sonderling scheel angesehen. Doch in unserem aufgeklärten Jahrhundert hat man über dieses Phänomen nachgedacht. Allerdings: über feuilletonistische Interpretationen der verminderten Liebesfähigkeit der Wiener Poeten ist man nicht hinausgekommen. Zerrissene waren sie alle, das steht fest. Und an ihrer Zerrissenheit zwischen Sehnsucht nach allgemeiner Wirkung, Abscheu vor der Menge, Furcht vor der Zensur und ohnmächtiger Wut angesichts ihrer relativen Wirkungslosigkeit erkrankten sie und fanden nicht die Zeit – oder Lust – zu einem Verhältnis, in denen ihnen vielleicht Glück und Zufriedenheit beschieden gewesen wäre. Die resignierenden Aussprüche, die man ihnen in den Mund gelegt hat oder die sie vielleicht wirklich getan haben, sind alle unter diesem Aspekt zu verstehen.

Um auf Raimunds wirkliche Stellung im Wiener Theaterleben zurückzukommen. Grillparzer kommentierte das erste Erscheinen von Raimunds Werken 1837:

»Je lebhafter im Publikum Wiens noch die Erinnerung an jenen vortrefflichen Zustand des Leopoldstädter Theaters ist, an jenes Zusammenwirken ausgezeichneter Talente, welche diese Bühne zu einer der merkwürdigsten Erscheinungen im

Kreise der deutschen Dramatik machten, je wärmer die Anhänglichkeit ist, welche dasselbe Publikum dem begabtesten unter diesen Darstellern, dem Verfasser der hier angezeigten Schauspiele, widmete, umso erfreulicher muß eine Gabe sein, nachdem die Befangenheit des ersten Eindrucks zu wirken aufgehört hat, nunmehr auch dem Urtheil sein unbestreitbares Recht auszuüben gestattet.«

Grillparzer lobte dann, schon ganz im Einklang mit der späteren Tradition, als schönste Dichtung Raimunds den »Alpenkönig und Menschenfeind«:

»Ich wollte, sämmtliche deutsche Dichter studierten dieses Werk eines Verfassers, dem sie an Bildung himmelweit überlegen sind, um zu begreifen, woran es unsern gesteigerten Bestrebungen eigentlich fehlt, um einzusehen, daß nicht in der Idee die Aufgabe der Kunst liegt, sondern in der Belebung der Idee; daß die Poesie Wesen und Anschauung will, nicht abgeschattete Begriffe; daß endlich ein lebendiger Zeisig mehr wert ist als ein ausgestopfter Rosengeier oder Steinadler.«

Zwei Jahre vor Raimunds Tod schrieb Grillparzer an diesen, und seine Worte kamen nicht »von oben«, sondern von einem Freund und Mitwisser:

»Das Ernsteste ist Ihnen bloß bildlose Melancholie; wie Sie es nach außen darzustellen suchen, zerfließt es in unkörperliche Luft. Im Komischen haben Sie mehr Freiheit und gewinnende Gestalten. Dahin sollte Ihre Thätigkeit gehen.«

Man nennt Raimund und Nestroy immer in einem Atemzug und denkt kaum daran, was diese beiden aus der Volksdichtung des Wiener Biedermeier hervortretenden Autoren verband und was sie trennte. Beide hatten sie zuallererst Schauspieler, Komödianten zu sein und durften dann erst

188

Autoren, Regisseure, Theaterdirektoren werden. Das war das Schicksal, wie es damals besseren Virtuosen der Bühne beschieden war. Da die Theaterwelt viel eigenwilliger und von den anderen Ständen abgesonderter war als heute, waren die Protagonisten der Szene zumeist untereinander verschwägert und verwandt, gab es die mannigfachsten Beziehungen und dazu ein Intrigenleben, das Berufsneid und familiäre Konkurrenz begünstigten. Und das Publikum, das von seinen Lieblingen nicht nur deren Rollen und Stücke, sondern selbstverständlich auch deren Amouren und Heiratspläne kannte, lebte dies alles mit. Raimund und Nestroy spielten dieselben Rollen, Nestroy etwa, als er nach Wien zurückkehrte, in Stücken von Raimund dessen Partien, und zwar so anders als der Autor, daß er es sich gefallen lassen mußte, von diesem Verweise und Rollenverbote zu bekommen. »Und dann habe ich allen Respekt

vor Herrn Nestroy, wenn er auch gar keinen vor mir hat, aber wenn meine Stücke, solange sie noch ungedruckt sind, an der Wien aufgeführt werden, so wünsche ich, daß die Hauptrolle in meinem Geist gegeben wird, wodurch die Stücke allein in ihrer wahren Gestalt erscheinen«, schrieb Raimund im Mai 1832, als man ihn bat, die »Gefesselte Phantasie« für eine Benefizvorstellung freizugeben. Er wußte, wie anders die Komik Nestroys war, wie gänzlich unnaiv. »Wie komisch Herr Nestroy auch zuweilen ist, er kann das Unheimliche nicht verdrängen, welches die Zuschauer beschleicht«, lautete denn auch das Urteil eines beobachtenden Kollegen, des Herrn Costenoble, der ausdrücklich auf Raimunds Seite stand, aber die Durchschlagskraft Nestroys nicht leugnen konnte.

Eine weitere Gemeinsamkeit Raimunds und Nestroys: private Schwierigkeiten und Erfolg auf

dem Theater. Wiederum eine Gemeinsamkeit, die sie mit beinahe allen genialen Menschen ihrer Zeit teilten. Es scheint, daß der Zwiespalt zwischen dem Glanz des Schaustellertums und der einfachen bürgerlichen Existenz, die das Ideal der Zeit und also auch der Schausteller selbst war, größer gewesen ist, als wir denken. Sie alle hätten wohl gern in den Verhältnissen gelebt, die sie bei ihrem besseren Publikum voraussetzen durften und beim breiten Publikum lächerlich machen mußten.

Gemeinsam schließlich war Raimund und Nestroy, daß sie ihre Entwicklung als Dramatiker vollendeten. Freilich tat's jeder auf seine Weise. Raimund, indem er das Wiener Volksstück zur Dichtung erhob und damit seine Vorgänger adelte, seine Nachahmer distanzierte; Nestroy, indem er der Posse ein für allemal die Naivität raubte, das Zeitstück aus ihr machte und ihm gleichzeitig Ewigkeitswert verlieh. Seine Zeitstücke sind durch die Zeiten frisch geblieben und haben die Umstände überlebt, die sie anprangerten.

Gänzlich verschieden waren Raimund und Ne-

Johann Christian Schoeller war wohl der fruchtbarste Zeichner der Wiener Theaterlandschaft im Biedermeier. Von ihm stammen die beiden Blätter. Oben: Die große Tanzszene in Nestroys »Nagerl und Handschuh«, einer Parodie auf »Aschenbrödl«, bei der Nestroy und Scholz als Ballerinen auftraten (ganz vorn) und dem Stück allein dadurch zu einem Serienerfolg verhalfen. Rechts: Eine Allegorie »Der Einzug Ferdinand Raimunds ins selige Land«, eine Huldigung auf den auf so tragische Weise aus dem Leben geschiedenen Dichter.

stroy in ihren Zielen. Raimund wollte ein Stück fürs Burgtheater schreiben und ein Dichter werden. Nestroy wollte der Welt die Maske vom Gesicht reißen und ihr dann einen Spiegel vorhalten – wobei er keineswegs beabsichtigte, die Welt zu zerstören, sondern sich offenbar als Moralist deren Besserung erhoffte. Das Verhältnis zur Sentimentalität etwa ist etwas, das sie auch unterscheidbar macht: Raimund hat viele Figuren geschaffen, die es bereits vorher schablonenhaft gab, deren rührende Wirkung aber erst er erzeugte. Treue Bedienstete hatte es immer gegeben; der Valentin aus dem »Verschwender« und dessen »Hobellied« aber waren in ihrer Wirkung etwas nie Dagewesenes.

Die Personen Nestroys hingegen, ebenfalls aus dem Fundus unzähliger Vorlagen stammend, haben ganz und gar nichts Rührendes an sich. Der besoffene Knieriem aus dem »Lumpazivagabundus«, der ungeläutert bleibt, ist uns zwar ans Herz gewachsen. Ob er aber für uns ein sympathischer Mensch ist?

Wo Raimund den einfachen und konventionellen Effekt ablehnte, da war Nestroy ein Meister in der Nutzung auch der allerlautesten Pointen, die er häufig nicht mehr aufschreiben, sondern nur noch als Regieanweisungen für seine begabtesten Darsteller und sich selbst notieren mußte. 1832 zeigte Nestroy in der »Aschenbrödel«-Parodie »Nagerl und Handschuh« seinem Publikum, wie man aus einer absurden Szene allergrößten Gewinn ziehen könne. Die drei Komiker seines Ensembles – der berühmte Wenzel Scholz, ein Herr Hopp und Nestroy selbst – beschlossen, sich als Tänzerinnen zu verkleiden und eine Konkurrentin dadurch zu übertreffen, daß sie als Gruppe auftraten. Die Schlüsselszene des Stücks wurde daher eine stumme: drei Herren, die nach alter Travestie-Tradition auf der Bühne umherhüpften. »Noch nie ist im Theater ein so schallendes Gelächter gehört worden als in dieser Szene«, schrieb die »Theaterzeitung«, und ein vornehmes Blatt, die »Wiener Zeitschrift«, gab zu: »Es gab wohl keinen unter den Zuschauern, den die steife Unbehilflichkeit Hopps, die riesige Gestalt Nestroys und das kirschbraune steinerne Gesicht von Scholz, alle drei in modernstem weiblichem Ballputze, nicht wenigstens einen Augenblick aus der Fassung gebracht hätte.«

Nestroys Parodie konnte sich, wohl allein dieses Einfalls wegen, bis 1858 auf den Wiener Bühnen halten.

Ferdinand Raimund erlebte das Jahr 1848 nicht mehr. Er hat es, das darf man nach Lektüre seiner

Schriften – zu denen auch einige Theaterreden gehören, wie man sie nach den Vorstellungen hielt, um das Publikum auf die kommenden Ereignisse aufmerksam zu machen oder sich für einen besonderen Beifall zu bedanken – wohl sagen, nicht herbeigesehnt. Er war kein Weltveränderer. Er hat den reichen Flottwell nicht gehaßt und auch den reichen Rappelkopf nicht seiner Geldgier wegen einer Läuterung unterziehen lassen. Seine Themen waren so ideal, wie die Ideale des Biedermeier es auch waren.

Raimund hat übrigens in seinem »Alpenkönig« in der Person des Astralagus den Mystizismus des beginnenden 19. Jahrhunderts ins Spiel gebracht. Initiiert wurde diese Bewegung von dem Priester Klemens Maria Hofbauer, dem einzigen echten Wiener »Heiligen«, seit 1914 Stadtpatron von Wien.

Johann Nestroy schrieb und spielte auch im Jahre 1848. Er schrieb auch da zeitbezogen und war dennoch kein Revolutionär. Seine Liebe galt wohl auch den kleinen Leuten, doch was die Reichen betraf, so verdammte er nicht deren Reichtum, sondern deren Dummheit. Und die mochte er auch an armen Leuten nicht. Weder auf der Bühne noch im Leben war er mit der Zensur einverstanden. Wie hätte das ein kritischer Autor auch sein können? Doch daß er die Zensur als etwas ansah, das ihm den Atem zu künstlerischem Bekenntnis nahm – wie Grillparzer das mitunter fühlte –, ist nicht erwiesen. Nestroys Zänkereien mit dem Zensor, seine berühmten Kämpfe, die ihm einige Male auch Arreststrafen eintrugen, gingen nicht um prinzipielle, letzte Dinge, sondern um lokale Kleinigkeiten. Da, wo Nestroy nicht mehr unterhalten, sondern geißeln wollte, kam er mit der Zensur kaum in Konflikt. Einerseits, weil er ein Praktiker war und all die kleinen Tricks beherrschte, die man gegen den Theaterzensor anwenden konnte, und zweitens, weil er gegen menschliche Unarten und Schwächen loszog. Und das ist beinahe immer erlaubt gewesen.

Was bei der Betrachtung der Wiener Theaterszene des Biedermeier auffällt und dem Wiener literarischen Zweigestirn gleichermaßen zu eigen ist, das ist die Liebe zur Stadt. Sie offenbarte sich durch ein ungeschriebenes Theatergesetz, das Autoren der Vorstadtbühnen die absurdesten Handlungen nach Wien verlegen oder Wien wenigstens an fernen Schauplätzen loben ließ. Die als Schauspieler auch in Deutschland gastierenden und erfolgreichen Volksdichter Raimund und Nestroy blieben der Stadt, in der sie geboren und aufgewachsen waren, in allen ihren Gedanken und Worten treu. Und Grillparzer, der sich als ein deutscher Dichter in der Nachfolge Schillers verstand, hätte nie daran denken mögen, anderswo zu wirken als in Wien.

An das Ende dieser Betrachtung will ich einige Zeilen des Theaterschriftstellers Friedrich Kaiser stellen, der seiner eigenen Ansicht nach Konkurrent und nicht nur Zeitgenosse Raimunds und Nestroys war. Was er von den Direktoren seiner Zeit schrieb, paßt gut ins Bild, ist herb und bitter und läßt nachschmecken, wie sehr diese Herren darauf sehen mußten, ihre Häuser gewinnbringend zu führen und selbst ihre ersten Kräfte nicht zu großzügig zu honorieren. Von ihm stammt der Bericht über die Totenfeier, die man im Leopoldstädter Theater für den eben verstorbenen Raimund abhielt. Zum Schluß der Vorstellung gab es »ein mit ziemlichem Geschmack arrangiertes Tableau« mit der Büste des Verewigten im Mittelpunkt und den Figuren aus seinen bekanntesten Stücken ringsum gruppiert. Und als zuletzt das Orchester »So leb denn wohl, du stilles Haus« spielte, da wollte Kaiser im Theater wirklich Rührung verspürt haben. Aber:

»Ich war damals noch naiv genug, zu wähnen, ich werde, als ich mich nach beendeter Feier auf das Podium begab, dort die Schauspieler, welche ja zum größten Theile die ehemaligen Kollegen Raimund's gewesen, und namentlich den Leiter des Instituts in einer sehr traurigen, oder wenigstens ernsten Stimmung treffen; aber ich sah mich auf eine mich fast verletzende Weise getäuscht. Die Schauspieler waren bereits in ihre Garderoben geeilt, wo sie sich lachend und scherzend, als ob eben eine ganz gewöhnliche Komödie zu Ende gespielt worden wäre, umkleideten, und als ich nach dem Herrn Direktor fragte, wies man mich – in das Wirtshaus zur Weintraube.«

Direktor Marinelli mag den naiven Theaterdichter schockiert haben. Er war aber, darf ein Theaterfreund der Gegenwart bestätigen, nur eben ein richtiger Theaterdirektor. Raimund wäre von ihm nicht enttäuscht gewesen. Und Nestroy hätte aus der Situation eine Coupletstrophe gemacht. Und Grillparzer einen bitteren Vierzeiler.

Kaiser Franz, Hohe Politik und eine Ballerina

»Für die Fremden war ein so leichtes, von steten Festen durchsetztes Leben, wirklich ein Leben voller Wonnen. Um die denkwürdige Vereinigung angemessen zu feiern, schien Wien alle Genüsse, die es gewöhnlich bietet, noch übertreffen zu wollen. Im Mittelpunkt des südlichen Deutschland gelegen, erscheint diese Stadt wie ein Born von Sorglosigkeit und Ruhe inmitten der ernsten wissenschaftlichen und philosophischen Bestrebungen der benachbarten Länder. Ganz der Sinnenlust ergeben, lebt ihr Wesen den Festen, Gastereien, Tanz und vor allem der Musik. Zu allem der treffliche Ungarwein, der die Freuden noch würzt, läßt sie auch leben und sich im süßen Wohlbehagen materieller Genüsse regieren. Der Fremde ist in Wien gut aufgehoben: er findet bei Privaten herzliche Gastlichkeit, bei den Behörden Offenheit und Wohlwollen. Dafür verlangt man von ihm nur eins: nicht gegen die Regierung sprechen und handeln. Unter diesen Bedingungen verleugnet sich die gute Aufnahme niemals; aber wehe dem Fremden, der gegen diese Gesetze der Klugheit sündigt: gleich empfängt er ein kleines Billett, das ihn höflichst bittet, am andern Tage aufs Polizeimagistrat zu kommen. Mit dem sanftesten Tone hält man ihm vor, daß seine Pässe nicht in Ordnung und seine Geschäfte beendet seien. Vergebens protestiert er, beruft sich auf seine Anhänglichkeit an alle Regierungen, beteuert, daß er nur daran denke, sich das Leben angenehm zu machen. Alles umsonst, er muß reisen.«

Wie man weiß, hatte der Reiseschriftsteller und Abenteurer Comte Auguste de la Garde, ein Schützling des Fürsten de Ligne, selbst immer wieder Schwierigkeiten mit der Polizei, selbstverständlich auch mit der österreichischen. Das aber hinderte ihn nicht daran, die Vorzüge einer Stadt, in der er zur Zeit des Wiener Kongresses gut und amüsant zu leben wußte, in den prächtigsten Farben zu schildern. Im Detail wie in der großzü-

gigen Al-fresco-Malerei findet er Schönbrunn, die Hofburg, aber auch den Prater ganz vortrefflich und erzählt vom Wien des Jahres 1815 so, als hätte es da außer netten Gastgebern und wohlhabenden Bürgern, die zu dem Spektakel, das hier für eine ganze Welt gegeben wurde, gern das Ihre beisteuerten, nichts, aber auch schon gar nichts Häßliches gegeben.

Und wo er sich selbst nicht genügend als Kapazität fühlt, überläßt er seinem Freund Julius Griffith, einem englischen Arzt und Erzähler, das Wort. Dieser will nicht einmal Armut in Wien entdeckt haben:

»Wirklich, wo begegnet man in Wien einem Bettler? Die Armenanstalten werden sehr gut und mit vieler Freigiebigkeit verwaltet. Die öffentliche Wohltätigkeit im besonderen scheint von der größten Billigkeit geleitet zu sein. Da das Volk im allgemeinen in industrieller und kommerzieller Hinsicht dem übrigen Deutschland voraus ist, so trifft man den Wohlstand nicht selten, und man kann wohl behalten, daß sich keine Hauptstadt Europas mit ihrem Zauber der Umgebungen sowie ihrem ruhigen und sorglosen Leben, das man dort führt, messen kann. Madame de Staël nannte Deutschland das Land des Gedankens: Wien könnte man die Heimat des Glücks nennen.«

Soviel überschwängliches Lob ist erfreulich und unzutreffend zugleich. 1815 war Wien nach Kriegswirren, zweifacher Besetzung und kaum abgewandten Börsenkrachs finanziell äußerst mitgenommen, die Wiener Bürgerschaft mußte zudem zu den Kosten, die der Kongreß verursachte, in hohem Maße beisteuern. Die Wiener also, von denen berichtet wird, daß sie sich um Anstellungen als Lakaien oder mindere Bedienstete in Scharen bewarben, taten dies keineswegs nur deshalb, um näher an regierende Fürstlichkeiten und den allgemeinen Trubel heranzukommen, sondern auch deshalb, um sich wenigstens einen Teil von dem zurückzuholen, was ihnen das Weltgeschehen genommen hatte. Allgemeiner Wohlstand war keineswegs zu verzeichnen, von großer Teuerung dagegen ist in den Berichten Eingeweihter immer wieder die Rede. Damals wie zu allen Zeiten trieben die anreisenden Gäste die Preise in die Höhe, und die verwirrten Einheimischen hatten kein geheimes Losungswort, mit dem sie etwas angemessenere Preise zugestanden be-

194

kommen hätten. Und ein Volk, das bis auf den heutigen Tag teilweise vom Tourismus und von glanzvollen Festspielen für zahlende Fremde lebt, kann sich's auch jetzt noch vorstellen, wie der Wiener bei »seinem« Kongreß sich gefühlt haben mag: aufgeregt, angeregt, geschmeichelt – und geschröpft.

Die Nachwelt sieht den Kongreß als das Ereignis, auf dem man tanzte und mit den notwendigen diplomatischen Verhandlungen absichtlich nicht rasch zu Ende kam, und will Klemens Fürst Metternich als die zentrale, beherrschende Figur dieses Kongresses sehen – und Friedrich von Gentz als den klugen, käuflichen, verruchten Sekretär. Von Franz I., der immerhin Gastgeber und somit bestimmende Herrscherfigur des Kongresses zu sein hatte, wird seltener, unbestimmter, zumeist am Rande berichtet.

Dafür gibt es einige Erklärungen. Er hatte als Souverän Fehler gemacht, die man ihm lange

vorhielt: etwa die Schaffung eines österreichischen Kaisertums 1804 und die Zurücklegung der römisch-deutschen Kaiserwürde 1806. Und jetzt, nach Gründung der »Heiligen Allianz«, wollte er über einen absolutistischen Wohlfahrtsstaat herrschen, über ein Reich, das in Europa Frieden und Sicherheit garantieren sollte. Ein etwas weltfremdes Unterfangen, wie die kommenden Jahrzehnte bewiesen. Dazu kamen sein allgemein bekannter Geiz, seine Popularitätssucht, die sich an seinem

Oben: Der wahre Herrscher Österreichs, Staatskanzler Metternich, ist als »Kutscher Europas« und souveräner Leiter des Wiener Kongresses, aber auch als die Personifikation des »Systems« der Vormärzzeit in die Geschichte eingegangen. Daß er nebstbei geistreich war, Geschmack hatte und Wien zu einer einzigartigen Stellung in Europa verhalf, vergißt sich leicht. Seine »Villa« am Rennweg (die Lithographie zeigt deren Gartenpavillon) war ein Nervenzentrum des Kontinents.

Oben: Die »öffentliche Hoftafel im Redoutensaal 1816 in Gegenwart des Kaisers und der Kaiserin« erinnert uns daran, daß Hugo von Hofmannsthal in einer »wienerischen Komödie« einmal davon sprechen läßt, wie sehr man bei Hofe im rechten Augenblick die Repräsentation zu pflegen wisse. Das Haus Habsburg hielt es bis zuletzt so: genügsam und schlicht privatim, aufwendig und luxuriös bei großen Anlässen.

Vorhergehende Seiten: Der Kaiser und sein Staatskanzler. Leopold Kupelwieser malte Kaiser Franz im Staatsornat – in dem dieser sich bei manchen Gelegenheiten zeigte, wenngleich er sich lieber im schlichten Bürgerhabit darstellen ließ. – Das repräsentativste Gemälde des Staatskanzlers malte Thomas Lawrence, als Metternich auf dem Gipfelpunkt seiner Macht stand. Aus dem »Kutscher Europas« wurde später der »Fürst von Mitternacht«.

Abscheu gegen den populären, gebildeten, »hochdeutsch« sprechenden Gentz bewies, seine »Wortbrüchigkeit gegen die Staatsgläubiger und in den Angelegenheiten des Bankozettels« und seine Anfälligkeit gegenüber Zuträgerei, die sich daran zeigte, daß er ein riesiges Spitzelsystem unterhielt. Alles das sind Ursachen dafür, daß er in der Geschichtsschreibung weit schlechter wegkommt als im Urteil seiner Untertanen, die ihn als ihren guten Kaiser verehrten.

Zu den berühmtesten Szenen in Österreichs Geschichte gehört jene, bei der seine Geburt angekündigt wurde: Im Hofburgtheater platzte Kaiserin Maria Theresia mitten in eine Vorstellung und rief aus ihrer Loge ins Parterre, was eine Freudenbotschaft für alle Anwesenden und ihr ganzes Land sein sollte: »Der Poldl hat an Buabn kriegt!« Die offizielle Literatur gibt diese Szene als »authentisch« wieder, und jeder Geschichtsschreiber weist noch eigens darauf hin, die Majestät habe »in echtestem Wiener Volkston« ins Theater gerufen und sich dabei keineswegs um die Vorgänge auf der Bühne geschert, die von diesem Moment an wohl auch ziemlich bedeutungslos waren.

Was aber wurde aus diesem Buabn? Versuchen wir einmal, zwei sehr entgegengesetzte Autoren zu zitieren und einige Eigenschaften zu finden, die beide Franz I. zugestehen. Charles Sealsfield ist als scharfer Kritiker zuerst dran:

»Der Kopf des Kaisers ist ungemein mager, und fast könnte es scheinen, daß die hohlen Wangen ihre ganze Fülle dem Kinn und einem Paar dicker Lippen abgegeben haben, die sich hie und da zu einem gutmütigen Lächeln verziehen, wenn der Kaiser mit dem Kopf nickt. Dieses Gesicht ist jedoch auch des Ausdrucks höhnischer Bösartigkeit fähig. Dürre Beine, an welchen vier Kaiserinnen keine Unze Fleisch übrig gelassen haben, tragen einen hageren Rumpf, und unschöne Füße stecken in hohen Stiefeln. So sieht der Abkomme von neunzehn Kaisern, der jetzige Beherrscher Österreichs aus.«

Sealsfield schreibt jedoch nicht nur über die Erscheinung, sondern auch über die Wirkung und den Wirkungskreis des Kaisers:

»Kaiser Franz war während seiner Regierung eigentlich nur ein Werkzeug in den Händen seiner Minister, nicht so sehr aus Beschränktheit, als durch eine gewisse Passivität, welche in Erkennt-

Die Farblithographie »Kaiser Franz I. bei Ausfahrt mit Gattin Karoline Auguste« zeigt den »anderen«, den betont bürgerlichen und volksnah auftretenden Kaiser, von dem berichtet wird, daß er gern im Dialekt redete und sich im Umgang mit seinen Untertanen durchaus wohl fühlte.

nis des eigenen Unwerts, ihn dazu führte, sich auf andere zu stützen, solange die Politik und die Umstände dies geboten . . . In dem Augenblick, wo Franz I. sich unter Metternichs Führung begab, war nicht mehr die geringste Spur von Offenherzigkeit und Geradheit zu finden, welche ihn – unbeschadet der Schwankungen seiner ersten Regierungszeit – bis dahin durch die verschiedenen Widerlichkeiten und Stürme seines politischen Lebens begleitet hatten . . . Franz wird immer bloß als das Werkzeug in Metternichs Händen betrachtet. Dies ist unrichtig. Zwischen dem Monarchen und dem Staatskanzler herrscht vollständige Übereinstimmung der Gesinnung und Ansichten. Der Kaiser hat in Metternich den Mann nach seinem Herzen erwählt, deshalb findet er an seinen Vorschlägen Wohlgefallen und führt

sie aus. Das schmähliche Erzeugnis eines schlechten Gewissens, die geheime Polizei, liegt ausschließlich in seinen Händen. Franz ist ihr oberster Chef, und die Geheimpolizei liefert einen großen Teil der schweren Arbeitslast des Kaisers. Seine Vorliebe für geheime Nachrichten ist so bekannt, daß der letzte seiner Untertanen, der sich nicht getrauen würde, die Schwelle eines ehrlichen Bürgers zu überschreiten, ohne Scheu vor den Kaiser hintritt, vorausgesetzt, daß er ihm das gewünschte Gift bringen kann.«

Und nun Adolf Bäuerle, Redakteur und Herausgeber der »Allgemeinen Theaterzeitung« und uns bis heute auch als Theaterschriftsteller bekannt, der 1834 ein Nachschlagewerk herausgab, das für die Begriffe seiner Zeit geradezu monströs und vollständig, vor allem aber kaisertreu bis in die letzte Zeile war. Bäuerle weiß vom Kaiser ein ganz anderes Bild in einer freilich auch ganz anderen Sprache zu entwerfen:

»Der Ewige hat Österreich zum auserwählten Lande ersehen, indem er demselben einen Fürsten schenkte, welcher den Namen Landesvater im wahrsten Sinne des Wortes verdient. Der hocherhabene Monarch hatte durch ein- und vierzig Jahre mühe-, arbeits- und leidenvolle Jahre, außer dem Glücke Seiner Völker und der Beruhigung Europas, nur Gott und das Gesetz vor Augen; Sein Antlitz ist daher auch der reinste Spiegel seiner Vaterhuld und Gerechtigkeitsliebe, und schon Sein Anblick muß Vertrauen und Anhänglichkeit in dem Herzen jedes Unterthanen erwecken . . . Die Geschäfte der inneren Staats-Verwaltung, die Beglückung seiner Unterthanen sind Sein höchster Lebensgenuß; die Naturwissenschaft und die praktische Landwirtschaft in den wenigen Tagen des Jahres, wo der Monarch auf Seinen Familien-Herrschaften weilt, Seine einzige Erholung. In Seiner ländlichen Behausung sowohl, als auch auf Seinen Reisen und Feldzügen wird die Bearbeitung von Staatsgeschäften keinen Tag unterbrochen. Sein Kabinet und Seine Registratur befinden sich überall in Seinem Gefolge . . . Die Verwaltung der innern Angelegenheiten des österreichischen Staates ist auf Sicherheit und auf Ausbildung des Bestehenden gerichtet . . . Mit landesväterlicher Huld wacht der allergnädigste Monarch im Staate über alle Unterrichts-Anstalten und sucht dieselben durch Segen und Wohlfahrt unter den beglückten Völkern des großen Kaiserreiches zu verbreiten. Der Kaiser erkennt die Schulen als Pflanzstätten wahren Bürgerglücks und der inneren Zufriedenheit, indem daselbst zu allen Bürgertugenden der Samen ausgestreut wird. An einem der glänzendsten, mächtigsten Höfe von Europa erscheint das Haupt der großen Völkerfamilie, der erhabenste Mann seiner Zeit, schlicht, doch ehrfurchtsgebietend, so daß jeder, der Ihn auch früher nie gesehen, in Ihm den Kaiser und Landesvater erkennen muß.«

Die Beschreibungen, möchte man sagen, decken sich. Der bösartige und scharfgesichtige Kritiker Sealsfield und der Panegyriker Bäuerle rühmen viele Charakterzüge und das äußere Bild Franz' I. ziemlich gleichartig, nur die Pinselstriche, die sie machen, gehen in verschiedene Richtungen. Und beide sind, geht es um die Lebensgewohnheiten des Monarchen, die er vom Kongreß bis zu seinem Tode beibehielt, wieder nur in der Wahl ihrer Standpunkte verschieden, schildern aber eindeutig ein und dieselbe Person. Sealsfield: »Wenn man Franz in seiner altmodischen, zweispännigen Kalesche fahren sieht, im braunen, abgetragenen Kaputrock und entsprechendem Hut, freundlich nach rechts und links nickend oder leutselig mit seinem Oberstkämmerer, Grafen Wrbna, plaudernd, so würde man ihm nicht den geringsten Stolz zumuten. Aber selbst regierende Fürsten und andere Große nahen dem Kaiser ängstlich

und scheu und voller entschiedenem Mißtrauen. Auch in solchen Situationen gibt sich Franz ganz bieder, ja geradezu derb, als stünde er vor dem Geringsten seines Volkes. Dann bemerkt der Eingeweihte, daß es gut ist, sich zu hüten, vor einer Offenheit, welche einen im kürzesten Weg in die Kerker von Munkacs, Komorn oder auf den Spielberg bringen kann. Franz ist sicher kein Heuchler, aber er verfügt über eine Verstellungskunst, welche auch das schärfste Auge täuscht.«
Und Bäuerle, dem es in diesem Ton ganz gewiß nicht von den Lippen ginge:
»Mit fürstlicher Herablassung mischt er sich, wenn es die Gelegenheit mit sich bringt, gerne unter Seine Unterthanen, und läßt Milde und Gnade walten allenthalben. So einfach der Kaiser in Seiner Lebensweise erscheint, so rein ist er in jeder sittlichen Beziehung, so zugänglich für den Letzten wie für den Ersten Seines Reiches.«
Sealsfield gibt gerade diese Lauterkeit des Kaisers in sittlicher Beziehung auch zu:
»Alles Lob verdient der Kaiser als Familienvater. Es gibt im Kaiserreiche keine bessere, achtenswertere Häuslichkeit als die seine. Von dem vorgeschriebenen höheren Bildungsgang abgesehen, erlernt jedes Mitglied der kaiserlichen Familie ein Handwerk; die Erzherzöge zimmern oder tischlern und der Kronprinz webt. Seitensprünge sind unbedingt verpönt. Eine berühmte Schönheit, welche es wagte, aus ihrer Burgtheaterloge den kaiserlichen Schwiegersohn, Prinzen Salerno, zu grüßen, wurde eingesperrt und der Prinz erntete schärfsten Tadel.«
Das Haus Habsburg hat die Traditionen zu bewahren gewußt. Auch von den Nachfolgern Franz' I. auf dem Thron ist kaum anderes zu berichten: Persönliche Anspruchslosigkeit, Familiensinn, äußerste Strenge in sittlicher Beziehung, jedoch auch Sinn für Repräsentation und Darstellung der Macht und des Prunks des Hauses sind Eigenschaften, die man ihnen allen guten Gewissens zuschreiben darf.
Der Kaiser hat übrigens ein Wort immer wieder verwendet, mit dem man heute seine Epoche charakterisiert. 1810 zum Beispiel ließ er sechs Kanonen gießen und an seinem Namenstag im Bürgerlichen Zeughaus zu Wien aufstellen; sie waren als Ersatz für die Geschütze gedacht, die Napoleon den Bürgern weggenommen hatte. Jede der Kanonen trug die Inschrift: »Franz I. den

Zwei bedeutende Männer im Dunstkreis des Wiener Hofes: Rechts Friedrich von Gentz, Sekretär des Wiener Kongresses, Vertrauter des Staatskanzlers und »Konfident« von Bankhäusern. Oben Anton Prokesch-Osten, Freund von Gentz, aber auch intimer Ratgeber des Herzogs von Reichstadt. Er war als vom Hof bestellter »Mentor« mehr Freund des Sohnes Napoleons als Mitarbeiter Metternichs und wurde deshalb auch seines Einflusses auf den Herzog beraubt. Prokesch-Osten machte sich später auch als Schriftsteller einen Namen.

Bürgern der Stadt Wien für erprobte Treue, Anhänglichkeit und Biedersinn.«

Und das Wort kehrt in vielen Proklamationen und Handschreiben des Kaisers wieder: »Aber wenn Ich mich gleich mit größtem Rechte den freudigen Empfindungen überlasse, die Mir die Rückkehr zu den biederen Bürgern Wiens in einer so wichtigen Periode gewährt . . .«

Die »biederen« Bürger Wiens waren durch diese Bezeichnung keineswegs als dumm und kleinmütig abgestempelt. Biederkeit war vielmehr eine erstrebenswerte Haltung, sowohl des Bürgers selbst als auch in den Augen der Obrigkeiten. Bieder war, wer den Fortschritt in Technik, Handwerk und Gelehrsamkeit suchte und sich in der Politik aller revolutionären oder romantischen Gedanken enthielt. »Romantisch« war bereits eine Abwegigkeit, die Gefahr lief, ins Staatsfeindliche und Revolutionäre auszuarten. Romantisch war etwa der sein Leben lang geistreiche Gentz, als er in relativ hohem Alter die Tänzerin Fanny Elßler liebte. Metternich schrieb 1832 darüber an den Grafen Prokesch-Osten, der ein Vertrauter auch von Gentz war:

»Gentz war der Mensch, welcher von jeder Art von Romantismus am fernsten stand. Vor fünf bis sechs Jahren erwachte eine Art desselben in ihm; er bildete sich seit seiner Bekanntschaft mit F. bis zu hohem Grade aus. Die romantische Liebe bei Greisen nützt den Geist bald ab und führt das Ende herbei.«

Romantismus war in den Augen Metternichs Verschrobenheit und in sinnlose Kanäle gelenkte Energie. Biederkeit war für Franz I. einfach Treue zum Kaiserhaus und ein ausgeprägter Sinn für Ordnung, verbunden mit dem Wunsch, die Bewahrung dieser Ordnung bis in ferne Tage zu unterstützen. Wäre es nach Franz I. und nach Metternich gegangen, Österreich wäre für immer »bieder« und dadurch Europa ein Beispiel geblieben.

Wie der kluge und energische, geistreiche und zugleich boshafte Metternich seinem Kaiser nicht nur auf dem Kongreß, sondern auch in den

Lithographie von Fr. Dewehrt nach einem Gemälde von E. Gurk: Die Galerie in der Villa Metternich auf dem Rennweg. Wenn auch Metternich es war, der einmal äußerte, hinter dem Rennweg beginne der Balkan, so sah er zweifellos in seiner dort gelegenen Villa, wo er Empfänge gab und Feste veranstaltete, ein Zentrum des bewahrenswerten Abendlandes.

Jahrzehnten nachher diese Hoffnung auf ein Bestehenbleiben der alten Ordnung plausibel machen konnte, ist in ungezählten Berichten beschrieben. Sie fallen meist zu seinen Ungunsten aus, so daß der unten zitierte, noch dazu aus der Revolutionszeit 1848 stammende durch seine Objektivität überrascht:

»In der Politik hat man ihm vorwerfen wollen, daß er gar zu sehr den Gesetzen des Stillstandes anhänge. Gewiß wird ein so entwickelter Geist wie der seinige wohl erkannt haben, daß es nicht in der Bestimmung liegt, stets auf derselben Stufe zu bleiben, und daß Stillstehen in unserem Jahrhundert nichts anderes hieße als Rückwärtsgehen. Aber er wußte wohl auch, daß Erschütterungen nicht immer Fortschritte sind und daß man in der Leitung der Menschen auf ihre Gewohnheiten und wirklichen Bedürfnisse Rücksicht nehmen muß. Wenn der Augenblick noch nicht erschienen ist, wo man aber Herrn von Metternich ein entscheidendes Urteil fällen darf, muß sich die zeitgenössische Geschichte darauf beschränken, das friedliche und wolkenlose Glück außer Zweifel zu setzen, das seine ruhige und geräuschlose Leitung den Erbstaaten Österreichs zu geben wußte. Dieses Glück, das ihnen genügt, gibt ihm das Anrecht auf seinen Ruhm, das man gewiß nicht mißkennen wird.«

So lobende Worte sind später nur noch selten über Metternich geschrieben worden. Erst in neuerer Zeit hat sich ein Historiker, Heinrich von Srbik, bereit gefunden, ihn gegen die vielen Angriffe zu verteidigen.

Das Bild Metternichs zur Zeit des Kongresses zeigt ihn als einen ebenso amüsanten Gastgeber wie auf den Vorteil seines Herren bedachten Diplomaten, es zeigt ihn als den ersten Politiker Europas, den vielseitigsten Menschen überhaupt. Und ist doch nur ein unvollständiges Bild dieses Mannes, der nicht nur eine Versammlung von Herrschern und deren besten Diplomaten in Bewegung zu halten und nach seinem Sinn zu lenken wußte, sondern daneben auch ein ernsthafter Liebhaber und ein kluger Förderer fort-

Die Tänzerin Fanny Elßler kam aus kleinen Verhältnissen zu Weltruhm und wurde noch in jungen Jahren die Geliebte des Freiherrn von Gentz. Das Aquarell zeigt ihren Salon in Wien um 1830, dessen Einrichtung zweifellos vom Geschmack des Weltmannes Gentz profitierte.

schrittlicher Ideen war. Ihm wie seinem Kaiser dankt Österreich nebst dem Ruhm des Kongresses und dem solchermaßen gewonnenen äußerlichen Glanz die Schaffung von Schulen, des Polytechnikums, die Förderung von Fabriken und neuen Handwerkstechniken und eine relative Blüte auch des Künstlertums.

Daß Metternich einen Benediktinerpater als Vertrauten in seiner Hofhaltung hatte und dieser seinen Jugendfreund Adalbert Stifter zum externen Hauslehrer der Kinder Metternichs empfehlen konnte, sei nur am Rande erwähnt. Die Zeugnisse für die Bindungen des Fürsten an Wiener und österreichische Künstler und sogar Theaterleute haben Bände voll Anekdoten gefüllt und finden sich in den Erinnerungen glücklicher, weil vom Fürsten ernst genommener Theaterdirektoren. Und heute noch ist die Wissenschaft in der Lage, Neues über Metternich zu entdecken. In Prag sind erst im Jahr 1978 die Erinnerungen und Tagebücher des Benediktiners Rat aufgetaucht, die Metternichs Haushaltung und seine Relation zu Stifter schildern. Metternich, scheint es, war nur dort mit Härte und Unnachgiebigkeit tätig, wo er Angriffe auf die bestehenden Machtverhältnisse witterte. Seine Nachfolgekongresse, zu denen er in den Jahren nach 1815 immer wieder zu reisen hatte, waren notwendig, um das von ihm erfundene Gleichgewicht Europas zu halten; seine zuletzt erfolglos bleibende Hauptarbeit bestand darin, sehr verschiedene Interessen auszugleichen und stets so zu nutzen, daß Österreich als die Ordnungsmacht ganz Europas anerkannt werde. Wo dies nicht in Frage gestellt war, gab sich Metternich klug und fortschrittlich und mitunter auch einem geistreichen Pamphlet gegenüber keineswegs beleidigt. Immer wieder wird von ihm erzählt, daß er, der Erfinder des »Systems«, die Auswüchse des Spitzelwesens, das Absurde der Zensur sehr wohl erkannte und im privaten Kreis bereit war, geistreiche Polemik vorzulesen, wenn diese längst vom Chef der Geheimpolizei konfisziert und ihr Urheber bestraft war.

Über allem Zweifel stand auch seine Unbestechlichkeit – sehr im Gegensatz zu den Prinzipien, nach denen sein Adlatus und Einflüsterer Gentz zu leben hatte. Das bezeugt Baron Peter von Meyendorff, russischer Gesandtschaftsrat in Wien:

»Er hat seine Stellung nicht mißbraucht, um sich zu bereichern. Sein Einkommen beträgt nicht mehr als 100.000 Gulden Silber, und eine halbe Million schuldet er den Rothschilds, obgleich er, seit er im Amt ist, mehr als für zwei Millionen Geschenke in Gütern, Diamanten etc. von verschiedenen Souveränen erhalten hat.«

Friedrich von Gentz dagegen, wohl die schillerndste Person auf dem Wiener Kongreß, die später immer wieder den Geschichtsschreibern Stoff geliefert hat, mußte bis in unser Jahrhundert warten, daß ihm seine stete Abhängigkeit vom Geld der Rothschilds, aber auch kleiner Potentaten Europas nicht als Bestechlichkeit ausgelegt wurde. Der Historiker Golo Mann schrieb in seiner »Geschichte eines europäischen Staatsmannes«:

»Oft erscheint Baron Salomon, der Wiener Vertreter dieser Glücksfirma, in Gentz' Villa, übermittelt ihm vage seinen ›Anteil an einem Spekulationsgewinn‹ (ohne daß Gentz eigentlich spekuliert hätte), klagt bei ihm, wenn es Börsenverluste zu beklagen gibt; Salomon Rothschild behauptet später sogar, Gentz habe nur auf einem Zettel die Summe bezeichnen müssen, die er benötigte, und sie augenblicklich erhalten. Fürst Metternich billigte, ja begünstigte dies Verhältnis. Er ist es, der als erster von den Großen das gesellschaftliche Vorurteil bricht und ohne zu erörtern bei den Juden zu Mittag speist. Die Rothschilds ihrerseits zieht es zu den Konservativen.«

Gentz, von vielen verteufelt und als bezahlter Intrigant in den Schmutz gezogen, ist eine der anziehendsten Persönlichkeiten des Biedermeier-Wien. Er wird 1823 von einem badischen Diplomaten so beschrieben:

»Seine Haltung war vorwärts gebeugt, der Gang schleichend und unsicher, eine rötliche Perücke bedeckte den Kopf, der Anzug war nicht ganz mit der Mode schritthaltend. Der Ausdruck seiner Physiognomie war klug, der Blick aber scheu.

Rechts: Der Herzog von Reichstadt mit dem kleinen Erzherzog Franz Joseph und der Herzogin Lina von Salerno. Das Aquarell von J. N. Ender entstand in Schönbrunn und war als Geschenk für den kaiserlichen Großvater der drei Dargestellten gedacht.

Man begegnete ihm selten zu Fuß, meistens im Fiaker, oder er ließ sich in einer Sänfte tragen. Ein paar große schwarze Brillen, welche er vor die Augen hielt, dienten ihm als Contenance und dazu, die Anwesenden zu mustern.«

Und Franz Grillparzer, kein Freund dieses Mannes, schilderte die Stadtwohnung des immerhin ganz ohne Vermögen, nur von seinen täglichen Einnahmen als Publizist und politischer Sekretär lebenden Gentz:

»Der Fußboden des Wartesalons war mit gefütterten Teppichen belegt, so daß man bei jedem Schritt wie in einem Sumpf versank und eine Art Seekrankheit bekam. Auf allen Tischen und Kommoden standen Glasglocken mit eingemachten Früchten zum augenblicklichen Naschen für den sybaritischen Hausherren, im Schlafzimmer endlich lag er selber auf einem schneeweißen Bette im grauseidenen Schlafrock. Rings umher Inventionen und Bequemlichkeiten. Da waren bewegliche Arme, die Tinte und Feder bei Bedarf näher brachten; ein Schreibpult, das sich von selber hin und her schob; ich glaube, daß selbst der Nachttopf, allenfalls durch den Druck einer Feder, sich zum Gebrauch darreichte.«

Gentz ist zum Zeitpunkt dieser über ihn abgegebenen Charakteristiken immerhin schon sechzig. Fünf Jahre später trifft ihn ein Feuerstrahl. Er verliebt sich in die damals neunzehnjährige Tänzerin Fanny Elßler und bleibt keineswegs ihr hoffnungsloser Anbeter, sondern wird ihr erklärter Liebhaber. Ein von Metternich als »später Romantismus« bezeichneter Zustand macht aus ihm einen glücklichen Menschen, der Briefe von Poesie und Leidenschaft schreibt und nicht bloß eingebildete, sondern wahrhaftige Gegenliebe empfängt. Die Geschichte dieser Liebe zwischen dem strahlenden Ballettstern Fanny Elßler und dem alternden Politiker ist in ihrer Absonderlichkeit kaum je beschrieben worden. Die Biographen der Elßler, eher bemüht, das Liebesleben der großen Künstlerin nicht zu sehr nachzuempfinden, sahen darin wohl eine Art Verirrung; der Biograph von Gentz wiederum war allzusehr damit befaßt, die politische Bedeutung seines Helden in den Vordergrund zu stellen. Und die sonst jedem romantischen Stoff zugetane spätere Literatur und Filmindustrie fühlte ganz richtig, daß die beiden Protagonisten dieser Geschichte für ein breites Publikum um gerade die wesentliche Nuance zu wenig populär waren.

Fanny Elßler – zwar nicht das Patenkind Joseph

Haydns, als das man sie lange Zeit der Nachwelt präsentierte, was schon deshalb nicht möglich sein konnte, da Haydn vor ihrer Geburt starb, sondern in der Familie des Bedienten Haydns aufgewachsen und dem Komponisten der Volkshymne nur insofern verbunden, als ihr Vater der Notenkopist Haydns war – wurde 1810 in Gumpendorf bei Wien geboren, tanzte als Kind bereits mit ihrer Schwester Therese beim Wiener Kongreß, wurde mit vierzehn »entdeckt« und stand an der Schwelle zum Weltruhm, als der Freiherr von Gentz auf sie aufmerksam wurde. Sie ist zu dieser Zeit allerdings nicht mehr unschuldig; in Italien hat sie von einem Enkel Maria Theresias, Leopold, Prinz beider Sizilien und Prinz von Salerno, ein Kind empfangen, das sie 1827 in Wien zur Welt brachte. Der kleine »Franzl« wird dem Publikum verheimlicht, wächst bei einer Verwandten in Eisenstadt auf. Gentz sieht die Tänzerin am 25. November 1829 zum ersten Mal, schreibt Verliebtes in sein Tagebuch und schickt ihr kostbare Kamelien.

Das Blumengeschenk ließe darauf schließen, daß hier ein alter Routinier sich ein Ballettmädel erobern wollte, und dies wäre nun weder in Wien noch irgendwo in der Welt eine besonders aufregende Geschichte gewesen. Doch Fanny Elßler, in der sogenannten großen Welt längst daheim, verliebt sich ihrerseits in Gentz und wird ihm eine dankbare, treue Geliebte. Und sie hat auch nichts dagegen, daß alle Welt es weiß und Gentz sich ihrer beider Liebe – und seiner wiedererstarkten Liebesfähigkeit – in den Salons, sogar auch vor Metternich, rühmt und dafür einiges an Scherzworten einzustecken hat.

Gentz kann nicht nur geprahlt haben. Einer der zartfühlendsten Biographen der Fanny Elßler zitiert Passagen aus seinen Tagebüchern, und die lesen sich alle gleich: »In ihrer ganzen himmlischen Schönheit schenkte sie mir zwei unverhofft selige Stunden.« – »Einen der Abende verlebte ich, die ich mit nichts auf Erden mehr vergleichen kann.« – ». . . ein himmlischer Abend; anderthalb Stunden brachte ich mit ihr im Bette zu.« Der Briefwechsel zwischen Gentz und der Elßler ist erhalten, und aus diesem wenigstens darf man schließen, daß da zwei Menschen – durch Zufall oder Fügung – einander glücklich machten. Gentz, weil er in einer sonst auf Gewinn und Vorteil bedachten Welt, deren Untergang er vorhersah, auf eine ihm ehrlich ergebene junge Schönheit getroffen war, der er seine Liebe geben durfte; Fanny Elßler, weil sie von einem bedeutenden Mann nicht aus einer Laune heraus, sondern mit echter Leidenschaft geliebt wurde. Als die Affäre zu Ende war – sie endete mit Gentz' Tod, also nicht so, wie Affären mit Ballettmädchen zu enden pflegten –, ging die Elßler »in die Welt hinaus« und wurde zu einem Inbegriff des Tanzes, eine mit hymnischen Ehrungen und Reichtümern überhäufte Künstlerin, die Paris, London und für zwei Jahre den ganzen amerikanischen Kontinent zu ihren Füßen wußte. Wobei angemerkt werden darf, daß sie zwar als deutsche Künstlerin verehrt wurde, die Wienerin jedoch nie verleugnete und zur rechten Zeit in ihre Heimat zurückkehrte und in Wien in Ehren alt wurde.

Nicht nur die Liebe dieser beiden war außergewöhnlich, sondern auch ihr Finale: »Das sicherste Zeichen des nahen Endes war, daß er seine Tänzerin nicht mehr lieben konnte. Für sie hatte er zuletzt nur noch gelebt – für sie, nicht für die Politik, die er mit leidenschaftsloser, müder Klarheit überschaute. ›Das Gefühl, welches mich an Dich bindet, ist das einzige, in welchem ich eigentlich noch lebe.‹ Es starb dahin. Das heimlich tragische Motiv dieser Operette ließ jetzt auch dem Publikum sich in allen Tönen vernehmen. ›Das arme Kind‹, sagte er, ›gibt sich

Rechts: Marie Louise, Erzherzogin von Österreich im Jahre 1847. Nach der Trennung von ihrem ersten Gemahl Napoleon regierte sie das Herzogtum Parma – und gut, wie selbst heutige italienische Historiker ihr bestätigen. Sie heiratete den Grafen Neipperg – die Kinder aus dieser Ehe wurden die Fürsten Montenuovo – und war in dritter Ehe mit einem Grafen Bombelles verheiratet.

alle Mühe, mich zu erheitern: aber hier – er deutete auf sein Herz – ist ihr Bild erloschen.‹ « Golo Mann hat diesen Vergleich mit einer Operette geprägt. Und es war eine. Ich wüßte keinen besseren Operettenstoff, und doch hat ihn kein Librettist je aufgegriffen.

Fanny Elßler, von deren Weltruhm man sich heute schon deshalb kaum einen rechten Begriff machen kann, weil man nicht bedenkt, daß eine Künstlerin in der damals viel weniger überschaubaren Welt weit mehr Aufsehen, weit mehr Lob und selbstverständlich auch weit höhere Honorare einheimsen konnte als eine vergleichbare Berühmtheit in der Gegenwart – diese Fanny Elßler war nicht nur als Geliebte des Freiherrn von Gentz mögliche Hauptfigur einer Operette. Sie wurde – in Wien aus Tratschsucht, in Paris später dann zu Reklamezwecken – auch als das »Verhältnis« einer anderen, noch viel aufsehenerregenden Persönlichkeit bezeichnet: Bis auf den heutigen Tag haben alle Widerrufe seriös und genau sein wollender Chronisten nichts genützt – die Wienerin Fanny Elßler gilt auch als »die letzte Leidenschaft des Herzogs von Reichstadt«.

Zum Kreis der interessanten Persönlichkeiten der Zeit gehört er selbstverständlich. Seine Verbindung zu Fanny Elßler ist unbewiesen, wurde von einem seiner vertrautesten Wiener Mentoren sogar heftig dementiert. Graf Prokesch-Osten, mit Friedrich von Gentz einer der wenigen, denen Metternich ein näheres Verhältnis zum Sohn Napoleons gestattete, hat ausdrücklich festgehalten, worum es sich da handelte: »Man behauptete auch, er habe ein Verhältnis mit der schönen

Tänzerin Fanny Elßler gehabt. Der Herzog hat sie nie gesprochen. Das Gerede entstand, weil man seinen Jäger einige Male in das Haus, das Fanny bewohnte, treten sah. Der Jäger kam aber, um mir, der ich mit Herrn von Gentz ein Lese- und Arbeitszimmer in Fannys Wohnung hatte und häufig dort zu finden war, ein Briefchen vom Herzog zu bringen oder mich aufzusuchen. Was sein Gemüt, sein Denken beschäftigte, ließ keinen Raum für andere als flüchtige Eindrücke des schönen Geschlechts.«

Was beschäftigte den Herzog von Reichstadt? Prokesch-Osten, der wahrlich über ihn Bescheid wußte, hat es unterlassen, uns darüber aufzuklären. Der Sohn Napoleons und der Erzherzogin Marie Louise war Metternichs Gefangener in Wien. Er wurde als Kind an den Hof seines Großvaters gebracht, erhielt die Erziehung eines Erzherzogs, den Titel eines Herzogs von Reichstadt und stand – erst unwissentlich, zuletzt aber im Bewußtsein der Tatsache – im Mittelpunkt des Interesses aller Franzosen, die Napoleon nachtrauerten.

Die offenbar mit besonders wachen Sinnen aufgenommenen ersten Eindrücke am Hofe Napoleons verließen ihn nie. Es wird sowohl von seiner Liebe zu seinem Vater, den er nie wieder sehen sollte, als auch von seiner unendlich mühsamen Eingewöh-

Links: »Ulanen und Biedermeiermädchen«, ein anonymes Aquarell, zeigt die Situation, die auch in anderen Zeiten durchaus eine übliche war. Die jungen Mädchen erliegen dem »Zauber der Montur«.

nung in die österreichischen Verhältnisse berichtet. In Wien war er von Anbeginn ein Liebling des Volkes, wurde nicht nur als Sohn des besiegten Ungeheuers, sondern auch als »schönes Kind« angestaunt und hatte, als er erwachsen zu werden begann, nichts anderes im Sinn, als sich auszuzeichnen und seiner besonderen Stellung gerecht zu werden. Seine Ansprüche auf den Thron Frankreichs waren zwar äußerst fraglich und hätten schwerlich angemeldet werden können, doch seine Anwesenheit in Frankreich hätte Unruhe und vielleicht sogar einen Bürgerkrieg bedeuten können. Ohne Zweifel wäre es dem Sohn Napoleons möglich gewesen, eine Schar »Getreuer« zu finden und mit diesen gerade das zu erzeugen, was Metternich überall und unter allen Umständen zu verhindern trachtete: Unruhe. Reichstadt, der sich in einem im Wiener Staatsarchiv erhaltenen Brief an eine Legitimistin als österreichischer Erzherzog und französischer Prinz bezeichnet, wurde allerdings nicht nur in Frankreich als ein möglicher Herrscher angesehen. Auch in Warschau rief man: »Es lebe Napoleon, König von Polen.« Und Metternich sah sich veranlaßt, in der Wiener Gesellschaft zum Status Reichstadts ausdrücklich zu erklären: »Ein für allemal ausgeschlossen von allen Thronen!« Wenn man in Paris von ihm als dem gefangenen Adler sprach, so war das durchaus kein unpassendes Bild. Denn nahezu alle Versuche des Herzogs, sich wenigstens in der ihm zugestandenen Stellung bei Hofe, nämlich als Enkel des österreichischen Kaisers, zu bestätigen, wurden vereitelt. Ob es ausschließlich Staatskanzler Metternich war, der den Herzog so sehr einschränkte, oder ob auch Franz I. aus Sorge über die exponierte Stellung seines Enkels dabei die Hand im Spiel hatte, weiß man nicht. Als man den jungen Mann verhältnismäßig spät zum Oberstleutnant im ungarischen Linien-Infanterie-Regiment Nr. 60 »Wasa« machte und er sich seinen Vertrauten Prokesch-Osten als Kommilitonen in seine Suite wünschte, wurde ihm dieser Wunsch durch Metternichs Einspruch verwehrt. Metternich erklärte dem Kaiser auch, weswegen: Prokesch sei ein Schwarmgeist, der dem Prinzen nicht realisierbare Pläne eingeben würde. Die beiden »würden die Welt durcheinanderbringen«.

Sogar von Metternich nicht zu verhindern war das von der Wiener Gesellschaft längst mit Spannung

erwartete Ereignis: das Erscheinen des Herzogs in den Salons. 1829 war es soweit. »Man bewunderte sein blondes Haar, um das ihn alle Frauen beneideten, seinen zarten Teint, seine schönen Hände. Alle Blicke hingen an ihm. Er lächelte, und man lächelte zurück«, heißt es in einem zeitgenössischen Bericht. Und man vergißt nicht zu erwähnen, daß der junge Adler bei seinem Erscheinen im Salon des englischen Botschafters Lord Cowley nicht nur auf verzückte Damen traf, sondern auch auf den Marschall Marmont, den er als einen der ersten Waffenbrüder seines Vaters ansprach. Die historische Legende – wie anders will man die Wiedergabe von Gesprächen unter vier Augen bezeichnen, die weiter nicht überprüfbar ist – will wissen, er habe dem Marschall erklärt, er sei begeisterter Soldat und wäre glücklich, das Kriegsgeschäft unter dessen Oberbefehl zu erlernen. »Frankreich und Österreich könnten eines Tages Verbündete sein, und ihre Armeen könnten Seite an Seite kämpfen. Denn gegen Frankreich kann und darf ich niemals Krieg führen. Ein Befehl meines Vaters, den ich nie übertreten werde, hat es mir verboten. Mein Herz verbietet es mir auch.«

Tatsächlich durfte Marmont mit Genehmigung Metternichs dem Herzog Unterricht in Napoleonischer Geschichte geben. Metternich war einerseits davon überzeugt, daß seine »Geisel« diesen Unterricht genießen würde, andererseits fest entschlossen, ihm die Gelegenheit zu geben, irgendwelche hochfliegenden Pläne zu realisieren.

Und Metternichs Rechnung ging auf. Der Herzog von Reichstadt gewann sich nicht die Aufmerksamkeit der Welt, sondern bloß die Zuneigung der Wiener, die von ihren Erzherzögen vor allem wünschten, daß sie gut aussähen und sich gut unterhielten. Mit der Gräfin Nandine Károlyi, einer geborenen Gräfin Kaunitz, besuchte er Tanzabende, etwa beim »Sperl«, und von einem dieser Ballbesuche ist überliefert, welche Musik-

kapelle tätig war: Am 15. Februar 1831 war es bei einem Maskenball im Redoutensaal Josef Lanner mit seinem Orchester, der die Ehre hatte, dem Sohn Napoleons zum Tanz aufzuspielen. Gräfin Lulu Thürheim, der man einen Bericht von diesem Abend verdankt, charakterisierte den Prinzen als einen »jungen Adler auf einer Hühnerstange« und beschrieb, welch elektrisierende Wirkung die Musik auf ihn und alle beim Ball gehabt habe. Man wirbelte, wie sie sich ausdrückte, »in einer Berauschtheit und Hingabe, die man nur noch bacchantisch nennen konnte«, im Walzertakt durch die Räume.

Aber nicht dieses hektische Leben, und wohl auch nicht die Begeisterung, mit der er sich seinem Dienst beim Militär widmete, waren schuld daran, daß der junge Adler nicht alt werden sollte. Eine vom berühmten Hofarzt Malfatti nicht rechtzeitig erkannte Tuberkulose, deren Heilung durch me-

dikamentöse Behandlung damals nicht möglich war und die sich auf andere Weise nur an anderem Ort, keineswegs im »Gefängnis« Wien, hätte auskurieren lassen, zehrte ihn auf. So lange es ging, machte der inzwischen zum Oberst Beförderte Dienst, suchte förmlich die körperliche Anstrengung, bis man ihn nach Schönbrunn bringen mußte. Der Todkranke bewohnte die Zimmer, die sein Vater nach der Schlacht von Wagram innegehabt hatte. Ganz Wien wußte, daß er nicht mehr in die Hofburg zurückkehren werde. Er selbst nannte sich »nichts als eine große Verlegenheit«.

Erst jetzt, im allerletzten Augenblick, zeigte sich Metternich – wahrscheinlich gut unterrichtet vom Zustand seines »Gefangenen« – großzügig. »Sagen Sie dem Herzog von Reichstadt, daß er sich in jedes ihm zusagende Land begeben kann, ausgenommen Frankreich, wo es nicht von mir abhängt,

ihm den Eintritt zu ermöglichen. Dem Kaiser liegt in erster Linie an der Wiederherstellung der Gesundheit seines Enkels.« Am 9. Juni 1832 ließ er dies ausrichten. Am 22. Juli starb der Herzog von Reichstadt in Schönbrunn. In seiner Todesstunde soll der junge Adler eine unheimlich wirkende Ähnlichkeit mit seinem Vater gewonnen haben. Sein Großvater, angeblich so um ihn besorgt gewesen, sagte bei der Nachricht von seinem Tode: »Sein unglücklicher Charakter hat Grund gegeben, alles Üble zu fürchten. Solange ich lebe, wäre nichts zu befürchten gewesen, aber meinen Kindern hätte er viel Verdruß machen können. Er hatte politische Gesinnungen, die ganz pervers waren und von denen man nicht schließen konnte, wo er sie her hatte.«

Oben: Erzherzog Karl mit seinen Kindern auf der Weilburg in Baden. Das Schloß hatte er sich von Kornhäusel nach dem Vorbild des gleichnamigen deutschen Schlosses, von wo seine Frau, Henriette von Nassau-Weilburg, stammte, bauen lassen.

Rechts: Die Zeichnung von Eduard Gurk zeigt einen »Séjour in der Orangerie von Schönbrunn 1839 im Beisein des Großfürsten, Thronfolgers Alexander von Rußland«. Der Prunk und Aufwand sollte wohl die bedeutende Stellung Österreichs herausstreichen und vergessen machen, daß mit Ferdinand ein schwacher Monarch das Reich regierte.

Am 24. Juli 1832 wurde der Leichnam des Herzogs von Reichstadt in der Hofburgkapelle aufgebahrt. Am Nachmittag wurde er mit all den Zeremonien, die einem Erzherzog gebührten, in der Kaisergruft beigesetzt. Die Wiener, von deren Vorliebe für große Leichenbegängnisse man weiß, säumten seinen letzten Weg. Mit seinem Tod war der Legendenbildung der Weg freigegeben.

Nebstbei: 1940 ließ Adolf Hitler zu, was Kaiser Franz Joseph den Franzosen stets verweigert hatte. Der Leichnam des Herzogs von Reichstadt wurde aus der Kapuzinergruft nach Paris gebracht, sein Sarg im Invalidendom neben dem seines großen Vaters aufgestellt.

Daß das Haus Habsburg, sosehr es sich gegen jede »Aktivierung« des Herzogs wehrte, ihn dennoch als zur Familie gehörig empfand und Franz Joseph I. daher den Leichnam nicht herausgab, mag auch menschliche Gründe gehabt haben. Es gibt genügend Belege dafür, daß der schon kranke Reichstadt sich um den kleinen Erzherzog Franz Joseph in Schönbrunn kümmerte, und es existiert ein Bild vom Oktober 1831, auf dem er mit der Prinzessin Marie Karoline von Salerno und dem kleinen Franz Joseph auf seinem Schoß zu sehen ist. Johann Ender hat es im Auftrag von Erzherzogin Sophie gemalt, die dem Kaiser zu seinem Namenstag ein Porträt seiner drei Enkelkinder schenken wollte. Es war nicht schwer, vom kranken Reichstadt die Einwilligung zu erhalten, daß er Modell sitze, er hatte es in seiner »besten« Zeit auch ungezählte Male für Daffinger getan. Und er

hat die idyllische Szene in einem Gemälde festgehalten.

»Es war an einem Herbsttage des Jahres 1833 – nach anderen Berichten am 18. August, dem dritten Geburtstag des Erzherzoges –, als in Laxenburg die kaiserliche Familie versammelt war. In einem Gartensalon beschäftigte sich Franz Joseph mit den Spielsachen, welche ihm an diesem Festtage beschert worden waren. Da erregte die Schildwache, welche vor dem Eingange des Pavillons stand, die Aufmerksamkeit des Prinzen, welcher das Spiel unterbrach und sich an den Großvater mit der Frage wandte: ›Nicht wahr, der Mann da ist recht arm!‹ – ›Woher vermuthest Du das, mein Kind?‹ fragte der Kaiser. ›Nun, weil er Wache stehen muß.‹ Lächelnd gab der Großvater dem Prinzen einige Zwanziger, damit er sie dem armen Mann gebe; freudig lief ›Franzi‹ zu der Schildwache und hielt dieser das Geschenk hin. Doch die Schildwache präsentierte, nahm aber das Geschenk nicht an. Verlegen sah der Erzherzog bald den Soldaten, bald den Kaiser an, welcher mit vergnügtem Lächeln die Szene betrachtete. ›Geh, Franzi, stecke ihm das Geld in die Patronentasche‹, sagte endlich der Kaiser, ›das ist nicht gegen den Befehl. In die Hand darf halt ein Posten nichts nehmen.‹ Der Rath war aber nicht leicht auszuführen, die Patronentasche hieng zu hoch, selbst mit den ausgestreckten Händchen war sie nicht zu erreichen. Da halfen die Großeltern aus der Noth, der Kaiser hob seinen ›Franzi‹ empor, Kaiserin Augusta Karolina öffnete den Deckel der Tasche und jubelnd steckte der Prinz die Silberstücke hinein. ›Nicht wahr, Großpapa, jetzt wird der Soldat nicht mehr arm sein‹ – ›Wir wollen's schon machen‹, war die Antwort des Kaisers, und vergnügt wandte sich der Prinz wieder seinem Spiele zu. Franz I. ließ sich in der That über den Mann und dessen Verhältnisse berichten, und da derselbe als einer der bravsten Soldaten seines Regiments geschildert wurde, so

hatte nun wohl kaum noch anderes zu tun, als einen künftigen – den übernächsten – Kaiser Österreichs auf den Knien zu schaukeln.

Gewiß, der Herzog war eine Figur auf dem politischen Schachbrett Metternichs und hätte unter bestimmten Umständen zu einer bedeutenden Persönlichkeit werden können. Doch er wurde nur zu einer weiteren Operettenfigur, um bei Golo Manns Ausdruck zu bleiben.

Die Operettenhaftigkeit so mancher Herrscherperson verdanken wir etlichen »einschlägigen« Werken, die sich der Darstellung der Geschichte auf rührendste Weise widmen. Ihnen entnehmen wir sowohl den Jubelruf Maria Theresias im Theater anläßlich der Geburt des späteren Kaisers Franz I. wie auch die erste rührende Geschichte über Franz Joseph. Sie spielt im Herbst des Jahres 1833 in Laxenburg, wo sich des öfteren die Familie Habsburg versammelte, und Peter Fendi

erlegte er aus seiner Privatcasse die Loskauf-Summe für denselben.«

Eine Geschichte, die selbstverständlich Eingang in die Schulbücher fand, diente sie doch dem Kaiserkult, der später einziger Kitt zum Zusammenhalten eines zerfallenden Reiches sein sollte. Das Bild des Hofes und der politischen Szene in Wien des Biedermeier wäre unvollständig, wenn man nicht einige Mitglieder des Kaiserhauses mitskizzierte. Die Erzherzöge vor allem, die beim Volk Popularität genossen, deren Familienleben man kannte, deren Affären Anlaß zu ungezählten Tratschgeschichten gaben und deren Gewohnheiten nach Möglichkeit kopiert wurden.

Erzherzog Johann zum Beispiel, sechster Sohn Leopolds II. Er entwickelte eine heftige Leidenschaft für die eigenständigen Tiroler – die auf ihren Privilegien bestanden und den Kaiser mit Du anredeten, wenn sie in der Burg zur Audienz

erschienen. Sein regierender Bruder Franz war von dieser Leidenschaft keineswegs angetan, Erzherzog Johann wurde verboten, ins Land des Andreas Hofer zu reisen. Im Revolutionsjahr 1848 nahm er in der Frankfurter Paulskirche die ihm übertragene Funktion des deutschen Reichsverwesers an, die er nicht ganz ein Jahr lang einnahm. Er heiratete eine Bürgerliche, die Bad-Ausseer Postmeisterstochter Anna Plochl, die zur Gräfin von Meran erhoben wurde und nach ihres Gatten Wahl zum deutschen Reichsverweser den Titel »Erste Bürgerin des Reiches« erhielt. Der Erzherzog, der in der Steiermark viele Reformen einleitete, das Joanneum gründete und sich um das Gewerbewesen kümmerte, ist einer der populärsten Habsburger, von dem die Nachwelt lange Zeit mehr zu berichten wußte als bloß das, daß ein Jodler nach ihm benannt ist.

Erzherzog Carl, zuerst Sieger von Aspern, dann in

der Schlacht von Wagram geschlagen, von Napoleon als eines der fähigsten Mitglieder des Kaiserhauses geschätzt, wurde nach dem Wiener Kongreß ein »Privatmann«, lebte den Wienern ein vorbildliches Eheleben vor, schrieb Tagebücher und war derjenige, der den Christbaum in Wien einführte. Das Bild von seinem eigenen geschmückten Tannenbaum ist noch in alten Schulbüchern zu finden. Daß die Wiener den Brauch sogleich übernahmen und auch in ihre Stuben zu Weihnachten mit vergoldeten Nüssen und Süßigkeiten geschmückte Bäume stellten, wurde einst in den Schulen gelehrt – heute ist es ein Volksbrauch, von dem die meisten gar nicht wissen, wann er bei uns aufgekommen ist.

Die protestantische Gemahlin des Erzherzogs, Prinzessin Henriette von Nassau-Weilburg, hatte den schönen Weihnachtsbrauch von Deutschland nach Wien mitgebracht. Als deutsche Sitte hätte er vielleicht nicht Nachahmung gefunden. Doch was ein Erzherzog tat, das war den Wienern durchaus interessant.

Erzherzog Carl als Kriegsherr setzte sich mit seinen theoretischen Schriften selbst ein Denkmal, das weit in das neunzehnte Jahrhundert hinein wirksam blieb. Noch nach 1859, unter der Regentschaft Franz Josephs, dem die Armee mehr als vieles andere im Reich am Herzen lag, stützte sich das »operative Denken« der Militärs auf die Erfahrungen des einstigen Feldherrn. Das Haus Habsburg hatte ja in seiner Geschichte nicht sehr viele wirklich exzellente Kriegsherrn aufzuweisen, weshalb man die Feldherrntaten Carls über das vernünftige Maß hinaus glorifizierte.

Was die Erzherzoginnen betrifft, so haben sie ebenfalls in die zahlreichen Histörchen aus der Kongreßzeit Eingang gefunden. Doch dank der von Freund und Feind gerühmten Sittenstrenge des Kaisers sind ihre Amouren aus den »offiziellen« Berichten nicht ersichtlich, dafür um so mehr ihre Anwesenheit bei glanzvollen Festen und ihr karitatives Tätigsein bei den zahlreichen Wohltätigkeitsveranstaltungen.

Zumindest von Erzherzogin Sophie darf man zudem berichten, daß sie eine scharfsinnige, der Politik keineswegs abholde Frau war, die nicht nur Tagebücher von später historischem Wert führte, sondern auch nach dem Tod des Kaisers Franz versuchte, eine einflußreiche Rolle zu spielen. Sie begann früh, in ihrem Sohn Franz Joseph den künftigen Kaiser zu sehen, und nahm auf seine Erziehung ebenso Einfluß wie später, nachdem im Dezember 1848 endlich auch die wichtigen Minister ihre Zustimmung zum Thronwechsel gegeben hatten, auf die Entscheidungen des Sohnes als Kaiser.

Ihre Gegnerschaft zu Staatskanzler Metternich hielt nicht ein Leben lang. Der von der Revolution nach England vertriebene Diplomat durfte noch erleben, daß man ihn wieder diskret um Rat fragte und eigentlich gewillt gewesen wäre, ihn an den Hof zurückzuholen – wobei Erzherzogin Sophie durchaus zu denen gehörte, die diesen Gedanken befürworteten.

Da der Herzog von Reichstadt zu den »Märchenfiguren« des Biedermeier-Wien gehört, wäre hier wohl auch von seiner Mutter zu berichten, der Tochter Franz' I., die man Napoleon vermählte und dann wieder entzog, als dieser geschlagen war. Sie kehrte allerdings nur mehr für kurze Zeit nach Wien zurück, beließ ihren Sohn in der Obhut des Großvaters und ging nach Parma, wo sie zahlreiche Verehrer hatte, mehrfach Mutter wurde, im Grunde aber bei ihrem reichen Liebesleben nicht das rechte Glück fand. Mit ihrer seltsam unentschlossenen Haltung dem verbannten Gatten Napoleon gegenüber, ihrer Unfähigkeit, ohne Liebe zu leben, ist diese Frau, die doch immerhin Erzherzogin von Österreich und Gattin des französischen Kaisers gewesen ist, kein Ruhmesblatt in der Familienchronik der Habsburger. Ihre Schwester Leopoldine wurde übrigens durch ihre Heirat mit einem Braganza-Sproß Kaiserin von Brasilien. Habsburgische Heiratspolitik im Biedermeier.

Das Leben im Dunstkreis des Wiener Hofes zu schildern, ergäbe ein Sittenbild, dessen Dimension weit über den Rahmen dieser Darstellung hinausreichen würde. Zudem verlor die Szene nach dem Kongreß einiges an Buntheit und Pracht, in dem Maße, da sie sich den bürgerlichen Idealen des Biedermeier anpaßte. Die Malerei der Zeit läßt uns das ahnen, indem sie auch das Leben in den prächtigen Palais nach den Maßstäben bürgerlicher Lebensweise festhält und nur noch selten zu Prunkdarstellung neigt.

Als Wien 1848 revoltierte, da zog es nicht gegen die Verschwendungssucht der herrschenden Klasse zu Felde, sondern wollte Freiheiten erringen, die man ihm vorenthielt.

Das 48er Jahr

1848 endlich war Revolution. Anderswo früher, im März endlich auch in Wien.

Doch wogegen, wenn nicht gegen einzelne Personen, wurde diese Revolution entfesselt und wofür trat sie erst einmal ein? Noch einmal, bevor wir die so erregenden, in Details durchaus auch erheiternden Begebenheiten des großen Jahres festzuhalten beginnen, muß an den Status quo ante erinnert werden.

Die Revolution richtete sich gegen Metternich, den allmächtigen Kanzler. Von ihm wurde allerdings damals längst ungestraft behauptet, er habe seiner Taubheit zu verdanken, daß man ihn immer noch für einen exzellenten Diplomaten halte, er beende Gespräche nicht aus Taktgefühl, sondern aus dem sehr einleuchtenden Grunde, daß er ihnen nicht mehr zu folgen imstande sei. Und weiter, er habe nur noch eine wirkliche Freude, die ihm seine nähere Umgebung, sogar Mitglieder des Erzhauses, gern erfülle: Er sammle Beispiele dafür, wie sinnlos oder sogar sinnwidrig gewisse Amterlässe seien, er habe Freude an Sprachschnitzern, pikanten Aktenstücken und ähnlichem Unsinn, den das »System« erzeugt habe. »Er bewahrte noch immer die gewinnenden, eleganten Formen, das natürliche vornehme Wesen, und da beinahe Jedermann an ihn mit dem Vorurteile herantrat, einen großen Staatsmann zu begrüßen, so galt er auch für einen solchen.«

Die Revolution richtete sich vor allem gegen die Zensur. Diese wurde nicht nur streng, sondern willkürlich und nach durchaus persönlichen Gesichtspunkten ausgeübt – hatte aber nicht nur Angst und Schrecken bei den Schriftstellern Österreichs zur Folge, sondern nebstbei eine überaus belebende Wirkung auf die Verlagshäuser außerhalb der Monarchie. Von 1831 an, als Alexander Graf Auersperg unter dem Pseudonym Anastasius Grün in Hamburg seine »Spaziergänge eines Wiener Poeten« erscheinen ließ, brachen

wahre Fluten von unzensurierten Schriften über Österreich herein, und keineswegs alle waren von der literarischen oder politischen Bedeutsamkeit, die man ihnen nachträglich andichtete. Selbst die aus dem Jahr 1848 stammenden berühmten »Sibyllinischen Bücher aus Österreich« sind längst nicht so erregend, wenn man sie einmal näher durchsieht. Dagegen kam 1841 mit dem Buch »Österreich und dessen Zukunft«, das als Herausgeber und Autor den Freiherrn Andrian-Werburg hatte, ein wahrhaft revolutionäres Werk nach Österreich.

Die Revolution war eine nationale Bewegung. Wien als Stadt spürte das kaum, doch Wien als Reichshauptstadt mußte sich der Tatsache stellen, daß der Kaiser über ein Vielvölkerreich regierte, in dem die Nationalitätenfrage, einmal aufgeworfen, nie mehr außer Diskussion geriet. Wir wissen jetzt, daß sie mehrere Antworten provozierte, und sind bis auf den heutigen Tag noch nicht klug genug, die einzig richtige zu kennen.

Die Revolution war eine antiklerikale Bewegung. Doch muß da zwischen dem Klerus und dem Glauben unterschieden werden, muß die Stellung der Kirche und der Orden bedacht werden, vor allem die der Orden, gegen die man sich im Revolutionsjahr mit allen Mitteln zum Kampf stellte.

So besehen, ist die Revolution, nimmt man noch alle anderen Umstände wie finanzielle Schwierigkeiten, strenge Winter, Armut in den unteren Ständen und das Fehlen einer überragenden kaiserlichen Person hinzu, als eine überaus vernünftige Revolution zu betrachten, als ein Ereignis, das eintreten mußte und das dazu angetan war, alle die Änderungen herbeizuführen, die auch schon mit dem Tod von Kaiser Franz und dem Amtsantritt Ferdinands hätten geschehen können.

So widersinnig es klingen mag: der wahre Vormärz, die Zeit von 1835 bis zum März 1848, darf auch als Folge der sehr menschlichen Eigenschaften des Kaisers Ferdinand des Gütigen angesehen werden. Nicht auszudenken, wie sich diese Zeit entwickelt hätte, wäre Ferdinand nicht von harmloser Geisteskraft gewesen und heimgesucht von epileptischen Anfällen, die ihn zur Bedeutungslosigkeit degradierten. Es hätte – wenn es erlaubt ist, Geschichte hypothetisch nachzuvollziehen – den Vormärz vielleicht gar nicht gegeben, oder

Vorhergehende Seite: »Rede eines Studenten« heißt das Aquarell aus dem Revolutionsjahr. Die Aufschrift »Für das Fortbestehen der Academischen Legion« auf der Fahne weist darauf hin, daß die Szene im Herbst 1848 spielt, als der Kaiser bereits nach Olmütz geflohen war und man die Akademische Legion verboten hatte.

eine ganz andere Revolution heraufbeschworen, wäre da nicht mehr als ein Jahrzehnt lang das Reich in der Mitte Europas nicht so gut wie führungslos gewesen.

Es war aber so, und was die Chronisten vom März 1848 berichten und was sich in der Folge bis zur Ermordung Latours, der Einnahme Wiens und dem Thronwechsel in Olmütz im Dezember 1848

Eine anonyme Bleistiftzeichnung, ausgewählt aus der schier unübersehbaren Fülle von Bilddokumenten aus dem Revolutionsjahr: »Die Ansprache von A. Fischhof«. Der Arzt, dessen improvisierte Rede im Hof des Landhauses das Signal zum Aufstand der Wiener gab, behauptete nachher steif und fest, er habe gar nicht vorgehabt, eine Rede zu halten.

ereignete, das ist nun einmal geschehen.

Die Revolution begann in Wien im März. Doch sie zeigte ihr und der Wiener wahrhaft gräßliches Gesicht ein halbes Jahr später. Und bewog dann erst die Ordnungskräfte, auf angemessene Weise zu reagieren und das altbekannte historische Schauspiel zu bieten – das Schauspiel vom Niederschlagen eines Volksaufstandes.

Die Tatsache, daß die Revolution in Wien später als anderswo ausbrach, erklärt sich aus bereits erwähnten Umständen. Im Gegensatz zu den Menschen anderswo war der Wiener insgesamt ganz so bieder, wie ihn sich Metternich wünschte. Er ließ sich von politischen Versammlungen fernhalten, er ließ sich durch theatralische Ereignisse ablenken, er war sogar durch geraume Zeit nicht in der Lage, die allgemeine Not ringsum zu sehen und zu erkennen, daß diese nach Veränderung schrie. Er gab sich auch bei Berichten von den Ereignissen anderswo in Europa mit vorsich-

Zwei typische Bilder der Revolution: Oben »Zeitungsverkauf im Juni 1848« von Johann Nepomuk Höfel, das daran erinnert, daß sich mit der Aufhebung der Zensur nicht nur alle bestehenden Journale plötzlich in kritische Zeitungen verwandelten, sondern an die zweihundert neu gegründete – und zumeist kurzlebige – sich an die lesehungrige Bevölkerung wandten. – Rechts ein berühmt gewordenes Ölgemälde von A. Ziegler: »Barrikade auf dem Michaelerplatz«. Um die mit Sinn für das Pittoreske errichteten Barrikaden entwickelte sich rasch Volkstreiben. In Dresden erbaute beispielsweise der später in Wien tätige Architekt Semper Barrikaden, die sich nicht nur durch Schönheit, sondern – dann im Ernstfall – auch durch ihre Stabilität auszeichneten. Die Erbauer der Wiener Barrikaden sind unbekannt. Bei der abgebildeten Barrikade auf dem Michaelerplatz fällt auf, daß die Klassenschranken durchaus gewahrt geblieben sind: oben kämpfen die Studenten, unten die Arbeiter.

tigen Formulierungen zufrieden. Und er wäre wahrscheinlich, so sehen es wenigstens kluge Zeitgenossen, noch viel länger ein Biedermann geblieben, hätte die Regierung nur ein wenig anders taktiert. Beinahe hätte es den März 1848 nicht gegeben.

Die Armut, die Schwierigkeiten bei der Lebensmittelversorgung – alles das hätte wahrscheinlich nicht genügt, um eine Revolution auch in Wien zu entfachen. Unordnung in der Staatskonferenz und die sehr divergierenden Ansichten der herrschenden Gewalten waren eigentlich das auslösende Moment. Die Macht des geschriebenen Wortes und der Beredsamkeit schließlich brachten zuwege, was keine unzufriedene Menge zuwege gebracht hätte.

Was die Staatskonferenz anlangt, so war Metternich seit Jahren nur mehr darauf bedacht, die Ordnung zu erhalten, die allgemeine Sicherheit zu garantieren und zu meinen, damit jeder Unruhe vorgebeugt zu haben. Graf Sedlnitzky, als Polizeiminister sein ausführendes Organ, wußte das und war ganz offensichtlich unfähig, die Zeichen der Zeit richtig zu deuten und, vor allem, sie Metternich darzulegen. Das von ihm durch Jahrzehnte aufgebaute Spitzelsystem berichtete zwar, in Kreisen der Wissenschaft wie des Bürgertums gäre es, doch Sedlnitzky, der mit der einfachen Weitergabe dieser Berichte kein Resultat bei Metternich erreichte, beschloß lediglich, offenbar zur Sicherung seiner eigenen Position, die Berichte so nicht mehr fortzusetzen. Einer der ausführlichsten Überblicke über das Jahr 1848 vermerkt jedenfalls in dem Zusammenhang, zu Ende Jänner 1848 habe sich in den Wiener Polizeibureaus das Gerücht verbreitet, jeder Beamte, der in seinen Berichten die Stimmung der Bevölkerung als eine unzufriedene, gehässige, bedenkliche darstelle, laufe Gefahr, vom Präsidenten pensioniert oder zumindest versetzt zu werden – Graf Sedlnitzky habe Befehl bekommen, alles zu ver-

Ferdinand Hofbauer: »Erste Verteilung von Waffen an Studenten vor dem Zeughaus am 13. März 1848«. Volk und Ordnungsmacht verfolgen das Schauspiel ohne Handgreiflichkeiten. Die März-Revolution ging unter nahezu gesitteten Umständen vor sich.

Oben: Franz Gaul der Jüngere malte das Aquarell »Messenhausers Hinrichtung«. Der Verteidiger von Wien, Literat und nicht Soldat, war in die Verteidigerrolle gedrängt worden, ohne die nötigen Qualifikationen dafür zu haben. In seinem Testament war er vor allem um die Ordnung seines literarischen Nachlasses besorgt.

meiden, was geeignet sein könnte, »im Schooße der Staatskonferenz Unruhe zu erregen«.

Im Schoße der Staatskonferenz hatte man längst zu beraten begonnen, ob gewissen Petitionen nicht wenigstens ein Sinn für weitere Maßnahmen zu unterlegen sei und wie man durchaus berechtigte Forderungen einzelner Berufsstände erfüllen könne. Man arbeitete nur langsam und war nicht bereit, über ganz allgemeine Bezeugungen allerhöchster Huld hinauszugehen; man scheute sich, im Detail die Übel anzutasten, die auf einen Staatsbankrott ebenso hinsteuerten wie auf eine allgemeine Volkserhebung. Und man scheute sich, die eben erst verschärfte Zensur zu mildern oder gar aufzuheben.

Die Zensur, deren Strenge sich längst auch gegen nicht in Österreich gedruckte Schriften und Journale richtete, veranlaßte zum Beispiel Wiens Buchhändler zu einer verzweifelten Petition an den Kaiser, in der sie anführten, daß sie ihre »flehentlichen Denkschriften vom April 1840 und September 1845« bisher unerledigt wüßten: »Es genügt hier, wenn wir in Kürze die sonnenklare Wahrheit an den Stufen Deines Thrones niederlegen, wenn wir klagen müssen, daß von mehr als 9000 Werken, welche das deutsche Ausland im Verlaufe eines Jahres liefert, kaum 1500 zensurämtlich erlaubt sind.« Und offen heraus: »Kein würdiger Hort steht Apollo und Minerven zur Seite. Der Geist, die freie Poesie, die Geschichte, die Weltweisheit, die schönen Wissenschaften, die ganze Literatur ist in Deinem Reiche in die

eisernen Bande der Polizei geschlagen.« Die Petition hatte keineswegs den gewünschten Erfolg; Graf Kolowrat etwa ließ noch vor deren Überreichung seinem Buchhändler sagen, er solle Gott danken, wenn dieses »Gebet« nicht gänzlich gegen ihn verwendet werde.

Neben der absoluten Fesselung der Schriftstellerei und des damals wahrlich nicht vorlauten Journalismus war es außerdem der Irrglaube, man könne auf Dauer auch die Universität in einer vollkommenen Abhängigkeit vom System halten, der sich verhängnisvoll für Metternich auswirkte.

Oben: »Studentenwachstube in der Aula der Universität«, ein Gemälde von Franz Schams. Die Studenten waren die Kerntruppe der Revolution, bald aber auch Ordnungsmacht. Auf der Universität wurden nicht nur die Forderungen an den Kaiser formuliert, sondern später auch die Loyalitätserklärungen an den Kaiser verfaßt.

Auch da war der Einfluß der Zensur verderblich. Die Studenten gierten nach jeder verbotenen Lektüre, Professoren, denen man revolutionäre Gedankengänge nachsagte, hatten den größten Zulauf, und der von manchen Professoren gehandhabte Messenzwang förderte gerade den Atheismus und Antiklerikalismus – sonst keineswegs Mode in Österreich.

»Das österreichische Studienwesen hat den Studierenden eine Richtung gegeben, auf welcher sie jeder möglichen revolutionären Bewegung in die Arme sinken mußten, und für eine solche waren namentlich die Wiener Studenten schon lange vor dem Jahre 1848 vollkommen reif«, heißt es bei Heinrich Reschauer, einem Chronisten der Revolution (1872). Eine Ausnahme allerdings vermerkt er: »Nur auf eine einzige Studienabtheilung in Österreich, auf die medizinische Fakultät in Wien, findet das eben Gesagte keine Anwendung. Diese Fakultät gereichte schon in der vormärzlichen Zeit nicht blos Österreich, sondern auch Deutschland zur Zierde, sie war unbestritten nächst der Pariser die erste medizinische Schule in Europa, und sie darf das Verdienst für sich in Anspruch nehmen, der Heilkunde neue Richtungen erschlossen zu haben. Begründet wurde der Ruhm und Glanz der Wiener Fakultät durch eine Anzahl hervorragender schöpferischer Lehrer, unter denen Rokitansky, Skoda und Hyrtl in erster Reihe genannt zu werden verdienen. Auf dieser Fakultät allein herrschte, was auf allen übrigen Studienabteilungen in Österreich fehlte, Wissenschaft und Lernbegierde. Sie allein erfreute sich einer passenden Verfassung, und die Mitglieder waren, namentlich seit Beginn der vierziger Jahre, ebenso wie die Landstände bestrebt gewesen, die alt-verbrieften Rechte der Fakultät wieder lebendig zu machen.«

Daß schließlich trotzdem zwei junge Mediziner die interessantesten Persönlichkeiten der Wiener Revolution wurden, spricht ebenso für die Fakultät wie für die Notwendigkeit der Revolution. Nicht die Angehörigen der vorgeblich in den Protest getriebenen Studienrichtungen wurden die Führer der Revolution, sondern die wachen und richtig erzogenen Mediziner standen schließlich an der Spitze.

Anderswo verlangte man ganz offiziell nach einer »Konstitution« – der großen Menge ein nebuloses Wort, das alles einschloß, was man nicht zu haben glaubte –, in Wien enthielten sich die Bürger jedoch jeder revolutionären Handlung. Zwar gibt es Chronisten, die vom gar nicht fröhlichen Wien der Faschingstage des Jahres 1848 berichten. Doch die eigentlichen Taten, die auf Veränderung hinzielten, geschahen auf der Universität, und da vor allem auf der medizinischen Fakultät:

»Ernster als diese gewiß harmlosen Demonstrationen waren die Kundgebungen, deren Schauplatz schon in der ersten Märzwoche die Universität, namentlich aber die Studiensäle des allgemeinen Krankenhauses waren. Besonders stürmisch ging es in der Alser Vorstadt, also dem Medizinerviertel zu. Hier verwandelten sich die Kaffee- und Gasthäuser förmlich in politische Klubs, in denen Zeitungen vorgelesen, über die Tagesereignisse Debatten gehalten und die Ansichten und Meinungen so ungeniert ausgewechselt wurden, als ob in Wien die sonst so gefürchtete politische Polizei mit einem Male abgeschafft worden wäre. Selbst

die Kranken wurden in die politische Diskussion mit hineingezogen und mancher Leidende wurde von den Studenten und den angehenden Ärzten damit getröstet, daß, wenn er geheilt und im Stande sein werde, das Spital zu verlassen, er unter freieren, glücklicheren Verhältnissen als den bisherigen sich befinden werde. Noch ungenierter ging es aber in den Sezirsälen zu, wo die Studenten ganz unter sich waren und alles über die einheimischen Personen und Zustände gesprochen und gesagt wurde, was man in den öffentlichen Lokalen und in Gegenwart fremder Leute doch nicht vorzubringen wagte. Die Sezirzimmer wurden aber nicht etwa bloß von den Medizinern, sondern auch von solchen Studenten anderer Fakultäten und Technikern besucht, die mit den Medizinern sympatisierten. In einem dieser Sezirzimmer wurde gleich Anfangs März zwischen etwa vierzig Studenten der verschiedensten Studienzweige der Bund beschlossen, dessen Theilnehmer sich verpflichteten, für den Fall, daß es einmal auch in Wien gelten sollte, den Kampf der Freiheit zu kämpfen, hinter den Pariser und Münchner Studenten an Muth und Kühnheit nicht zurückzubleiben.«

Es waren das Tage, an denen man in Wien nicht mehr zu den beliebten Volkssängern pilgerte, Bälle in politische Veranstaltungen umfunktionierte und in Windeseile in Erfahrung brachte, was anderswo geschehen war. Die berühmte Rede Kossuths, von der man bis auf den heutigen Tag sagt, sie sei die tapferste und flammendste parlamentarische Rede gewesen, die je in der Monarchie gehalten worden ist, war sofort auch in Wien bekannt. Kossuth, der die Verhältnisse der Wiener Nationalbank zum Vorwand nahm, um in Preßburg – damals Ungarn – zu sprechen, sah viel voraus und forderte vieles.

Was er voraussah: »Die Männer der vergangenen Zeiten steigen nach ein, zwei Tagen ins Grab, aber auf den große Hoffnungen erregenden Sprößling des Hauses Habsburg, den Erzherzog Franz Jo-

seph, der sich nach seinem ersten Auftreten die Liebe der Nation erwarb, wartet die Bürgschaft eines glänzenden Thrones, welcher seine Kraft aus der Freiheit schöpft.«

Was er forderte: »Wir wollen nicht das väterliche Herz Ew. Majestät mit der detaillierten Erzählung jener Zeichen der Auflösung betrüben . . . allein der Trieb der Treue und die auf uns lastende Verantwortlichkeit zwingt uns auszusprechen, daß, gleichwie wir die eigentliche Quelle der zu Tage tretenden Übelstände und eine der Hauptursachen unseres eigenen Zurückbleibens in der Natur des Regierungssistems der Monarchie finden, wir auch fest überzeugt sind, daß Ew. Majestät das sicherste Vorbeugungsmittel der möglicherweise eintretenden mißlichen Ereignisse finden werden, wenn Ew. Majestät Allerhöchst Ihren Thron in allen zur Herrschaft in Beziehung stehenden Verhältnissen mit solchen konstitutio-

nellen Einrichtungen umgeben, wie sie durch die Bedürfnisse der Zeit unerläßlich gefordert werden.«

Man meint, dies sei keine revolutionäre Rede? Keine übertriebene Forderung? Bloß der Schrei nach einer Konstitution, einer neuen, gerechteren Verfassung? In diesen Märztagen war man anderer Ansicht und wußte, daß es das Äußerste an Mut war, so vor den Kaiser zu treten und zu fordern, er solle sich mit konstitutionellen Einrichtungen umgeben – wo doch der Staatsrat, die Staatskonferenz den alleinigen Zweck zu haben schien, die Schaffung jeder derartigen Einrichtung zu verhindern.

Die am 3. März gehaltene Rede war am 4. März in Wien bekannt, sie kam vier Tage früher als jede andere Nachricht über die Grenze und wurde der raschen – und privaten – Übermittlung wegen auch nicht im Detail wiedergegeben. Gerüchte

kursierten, es sei bloß vom Staatsbankrott gesprochen worden, dies wiederum erzeugte Unsicherheit auf der Börse und machte böses Blut in jenen Kreisen, die von einer Revolution am ärgsten betroffen sein mußten. Der Handelsstand war soweit, an eine Bedrohung seines Eigentums zu glauben, und lediglich der Umstand, daß bis 8. März die deutschen Kleinstaaten von Passau bis Sachsenburg und Gotha ohne Blutvergießen und Plünderung ihren Bürgern gewährten, was auch in Wien gefordert wurde, hielt die Wiener Kaufleute davon ab, für ihr Leben zu fürchten. Die amtliche Wiener Zeitung, die sich wie ein deutscher Revolutionskalender liest, gab sie doch alle Proklamationen im Wortlaut wieder, hatte damals eine beruhigende und aufklärende Wirkung, die man ihr gar nicht zugestehen wollte. Als »k. k. priv. Wiener Zeitung« war sie höchst unsensationell, und wenn sie leitartikelte und meinte, in Deutschland gehe der Kommunismus um, so mußte sie bei ihrer objektiven Berichterstattung sich gleich selbst widersprechen. Der Leser erkannte sofort, daß das Schreckgespenst, das die Zeitung kommen sah, nur eines für die Regierung, nicht aber eines für das Volk war.

Es stand, obgleich Veränderung unweigerlich auch Umschichtung von Eigentum nach sich ziehen mußte, nicht schlecht um die angesagte Revolution vom März 1848. Wenn sie in vielem wirr und ungelenk zu sein schien, so sprach dies durchaus noch für die von Kaiser Franz so gerühmte Biederkeit der Wiener. Zu den schlimmsten revolutionären Ideen gehörten schon die, daß einige der Protagonisten der politischen Szene abzutreten hätten:

»In einem Monat wird Fürst Metternich gestürzt sein! Es lebe das konstitutionelle Österreich«, wurde an einem Pfeiler des Kärntnertores plakatiert, und Augenzeugen berichten, zwischen einer »Fratschlerin«, einer Frau vom Naschmarkt also, und einem »Vertrauten«, also einem Angehörigen der Polizei Sedlnitzkys, sei es zu einer richtigen Diskussion gekommen. Wörtlich soll die Vertreterin der bis auf den heutigen Tag als redegewaltig geltenden Naschmarktstandlerinnen gesagt haben: »No, wenn bei uns der große Dibel amal aufgeh'n wird, da wird eine Materi herausrinnen.« (Unter Dibel versteht man eine Eiterblase, und das längst vergessene Wort Materi ist ganz einfach mit Eiter zu übersetzen.)

Die Volksmeinung lautete, Metternich sei an allem schuld und müsse gestürzt werden; damit sei eigentlich der Hof selbst auch einverstanden. Und mit dieser Meinung war das Volk gar nicht so weit von der Wahrheit entfernt.

Was dann am 13. März 1848 wirklich in Wien geschah, liest sich in verschiedenen Darstellungen selbstverständlich sehr verschieden. Es gibt ein Tagebuch Franz Grillparzers, das ziemlich präzise den Zeitablauf der Geschehnisse festhält, jedoch von einem Mann geschrieben ist, der bei aller Sympathie für die Revolution doch persönlich nicht ins Gedränge kommen wollte. Liest man es durch, so hat man den ebenso seltsamen wie komischen Eindruck, Grillparzer sei der Wiener Revolution immer um Minuten hintennach gewesen, habe immer weggesehen, wenn es ernst und gefährlich wurde, habe sich immer auf die andere Straßenseite begeben, wenn jemand eine Rede hielt, sei weggeblieben, als der erste folgenschwere Schuß fiel.

Man kennt dergleichen auch aus der weiteren Geschichte Wiener revolutionäre Ereignisse. Stefan Zweig hat zum Beispiel geschildert, wie er die Februarereignisse 1934 in Wien erlebte, in der Innenstadt um ein Haar Blutzeuge geworden wäre, von den Kämpfen in den Außenbezirken nur wenig erfuhr und wie er sich um ein Rendezvous mit der Tänzerin Margarethe Wallmann bemühte und es auch zur rechten Zeit hatte, während Arbeiter und Polizei beim Karl-Marx-Hof aufeinander schossen. Und Zweig war ein durchaus wacher Beobachter und wenigstens in diesen beiden Eigenschaften durchaus ein Kollege jenes Franz Grillparzer, der bereits vor dem 13. März in die Absichten der Studenten eingeweiht war und ahnte, daß ein Volksaufruhr nicht ohne Folgen bleiben könne. Der aber dann, am 13. März selbst, zu spät zum Landhaus kam, zu spät zur Hofburg vordrang und nicht an gerade jenem Fenster stand, von dem aus er die gegen die Menge vorgehenden Soldaten hätte sehen können.

Eine andere Schilderung, zusammengesetzt aus Augenzeugenberichten und Mitteilungen derjenigen, die man als die Männer der ersten Stunde bezeichnen darf, liest sich in ihrer Ausführlichkeit äußerst spannend und könnte in komprimierter Form sehr wohl als Libretto für eine Revolutionsoper dienen. Es fehlen darin nicht, darauf sei hingewiesen, komische und geradezu absurde Episoden, die erwähnenswert sind.

Am 13. März 1848 schien es, als erwarte man das Kommende mit einiger Ruhe. Im Landhaus sollten die Stände zusammentreten und beraten. Eine große Menge von Studenten und Volk hatte sich angesagt und wollte im Hof des Hauses warten, was den Herren einfalle. An der Stefanskirche war ein Zettel angeschlagen: »Wiener! Befreit Euren guten Kaiser Ferdinand aus den Banden seiner Feinde. Wer Österreichs Emporkommen will, muß seiner Staatslenker Untergang wollen.« Die Lebensmittelmärkte in der Inneren Stadt wurden normal abgehalten, das Wetter war milde, gegen sieben Uhr hatte Wien sein »ganz gewöhnliches Werkeltags-Aussehen«. Gegen halb acht begann es um die Universität unruhig zu werden, da »Hunderte von Studenten« eintrafen, die zu diskutieren und zu proklamieren verlangten. Nach acht Uhr wurde beschlossen, die Studenten sollten auch zum Landhaus ziehen und von den Ständen das verlangen, was im Grunde jedermann wollte: die Absetzung Sedlnitzkys, die allgemeine Freiheit. Relativ ungeordnet noch. Die Studenten zogen über den Hohen Markt, riefen »Pereat« und wurden von den anderen Wienern ohne Behinderung bis zum Landhaus gelassen. In den Kasernen rechnete man zu diesem Zeitpunkt keineswegs mit einer Revolution, in der Salzgrieskaserne fanden unter dem Vorsitz eines Generals Chargenprüfungen statt. Daß sich in den Wiener Vorstädten Arbeiter bereits am frühen Morgen geweigert hatten, an ihre Arbeitsplätze zu gehen, sondern laut und deutlich riefen, sie müßten heute in die Stadt, schien sich bis zur Ordnungsmacht noch nicht durchgesprochen zu haben. In einigen Kasernen wurde um 10 Uhr, in anderen erst um 12 Uhr der Generalmarsch geschlagen und die Mannschaft vor die äußere Burg auf das Josefstädter Glacis beordert. Nach der sicheren Überzeugung aller waren auch manche Offiziere als Sympathisanten der Gegner des »Systems« anzusehen.

Eine der Hauptpersonen der Revolution aber wußte zu diesem frühen Zeitpunkt nach eigener Aussage noch gar nicht, was ihr an diesem Tag bevorstand. Dr. Adolf Fischhof, Sekundararzt des Allgemeinen Krankenhauses, machte die Morgenvisite auf der Station des Primarius Dr. Chiari »gewissenhaft« mit und begab sich erst dann auf den Weg zum Landhaus, weil er hoffte, dort endlich mitzuerleben, daß einer das Wort ergriff und den Forderungen der Allgemeinheit Ausdruck verliehe. Fischhof erklärte später – als es ihm wahrlich keine zusätzlichen Lorbeeren eintrug –, er habe auf dem ganzen Weg aus der Alser-Vorstadt bis in die Innere Stadt nicht einen Augenblick daran gedacht, selbst das Wort zu ergreifen. Erst als er im Hof selbst war und sah, daß man sich dort die Zeit bereits mit Späßen vertrieb, weil eben niemand auf die Idee gekommen war, eine Rede zu halten, rief er sehr laut »Meine Herren!«. Worauf rings um ihn »Ein Redner!« gerufen wurde und Fischhof auch schon sprechen mußte, unvorbereitet und bis vor Sekunden nur einer aus der Menge. »Alles richtete seine Blicke auf mich, ich mußte, ob ich wollte oder nicht, eine Rede halten.«

Und Fischhof forderte mit lauter Stimme, was man seiner Ansicht nach von den Ständen und vom Kaiser zu fordern hatte: Preßfreiheit, Religionsfreiheit, Lehr- und Lernfreiheit, verantwortliche Minister, Volksvertretung.

Bis auf den heutigen Tag ist es ohne Beispiel, daß ein dafür gar nicht vorgesehener, nicht von Mittelsmännern angestifteter, nicht von Parteien dazu erzogener einfacher Mann eine flammende Rede hielt und damit die Volksmenge »in einen unbeschreiblichen Enthusiasmus« trieb. Wie unbekannt der Mann war, ist leicht nachzuweisen. Als die erste Begeisterung abebbte, verlangte man nach dem Namen des Redners. Und da erst wußte Fischhof, was er getan hatte. Seine Antwort erfolgte bereits im Bewußtsein, eine historische Tat gesetzt zu haben: »Das Damoklesschwert der Polizei schwebt über meinem Haupte, aber ich

Rechts: Studenten bildeten einen schützenden Kordon um die kaiserliche Kutsche, die Bürger jubelten, als der Kaiser am 16. März, drei Tage nach dem Ausbruch der Revolution, demonstrativ durch die Stadt fuhr. Noch wollte jedermann seine Loyalität zum Kaiserhaus zeigen und für die gewährten Freiheiten – die allerdings noch sehr nebulos definiert waren – danken.

sage wie Hutten: Ich hab's gewagt, ich bin Dr. Fischhof.«

Oben im Ständesaal war man trotz der Jahre, Monate, Wochen, Tage zuvor überrascht und verängstigt. Und erst das Eindringen von Deputationen der Menschenmenge unten machte den Ständen klar, daß sie rasch und überzeugend zu reagieren hätten. Inzwischen hatten im Hof zuerst ein stimmschwacher, dann ein stimmgewaltiger Student noch einmal die Rede Kossuths vorgelesen und damit die Stimmung zur Siedehitze gebracht. Die Stände fürchteten das Volk offenbar mehr als den Kaiser. Rufe wie: »Sie werden über uns herfallen und uns zu Gewaltakten zwingen . . .« sind überliefert.

Während man oben beriet und darüber genau Protokoll führte, wählte man auf Betreiben des nun zum Heros gewordenen Fischhof eine Art Volksvertretung, die erste in ganz freier, ungezwungener Wahl. Und der regierende Fürst Liechtenstein, der in den Hof des Landhauses hinabsah, sagte: »Das sind nicht mehr die Wiener.« Ein historisches Wort, in dem viel Weisheit

lag. Wiener, die sich zur spontanen Wahl einer neuen, durch kein Gesetz gedeckten Volksvertretung hinreißen ließen – waren das noch »die Wiener«?

Sie waren's nicht, denn ein Zettel, der aus einem Fenster des Ständesaals in den Hof flatterte und dessen Text man der Menge vorlas, wurde mit Hohnlachen quittiert. Die Stände wollten in Ruhe weiter beraten und vom Kaiser so gut wie nichts verlangen. Der Zettel wurde zerrissen, die Konsequenz gezogen. Die Menge beschloß, selbst zur Hofburg zu ziehen. In der Ständeversammlung, wo man sich weiter mit Verfahrensfragen herumschlug, wurde im letzten Moment klar, daß es in »diesem Augenblick« Pflicht der Stände sei, zwischen den Thron und das Volk zu treten und Mittel zu beraten, um den Gesamtstaat zu erhalten.

Zur gleichen Zeit rückte allerdings das Militär aus, um für Ordnung und Sicherheit um die Hofburg zu sorgen, sah sich die Menschenmenge in der Inneren Stadt vom Militär bedroht, waren die Arbeiter auf dem Weg aus den Vorstädten,

Ebenso wie sich harmlose Theaterschriftsteller und Journalisten rasch in solche mit äußerst spitzer Feder verwandelten, wurden aus Zeichnern von Genreszenen über Nacht unbarmherzige Karikaturisten. Johann Christian Schoeller zeichnete den Verkauf des Volksblattes »Omnibus« an Arbeiter – auch weiblichen Geschlechts – in der Brigittenau (links) und den »Patriotischen Club emanzipierter Frauen und Mädchen« (oben) und wollte damit zum Ausdruck bringen, daß der sich im Sog der Revolution bemerkbar machende weibliche Drang zur Gleichberechtigung allerorten mit Unbehagen registriert wurde.

wobei es »zu Ausschreitungen« kam. Der Befehl für die Soldaten lautete allerdings noch, unter tunlichster Schonung von Menschenleben vorzugehen. Die Menge, die ihnen gegenüberstand, erreichte durch bloßes Zureden, daß die Bajonette abgenommen wurden und »Ladstock hinauf« kommandiert wurde, was einerseits zeigen sollte, daß man geladen hatte, andererseits noch nicht an eine ernsthafte Gewaltanwendung dachte. Die Soldaten standen einer zwar erregten, jedoch unbewaffneten Menge gegenüber. Und erst ihr Vorgehen zum Räumen der Stadt, das mit Würfen von Möbelstücken aus Fenstern beantwortet wurde, ließ die ersten Schüsse losgehen. Ein Grenadieroffizier wurde von einem Möbelstück getroffen und kommandierte Feuer.

Erzherzog Albrecht aber, der Sohn des Siegers

von Aspern, Stadtkommandant von Wien und nicht beliebt, ritt mit seiner Ordonnanz in die Menge und erklärte: »Gehen Sie nur ruhig nach Hause! Gehen Sie nach Hause!« Das Stück einer Anschlagtafel »kam herangesaust, streifte den Erzherzog am Hut, daß ihm die Augengläser verschoben wurden. Er wandte das Pferd und ritt, gefolgt von seiner Suite, nach dem Minoritenplatz zurück . . .«

Man kann, was an diesem 13. März geschah, gar nicht ausführlich genug schildern – und kann's doch wieder nicht, weil das eben ein über alle Dimensionen hinauswachsendes Gemälde ergäbe. Denn außer den Ereignissen in der Inneren Stadt, an der Studenten, Bürger und Soldaten – darunter solche, die sich weigerten, auf das Volk zu schießen – als Akteure teilnahmen, gab's auch noch die wenig erfreulichen Szenen in den Vorstädten und an den Stadttoren, an denen sich »der Pöbel«, in zeitgenössischen Berichten auch »das Proletariat« genannt, beteiligte. Plünderung, Aufruhr, Zerstörung gab es durchaus auch, es war nicht nur eine gesittete Revolution, keineswegs nur eine, an der unter geistigen Fesseln Schmachtende aufbegehrten. Die Vertreter des Konservativismus hatten von Anbeginn die Möglichkeit, auf die Ausschreitungen und Zerstörungen dieses Tages hinzuweisen und die Revolution als etwas Schreckliches zu bezeichnen.

Als dritten Schauplatz gab es die Hofburg, wo Delegationen und Deputationen empfangen wurden und äußerste Unschlüssigkeit über die zu ergreifenden Maßnahmen herrschte. Durch Augenzeugen, die von den dortigen Ereignissen genaue Aufzeichnungen machten, wissen wir, daß man noch lange nach den oben geschilderten Vorgängen nicht daran glaubte, es sei nun wirklich die Revolution ausgebrochen; daß vor allem jene Persönlichkeit fehlte, die wenigstens den Fürsten Metternich zum Rücktritt hätte bewegen können. Erzherzöge, die Vertretern der Bürgerschaft glaubhaft versicherten, Metternich sei zurückgetreten, wurden von diesem noch in Anwesenheit der Deputanten zurechtgewiesen. Ideen, eine freundlich-mäßigende Proklamation in der k. k. priv. Wiener Zeitung vom nächsten Tag werde »das Volk« befriedigen, geisterten durch die Räume, und der Kaiser selbst ließ sich für unpäßlich und daher verhandlungsunfähig erklären. Auf ganz und gar unwürdige Art sagte

jedermann, von ihm sei ein Machtwort nicht zu erwarten.

Was Metternich betraf, so war seine Autorität groß, war man seine Dominanz so gewohnt, daß in der Hofburg kaum jemand glaubte, man könne auch ohne ihn auskommen. Entsprechend groß waren die Schwierigkeiten, die man hatte, ihm die notwendig gewordenen Worte des Rücktritts abzuringen. Von jedem der anwesenden Erzherzöge werden diese Gespräche anders überliefert. Jedenfalls, sehr spät am Abend war es soweit, sagte Metternich, was man von ihm zu hören erhoffte. Metternichs Worte, wie sie in der Burg zu spät gesprochen wurden, sind in mehreren Fassungen überliefert, und jeder, der später über die Ereignisse des 13. März 1848 schrieb, zog diese diversen wörtlichen Zitate in Zweifel, gab einige Änderungen, die er wiederum von Ohrenzeugen haben wollte, bekannt, war zuletzt jedoch aufrichtig genug, dem abtretenden Metternich zu bestätigen, daß seine Worte nirgendwo korrekt aufgezeichnet seien. Dem Sinn nach sagte Metternich, er werde seinen Rücktritt erklären, wenn man tatsächlich glaube, dies sei die einzige Möglichkeit, die Revolution zu enden. Die amtliche Wiener Zeitung vom 14. März konnte die vollzogene Tatsache bereits melden, und der Abend des 13. März war ein Festtag für Wien, an dem die Fenster in der Inneren Stadt beleuchtet waren und rings um die Mauern der Stadt nicht nur die Mauthäuser in Flammen aufgingen und Plünderer am Werk waren, sondern angeblich die Arbeiter sich mit den Studenten verbrüderten und dadurch der Bürgergarde Anlaß gaben, sich um die Wiederherstellung von Ruhe und Ordnung Gedanken zu machen.

Ein wesentliches Ingrediens der Wiener Revolution ist darin zu sehen, daß es zwar Ausschreitungen gab und bis dahin unvorstellbare Auflehnung gegen alles geschriebene und ungeschriebene Gesetz, daß aber in keiner Petition, in keiner Proklamation, in keinem Aufschrei der Menge die

Rechts oben: Am 2. Dezember übernahm endlich der vom Volk als nächster Herrscher lang Herbeigesehnte – Franz Joseph – die Regierung. Eine anonyme Federzeichnung hat festgehalten, wie Kaiser Ferdinand in Olmütz seinen Neffen bei dessen Amtsantritt segnete.

Existenz des Kaiserhauses angezweifelt wurde. Auch die wildesten und extremsten Revolutionäre blieben in diesem Punkt loyale Staatsbürger, die nur endlich ihren idealen Staat und ein System beenden wollten, das längst zum Untergang reif war.

Metternich, alt und weise, zog mit viel Anstand die Konsequenz aus diesem Tag. Er verließ Wien – »flüchtete«, sagte man damals, doch er war nie in Lebensgefahr, und seine Abreise ging unter ziemlich geordneten Umständen vor sich –, ließ sich in London nieder und besah sich die Geschichte des neuen Österreich aus der Ferne.

Doch dabei blieb es nicht. Auch Polizeiminister Seldnitzky und der unbeliebte Bürgermeister Czapka wurden geopfert. Die Erzherzöge Johann und Franz Karl machten dahingehend ihren Einfluß geltend. Und die Toten des 13. März wurden mit Billigung des Erzhauses in würdiger Form bestattet.

Doch der gute Eindruck dieser Maßnahmen wurde durch die Bestellung des Fürsten Windischgrätz zum Stadtkommandanten von Wien zunichte gemacht. Der Fürst galt als äußerst reaktionär; zudem war seine Frau, als sie während der Unruhen am Fenster stand, von einer verirrten Kugel getroffen und getötet worden. Von diesem Mann war also nichts Gutes zu erwarten.

Dem Kaiser, der am 13. und 14. März kaum selbst in Erscheinung trat, jedoch in seinem Namen alle die geforderten Freiheiten gewähren ließ, wollte niemand ans Leben. Entsprechende Gerüchte wurden durch Gegengerüchte gleich wieder entkräftet, Manifeste, in denen nachhaltig darauf aufmerksam gemacht wurde, daß durch seine Gnade die »Preßfreiheit« bereits erteilt sei, wurden angeschlagen: die Rufe nach »Ordnung« waren so laut und deutlich artikuliert wie die nach »Freiheit«. Alfred Fürst zu Windischgrätz, der den Belagerungszustand verhängte und vom Kai-

243

ser alle Vollmachten erbat und erhielt, für Ruhe zu sorgen, hatte allen Grund, auf ein »gutes Ende« zu hoffen. Wohl hielten die Ausschreitungen noch mehrere Tage an, jedoch als das bedeutendste Ereignis nach dem 14. März wird von der Geschichte die Ausfahrt des Kaisers registriert.

Am 15. März wurde in dem damals von Nachrichten überquellenden Wien verbreitet, für die Mittagsstunde sei eine Ausfahrt des Kaisers geplant, Ferdinand, der zwei Tage zuvor mitten in den Beratungen ausdrücklich erklärt hatte: »Nein, ich lasse auf meine Wiener nicht schießen«, fuhr kurz nach 12 Uhr im offenen Hofwagen auf den Michaelerplatz, neben ihm saß Erzherzog Franz Karl, auf dem Rücksitz des Wagens dessen ältester Sohn, der bereits zum künftigen Kaiser bestimmte Erzherzog Franz Joseph.

Die Szene ist vielfach überliefert. Kaum aus der Hofburg, wurde der Wagen von Studenten aufgehalten, die hinten aufsprangen und mit den gekreuzten blanken Klingen ihrer Säbel anzeigten, daß sie den Kaiser mit ihrem Leben schützen würden. Die Wiener Innenstadt aber hatte bereits für einen Festzug gerüstet, Kaiserbilder und Kaiserbüsten standen in den Fenstern, die Bürgergarde war in allen Straßen aufgezogen. »Wer war die Leibgarde des Kaiser während seiner Rundfahrt? Die innige und loyale Hingebung des Volkes. Wer ging an den Seiten des Wagens? Die Liebe, das Vertrauen der Bevölkerung zu ihrem geliebten Monarchen«, schrieb Moritz Saphir, der wie alle anderen Journalisten sich in Windeseile in die Rolle des total freien und unabhängigen, ja revolutionären Zeitungsmachers hineinversetzt hatte.

Der Versuch, eine Geschichte des Journalismus im Jahr 1848 zu schreiben, ist mehrfach unternommen worden, bis ins Detail aber nie gelungen. Niemand hat es bisher zuwege gebracht, die Fülle von Blättchen und Postillen vollständig zu erfassen, die in der Folge der gewährten »Preßfreiheit« entstanden und aus den verschiedensten Ursachen nach wenigen Tagen oder Monaten wieder vom Markt verschwanden. Allgemein sprach man von einer papierenen Sündflut, die über Wien hereinbrach. Tatsächlich wurde damit, wie immer man alle diese Auswüchse auch verurteilen mag, ein neues Leseverhalten der Wiener begründet und der Grundstock für Zeiten gelegt, in denen es

zur vornehmsten Aufgabe eines Wieners zählte, das Feuilleton und die Leitartikel »seines« Blattes gelesen und sich auf diese Weise unterhalten und gebildet zu haben.

Zuerst, um's kursorisch zu machen, erschienen Aufrufe und Zeitungen, die mit Phrasen und aufrichtigen Beteuerungen die Proklamation der ungezählten zusammengetretenen Versammlungen veröffentlichten, die Verordnungen wiedergaben, die Neuigkeiten aus dem engsten Bezirk oder der weiten Welt anboten. Sie hießen, wie es dem jeweils verantwortlichen Redakteur, der zumeist auch Besitzer war, eben einfiel. Es gab zwei »Arbeiter-Zeitungen«, aber auch ein Blatt, das »Bst! Bst!« hieß; es gab den »Dienstfreund«, den »Politischen Esel«, die »Wiener Gassenzeitung«, eine Frauenzeitung mit dem schönen Namen »Höllenstein«, den »Stadttrompeter«, »Österreichs Stern«, den »Reisenden Teufel«, jede Art von Blatt, das sich im Zusammenhang mit dem Wort »Volk« nur erfinden ließ, es gab die »Neue Zeit« und »Unsere Zeit« und auch ein Blatt, das »Zopf und Schwert« hieß.

Die Verbreitungsmethoden waren erst noch zu erfinden, ebenso alle die journalistischen Gewohnheiten, die man bis auf den heutigen Tag als Unarten brandmarkt. Und selbstverständlich gab es einen Konkurrenzkampf, wie man ihn sich härter nicht vorstellen kann. Sieht man von der bereits damals ehrwürdigen »Wiener Zeitung« ab, so hat sich bis auf die Gegenwart nur ein einziges Presseerzeugnis des Revolutionsjahres erhalten können. August Zang, der in Paris mit der Produktion von Wiener Semmeln ein Vermögen gemacht hatte, ließ am 3. Juli 1848 erstmals »Die Presse« erscheinen, die von ihrem ersten Tag an sich als konservativ-konstitutionell bezeichnete, ihren Anfangserfolg dem Umstand verdankte, daß sie zum sensationell billigen Preis von einem Kreuzer ein großformatiges Blatt anbot und zudem von Dr. Leopold Landsteiner vernünftig und ruhig geschrieben wurde. Witzbol-

de meinten, die Redaktion beabsichtige, für diesen einen Kreuzer ihre Leser auch noch in Kost und Quartier zu nehmen; die Konkurrenz jedenfalls hatte von da an mit der »Presse« zu rechnen. Mit der geringsten Ausfallquote während harter Zensurzeiten, mit klugen Maßnahmen, um Eingriffen der Obrigkeit zu entgehen – eine Zeitlang wurde die »Presse« in Brünn gedruckt und nach Wien transportiert –, und nicht zuletzt mit der besonderen Sorgfalt, die man an die Sprache verwandte, behauptete sich das Blatt weiterhin. Daß die »Presse« 1864 einen Exodus sämtlicher Redakteure in ein neues Blatt hinnehmen mußte, welches als »Neue Freie Presse« zu einer international angesehenen Zeitung wurde, daß diese 1938 eingestellt wurde und 1946 als »Die Presse« wiedererstand, ist zu erwähnen, weil einerseits nicht verschwiegen werden soll, daß es Gründungen des Revolutionsjahres gibt, die in der Gegenwart immer noch existieren, und selbstverständlich auch aus einem persönlichen Stolz des Verfassers dieser Geschichte. Er darf als Mitarbeiter dieser Zeitung auf berühmte Vorgänger in seinem Ressort zurückblicken: auf Eduard Hanslick, den bereits 1848 in Wien eingezogenen Musikkritiker, auf den jungen Daniel Spitzer, der Am Hof wohnte und die Ermordung Latours miterlebte, auf Bauernfeld, den Freund Schuberts. Und er kann von sich sagen, er habe erfahren, wie in vielen Institutionen Wiens durch mündliche Überlieferung oder gänzlich unbeweisbare, weil nur spürbare Gefühlshaltungen Traditionen weiterbestehen, die einem Journalisten unserer Tage deutlich das Gefühl geben, er arbeite unter Verpflichtungen, die ihm Journalisten des Jahres 1848 auferlegt haben.

Bräuche, die sich nach den gewiß nicht ausschließlich schrecklichen 48er-Tagen hielten, wären nun

aufzuzählen. So etwa der der »Katzenmusik«, die darin bestand, daß man vor das Haus eines mißliebigen Mitbürgers zog und dort in der Nacht Lärm schlug, vor allem Tierstimmen imitierte. Die Heiligkeit des Schlafes anzutasten galt als besonders harte Strafe. Im Theater an der Wien, das in der Geschichte der Revolution schon vorhin zu erwähnen gewesen wäre, weil aus seinem Fundus die ersten Waffen für bürgerliche Schutzgarden

zur Abwehr der in die Innere Stadt ziehenden Plünderer ausgegeben wurden, gab man am 1. April 1848 »Das bemooste Haupt« von Roderich Benedix, ein simples Studentenstück, in welchem eine Katzenmusik vorkam. Da der vife Direktor des Theaters, Franz Pokorny, sich zur Premiere die Studenten ins Haus lud, wurde der Abend ein über alles Übliche hinausgehender Erfolg: die Katzenmusik, vorerst besonders beliebte Szene dieses Stückes, kam in der Folge als immer wieder eingesetzte Waffe zu Ehren. Bäcker oder Fleischer, die überhöhte Preise verlangten, konnten mit Katzenmusik rechnen; den Redemptoristen, im Volksmund auch Ligurianer genannt, wurde mit einer überdimensionalen Katzenmusik angekündigt, daß sie aus Wien vertrieben werden sollten. Katzenmusiken hielten sich weit über das

Oben: »Der Reichstag im Juli 1848«. Er brachte zwar die Vertreter aller Stände an einen Verhandlungstisch, aber nicht die gewünschten Resultate. Noch war man im Staatsrat nicht bereit, die Macht tatsächlich dem Volk zu überantworten.

Revolutionsjahr hinaus und wurden von den revolutionär Gesinnten überall in der Monarchie übernommen. Zur Zeit der Nationalitätenkämpfe wurde von Katzenmusiken in Prag berichtet, die dann in mehr als bloßen Studentenulk ausarteten. Die Gründung einer langlebigen Tageszeitung, die Einführung einer besonderen Art von nächtlicher Ruhestörung sind natürlich nicht die einzigen Errungenschaften dieser Revolution. Das 48er Jahr war reich an Ereignissen, negativer und positiver Natur. Wo soll man beginnen, wo aufhören, wie werten? Daß der sogenannte »Naschmarktkönig«, ein Wucherer und Preisdrücker, überfallen und seiner besonderen Vormachtstellung als Zwischenhändler der anliefernden Bauern und aller auf dem Naschmarkt einkaufenden Wiener Detailhändler beraubt wurde,

ist ganz gewiß positiv zu vermerken. Daß Männer wie Schuselka und Kuranda, politisch denkende Bürger mit journalistischen Ambitionen, zu verdientem Ansehen kamen, wird aber dem Leser im letzten Viertel des zwanzigsten Jahrhunderts nicht mehr wesentlich erscheinen. Daß die große Politik nach dem Abtreten Metternichs verworren und von allzu vielen Köchen gemacht wurde, weiß jeder, der seinen Geschichtsunterricht nicht ganz

Oben: »Bestürmung der Barrikade in der Jägerzeile durch kaiserliches Militär« im Oktober. Der Zwiebelturm im Hintergrund gehört zur barocken Vorläuferin der Kirche St. Johann Nepomuk in der heutigen Praterstraße.

247

vergessen hat. Daß Wien sich nach den März-Tagen in einem permanenten Freiheitstaumel befand und schließlich im Oktober Schauplatz einer zweiten Erhebung wurde, weiß man wohl auch. Was wohl viele nicht wissen: Karl Marx kam im Revolutionsjahr nach Wien und versuchte, mit seinen Vorträgen da etwas nachzuhelfen, wo seiner Ansicht nach viel zu dilettantisch Revolution gemacht wurde. Seine Ankunft und seine Vorträge wurden in einigen der unzähligen Wiener Zeitungen erwähnt, doch niemand maß ihnen besondere Bedeutung bei. Man registrierte einfach, ein Herr Doktor Marx sei in Wien und habe über die Arbeiterklasse gesprochen.

Karl Marx' Auftritt in Wien fand im August statt, er sprach in Versammlungen des Ersten Allgemeinen Arbeitervereines und des Demokratischen Vereines, und seine Ziele waren klar, wenn sie auch von den Wienern nicht verstanden wurden. Der Autor des Kommunistischen Manifestes wollte den Aufstand der Arbeiterschaft, des Proletariats. Er war unzufrieden damit, daß in den Märztagen im wesentlichen das Bürgertum um Rechte gekämpft und diese erhalten hatte, somit auch schon befriedigt war. Die Arbeiterschaft sah in den Wochen nach der Revolution ihre Ziele keineswegs erreicht und war so enttäuscht, daß sie am 23. August tatsächlich zu einer zweiten Erhebung ausholte – und sich dabei den vormaligen Mitkämpfern gegenübersah: Die Nationalgarde und das Studentenkorps waren nicht mehr für die weiteren Ziele des vierten Standes zu begeistern; sie waren wohl für eine Herabsetzung der Arbeitszeit auf zehn Stunden täglich und für eine Erhöhung der Löhne der Fabriksarbeiter gewesen, doch sie hatten in erster Linie geistige Freiheit gewünscht und waren nicht bereit, Gleichheit im Sinne von Marx auf ihr Forderungsprogramm zu setzen. Dafür hatte die Bürgerschaft Wiens nicht bescheidenen Wohlstand erworben, um ihn nun auf dem Altar der Revolution zugunsten des Proletariats zu opfern.

Marx sprach vom naturgegebenen Interessengegensatz zwischen Arbeitgeber und Arbeitnehmer und forderte die Vernichtung des bürgerlichen Kapitalismus – was anders hätte er, dessen Manifest in Deutschland bereits die erhoffte Unruhe gebracht hatte, in Österreich auch anderes fordern sollen? Daß er mit seinen Thesen in Wien wenig Glück hatte, auf kein Verständnis stieß, hat

mehrere Gründe. Zum ersten kam Marx aus Deutschland und war ein Fremder, dessen Sprache nicht ins Ohr ging. Zum zweiten war die Arbeiterschaft unter seinen Zuhörern nicht stark vertreten und das Bürgertum nicht seiner Ansicht. Und drittens begriffen selbst die Herren Referenten der ungezählten Wiener Journale kaum, was Karl Marx da predigte. Er reiste enttäuscht ab, seine nächste Verbindung zu Wien kam erst Jahre später zustande und war ganz seltsamer Natur: Aus London schrieb er für die seine Weltanschauung gewiß nicht vertretende »Presse« Korrespondenzen, von denen allerdings nur ein Teil erschien, gut zwei Drittel aber in den Papierkorb wanderten. Nebstbei: Sie wanderten buchstäblich in den Papierkorb, sind in Abschriften nirgendwo erhalten und machen zumindest den Marx-Forschern das Herz schwer. Diese können nur an Hand von Marx' ratlosen oder bösen Briefen an die Wiener Redaktion ahnen, was ihnen da an Material entgangen ist.

Mit den Ereignissen im März: der bürgerlichen, studentischen Revolution, dem Sturm der Arbeiter aus den Vorstädten und der »Pistolenweiber« – in Anlehnung an die berühmten Megären der Pariser Revolution trat so manche Wienerin auch in malerischem Aufputz auf und tat bei Plünderungen eifrig mit, doch sind die entsprechenden Szenen längst nicht so aufregend gewesen, wie man sie aus Paris kannte – war das Jahr längst nicht vorüber. Die reaktionäre Gegenbewegung, die sich rasch als Ordnungsmacht organisierte und in Einklang mit dem weiterhin biederen Gesinnungszustand der Wiener die Herstellung der Ruhe besorgen wollte, konnte angesichts der Ereignisse in Europa, die Österreich mit in den revolutionären Strudel hineinrissen, nichts mehr tun. Erst einmal gab es, was man bis auf den heutigen Tag in Wien »ein Aufwaschen« nennt, also Protest und Attacke gegen einzelne Personen, die man zu den Verantwortlichen für diverse Mißstände erklärte. Da mußte ein Naschmarktkönig dran glauben, da wurden Fabriksherren einfach durch die Demolierung ihrer Fabriken entmachtet, da verstand man unter allgemeinem Aufbruch in eine neue, bessere, lebenswertere Zeit vor allem die Absetzung der Hausherren. Der Bürger spielte Ordnungsmacht; die Journalisten, die gerade noch Theaterkritiker gewesen waren, hatten keine neue Sprache bereit, um jetzt

Politik zu schreiben – immerhin versuchten sie es, und wer bei keiner der ungezählten Neugründungen unterkam, der affichierte gemeinsam mit Studenten oder Vertretern irgendwelcher Ausschüsse Mauerzettel, die zahlreicher waren als vordem die Plakate, die das Auftreten von Johann Strauß Vater angekündigt hatten.

Am 17. Mai flüchtete der kaiserliche Hof aus Wien – es war eine eher überstürzte Flucht. Man war zu einer Spazierfahrt nach Schönbrunn aufgebrochen, gab aber dort einfach den Befehl zur Weiterfahrt nach St. Pölten und Enns und ließ dem Kriegsminister nur melden, der Kaiser habe sich »aus Rücksicht für seine Gesundheit zu einer Reise in die Gebirge Tirols entschlossen und die Familie wolle ihn nicht allein lassen«. Das war kein kluger Schritt, mußte er doch den Wienern in Erinnerung rufen, daß die Habsburger um ihre eigene Sicherheit besorgt gewesen waren, etwa bei der letzten großen Cholera-Epidemie, die ungezählte Opfer forderte, vom Hof jedoch als wenig gefährlich bezeichnet wurde, der sich gleich darauf aus dem Seuchengebiet in Sicherheit brachte. Auch diesmal hatte die kaiserliche Familie Angst, Angst vor der Nationalgarde, die am 18. Mai die Burgwache hätte besetzen sollen.

Den Wienern wurde die Flucht ihres Kaisers, des Gütigen, zur Gelegenheit, nicht mehr nach Freiheit, sondern nach Ordnung zu rufen. Sie wollten nichts als ihre Loyalität beweisen, den Kaiser zur Rückkehr bewegen. Sie hatten damit den ganzen Tag zu tun – und wer gerade keine Petition unterschrieb, der belagerte die Sparkasse oder die Nationalbank, um seine Einlagen zurückzuerhalten oder Papiergeld in Münze umzuwechseln. Denn die Biederkeit des Wieners vertrug sich naturgemäß glänzend mit seiner Furcht vor dem Staatsbankrott und seine Sehnsucht nach dem Kaiser mit der Angst vor Verarmung. Der Kaiser aber ließ erklären, er käme erst wieder, wenn er sich von der Rückkehr der Wiener zu ihrer loyalen Gesinnung überzeugt habe. Die studentischen Legionen sollten aufgelöst werden, verlangte er; im Gegenzug verbrüderten sich Arbeiter und Bürger mit den Studenten, wurden neue, sogar gemauerte, Barrikaden in Wien errichtet. Diese waren dann allerdings Ziel von Ausflügen, der Volksfestcharakter, wie er sich selbst bei den schwersten Unruhen einzustellen pflegt, war mit dabei. Trotzdem wurde das Ziel der Barrikaden-

bauer erreicht: Die Studentenlegion wurde nicht aufgelöst. Wien durfte von sich sagen, es habe als eine Stadt voll souveräner Bürger sein Recht ertrotzt. Der Reichstag aber trat zusammen und debattierte erfolglos über die Adresse an den Kaiser, die ihn zur Rückkehr aufforderte. Der Kaiser kehrte zurück.

Einer der wenigen Fortschritte, die im Reichsrat erzielt wurden: Am 26. Juli wurde der Antrag des Deutsch-Schlesiers Hans Kudlich auf Aufhebung des bäuerlichen Untertanenverhältnisses eingebracht und am 7. September angenommen. Damit erlosch allerdings das Interesse der Bauern an der Revolution, sie sahen in allen weiteren Entwicklungen nur eine Gefährdung des bereits Erreichten.

Eine Stadt kann, wie jedermann begreift, nicht von der Revolution leben, die Wiener hatten es auch unter dem »System« zu Wohlstand gebracht und waren, Aufbruchsstimmung hin, Revolution her, nun daran, in einem einzigen Jahr wieder zu verarmen. Das Geld wurde rar, das Leben teuer, die Teilnahme an der Nationalgarde brachte Ehre, aber keinen Sold, die Arbeiter erhielten Selbstvertrauen und Mut zu weiteren Demonstrationen, aber nicht mehr Lohn: der Ruhm, aufrührerische und revolutionäre Stadt zu sein, kostete einiges. Im Herbst wußte man das endlich, und im Herbst bereitete sich auch die zweite, schreckliche Phase der Revolution vor.

»Von diesem Augenblicke an lebte in den Wiener demokratischen Kreisen ein Gedanke: der ungarischen Politik des österreichischen Ministeriums entgegenzutreten, um jeden Preis die Vereinigung größerer Streitkräfte zum Kampf gegen die Magyaren zu verhindern«, liest man in Karl Biedermanns »Staatengeschichte«. Die Wiener, die nichts weiter wollten, als die Unterstützung von Jellačić in Ungarn durch Wiener Truppen zu unterbinden, beschworen herauf, was man einen »Pöbelexzess« nannte – das große Ereignis, das den bösen Wiener auf den Plan und das Wiener Gemüt zum Verschwinden brachte.

Auf der Strecke blieb Minister Latour, dem man sein Ende wahrlich angekündigt hatte: Aufforderungen, ihn an einen Laternenpfahl zu hängen, wurden affichiert, bevor es schließlich wirklich dazu kam. Latour, der Truppen abgehen lassen wollte und weder der Truppen noch der Wiener sicher sein konnte, ließ zwar als seinen allerletzten

Befehl aus dem Ministerium am Hof noch einen Handzettel ergehen: »Das Feuer ist überall einzustellen«, doch wo dieser noch verlesen werden sollte, dort schrie man nun bereits: »Latour muß hängen.«

Erschütternd die Beschreibung der Ereignisse jenes 6. Oktober 1848. Es war ein warmer Herbsttag, treue Truppen gab es zu wenige in der Stadt, und die Helden der Märztage, die vor dem Ministerium am Hof Reden hielten und insgeheim hofften, Latour könne einstweilen entkommen, täuschten sich. Die Volkswut war entbrannt, der andere, der grausame Wiener kam hervor und wollte sein Opfer. Einmal in jedem Jahrhundert geschieht das, und an diesem Oktobertag war es für das neunzehnte Jahrhundert soweit. Latour hatte sich zwar in seinem Ministerium versteckt, doch er wurde gefunden.

»Graf Latour ward hart bedrängt, blieb aber bis zum Erdgeschoß unversehrt. Inmitten des rasenden Mordgeheuls konnte ihm wohl der ganze fürchterliche Ernst seiner Lage nicht unklar geblieben sein, dennoch behielt er so viel Fassung, daß er einem Arbeiter, der ihm höhnisch zurief ›Du zitterst‹, zu entgegnen vermochte ›Ich bin vor Kugeln gestanden, ich fürchte auch den Dolch nicht, ich bin ein ehrlicher Mann und habe ein gutes Gewissen.‹ Als Graf Latour den Hofraum nächst dem Brunnen betrat, hielt er sich nur noch mit Hilfe seiner Beschützer aufrecht. Mit seinem Erscheinen brach die schauerlichste Barbarei los; der Pöbel warf sich mit Tigergebrüll auf seine Beute. Vergeblich waren alle Anstrengungen der Reichstagsmänner und der Schutzwache, sich zwischen die lechzende Menge und den gehetzten Greis zu werfen. Sie wurden weggestoßen und weggezerrt und von rechts und links zielten mörderische Hiebe auf das Opfer. Gleichzeitig

traf ein Hammerschlag ihn von rückwärts auf den Kopf, ein Säbelhieb über das Gesicht und ein Bajonettstich in die Brust. Er sank unter dem Frohlocken der Menge zu Boden, eben als die Hofuhr ¾ auf 5 schlug. Aber nicht genug, daß es seinen Leib gräßlich gemartert hatte, riß das Pack den noch Lebenden empor, schlang ihm eine Schnur um den Hals und hing ihn an einem Eisenstab des Fenstergitters auf, und als die Schnur riß, schleifte es den Leichnam auf den Hof hinaus auf den Platz vor dem Kriegsgebäude und knüpfte ihn dort abermals an dem großen Gaskandelaber auf, welcher vor der Hauptwache stand.«

Was sich auf dem Hof abspielte, ist in ungezählten Schilderungen und Zeichnungen überliefert. Daniel Spitzer, später ein geachteter Schriftsteller, der »Wiener Spaziergänger« der »Neuen Freien Presse« und ein Mann, dem selbst Karl Kraus ein Leben lang die Achtung nicht verweigerte, war noch ein Kind, hielt sich in der Wohnung seiner Eltern auf und sah, was mit Latour geschah. Ich glaube, seine scharfen Ansichten über den Wiener und sein stets hartes Urteil über alle politischen und anderen Vorkommnisse dieser Stadt rühren daher, daß er die Wiener Volksseele bei ihrem gräßlichsten Ausbruch beobachtet hatte:

»Mauerdicht war die Menschenmenge um das Kriegsgebäude zusammengedrängt. Auf einmal ging es von Mund zu Mund: ›Jetzt bringen sie ihn! Jetzt werden sie ihn aufhängen!‹ Mir graute vor dem unheimlichen Augenblicke, dazu kam noch, daß es bereits dunkel zu werden begann. Plötzlich erschallte es: ›Bravo! Bravo!‹ Ich stellte mich auf die Zehen. Ein Schusterjunge kletterte an dem eisernen Kandelaber hinan. Jemand wirft ihm einen Strick zu, den er erfaßt und durch die Luft schwingt. Erneutes Bravo. Nun knüpft er eine Schlinge aus dem einen Ende des Strickes, hält sich mit einem Arme und mit beiden Beinen fest am Schafte des Kandelabers, langt mit der anderen Hand die Schlinge herab und zieht dann den furchtbar entstellten Leichnam empor. Totenstille auf dem ganzen Platze. Ich glaubte einen Augenblick, der Haufe, der Blut gesehen, könne nun auch das Schreckliche des Augenblicks empfinden. Da läßt der Junge, ich weiß nicht, ob aus Ungeschicklichkeit oder aus Muthwillen, den Leichnam fallen und ein schallendes Gelächter wird ihm dafür zum Lohne. Der Junge, stolz ob solchem Beifall, erneut seine Operation, und vollendet sie endlich unter Hilfe einiger Zunächststehenden, die ihm mit ihren eisernen, spitzen Stangen den Leichnam emporheben helfen. Das Schauerliche des Schauspiels zu erhöhen, wurden endlich noch die drei Gasflammen des Kandelabers entzündet.«

Nach der Ermordung Latours war weiteren Greueln des Pöbels Tür und Tor geöffnet. Es kam sogar zur Entweihung des Stephansdomes, weil dorthin geflüchtete Vertreter des Metternichschen Regi-

251

mes vom Volk aufgespürt und an Ort und Stelle »hingerichtet« wurden. Der Hof begab sich nach Olmütz, wenige Tage darauf wurde der Reichstag nach Kremsier verlegt. Ein Teil des Reichstages blieb in Wien und erklärte sich als allein zuständig, womit Wien sich nun offiziell vom Reich getrennt hatte. Man rüstete zum Kampf gegen die Stadt. Am 26. Oktober begann die Belagerung durch Windischgrätz und Jellačić. Der Wiener Stadtkommandant Wenzel Messenhauser, vom Rest-

reich zur Verteidigung bestimmt, war zwar ein begabter Literat, aber seiner Aufgabe als Verteidiger nicht gewachsen. Hilfe hätte nur das ungarische Revolutionsheer bringen können. Dieses wurde aber bei Schwechat von den Truppen des Banus Jellačić geworfen. Am 31. Oktober wurde die Stadt erstürmt. Messenhauser und mit ihm eine Reihe anderer wurden hingerichtet; die radikaleren Führer waren meist schon geflohen. Die Einnahme Wiens durch die kaiserlichen

serhauses – nach offiziellen Quellen in Unkenntnis der Dinge, die geschehen sollten, doch wird schon etwas bis zu ihnen gedrungen sein – und die Minister Fürst Windischgrätz und Baron Jellačić. Drei Manifeste wurden vorgelesen. Die Thronentsagung Kaiser Ferdinands I., die Verzichtleistung des Erzherzogs Franz Karl auf die Thronfolge und die Großjährigkeitserklärung des Erzherzogs Franz Joseph. Nach offizieller Geschichtsschreibung hatte der alternde Kaiser darauf gedrungen, abzudanken, hatte der nach den Hausgesetzen in der Thronfolge stehende Vater Franz Josephs lange mit sich gerungen, die Verzichtleistung abzugeben, war der tiefere Grund dafür der, daß die Krone »auf eine von den vorausgegangenen Wandlungen völlig unberührte jugendfrische Kraft« übergehen sollte. Tatsächlich war das schon vom März des Jahres 1848 an erwogen worden, doch hatte vor allem Windischgrätz lange Zeit erklärt, man solle diesen Schritt nicht übereilt wagen. Die Kaiserin und die Erzherzogin Sophie – der man nicht nur in den kitschig sentimentalen Filmen später ungestraft nachsagte, ihr Machthunger sei groß gewesen und ihr Wunsch, über ihren Sohn an der Macht teilzuhaben, offensichtlich – waren ursprünglich für den 18. August, den Geburtstag Franz Josephs, als Tag der Thronbesteigung gewesen. Nun, zum Jahresende, erklärte Windischgrätz, es sei soweit. Er selbst berichtete über die Szene in Olmütz, bei der der scheidende Kaiser an den jungen Kaiser rührende Worte richtete:

»Franz Joseph ließ sich, vor innerer Bewegung keines Wortes mächtig, vor seinem kaiserlichen Oheim auf die Knie nieder, um dessen Segen in Empfang zu nehmen. Der alte Kaiser neigte sich über den jungen, zog ihn an seine Brust und sagte in seiner gutmütig schlichten Weise ›Gott segne Dich, sei nur brav, Gott wird Dich schützen, es ist gern geschehen!‹ «

Truppen besiegelte das Schicksal der Revolution. Standgericht wurde gehalten, aufrechte Bürger verloren das Leben, die beinahe ein Jahr lang ins Kraut geschossene Freiheit war wieder dahin. Das Ereignis aber, das nicht nur für ganz Österreich, sondern in der Hauptsache auch für die Geschichte Wiens von größter und abschließender Bedeutung war, spielte sich im fürsterzbischöflichen Palais in Olmütz ab. Am 2. Dezember 1848 versammelten sich die Mitglieder des Kai-

Namenregister

Bildnachweis

Schwarzweißbilder

Österreichische Nationalbibliothek, Wien: 92
Historisches Museum der Stadt Wien: 37
Gesellschaft der Musikfreunde, Wien: 1
Heeresgeschichtliches Museum, Wien: 3
Archiv des Autors: 5

Farbbilder

Österreichische Nationalbibliothek, Wien: 3
Historisches Museum der Stadt Wien: 36
Österreichische Galerie, Wien: 2
Linzer Stadtmuseum: 1
Szépmüvészeti Muzeum, Budapest: 1
(Dia im Besitz des Corvina Archivs, Budapest.
Fotograf: Schiller Alfréd)
Albertina, Wien: 3
Akademie der bildenden Künste, Wien: 1
Beethoven-Haus, Bonn: 1
Archiv für Kunst und Geschichte, Berlin: 1
Heeresgeschichtliches Museum, Wien: 2
Bundeskanzleramt, Wien: 1
(Foto Ritter)
Archiv des Autors: 3

CIP-Kurztitelaufnahme der Deutschen Bibliothek

Endler, Franz
Wien im Biedermeier / Franz Endler. – Wien: Ueberreuter, 1978.
    ISBN 3-8000-3150-7